Anka Brüggemann

Papier trifft Faden

Haupt
GESTALTEN

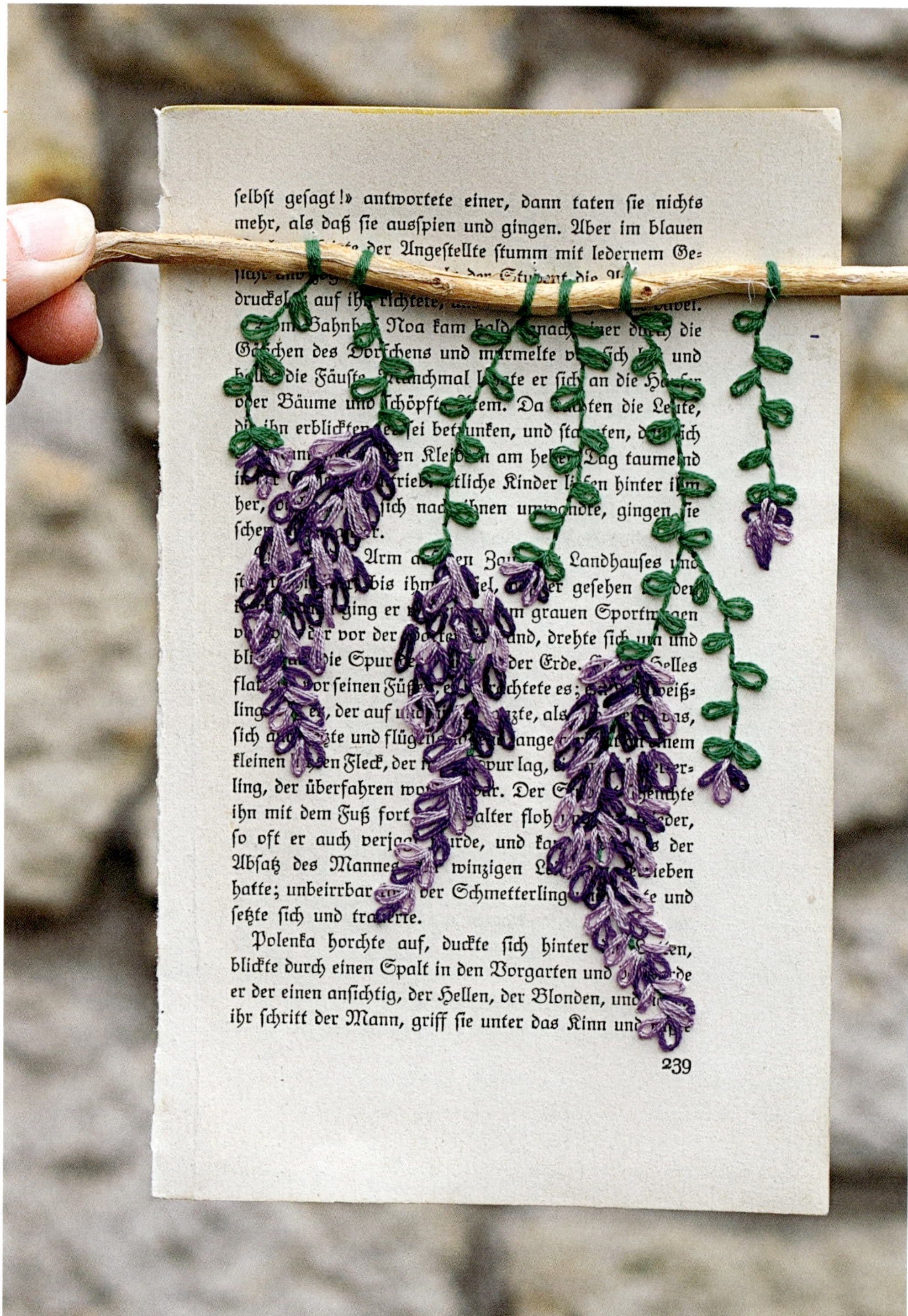

Die Blüten und Blätter dieser Variante des Wandbehangs von Seite 101 wurden allesamt im Margeritenstich gestickt.

25 Projekte

Anka Brüggemann

PAPIER TRIFFT FADEN

Buchseiten bunt bestickt

Haupt Verlag

Inhalt

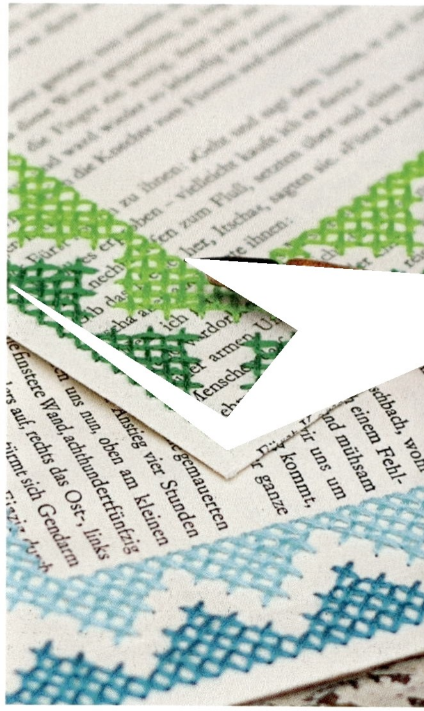

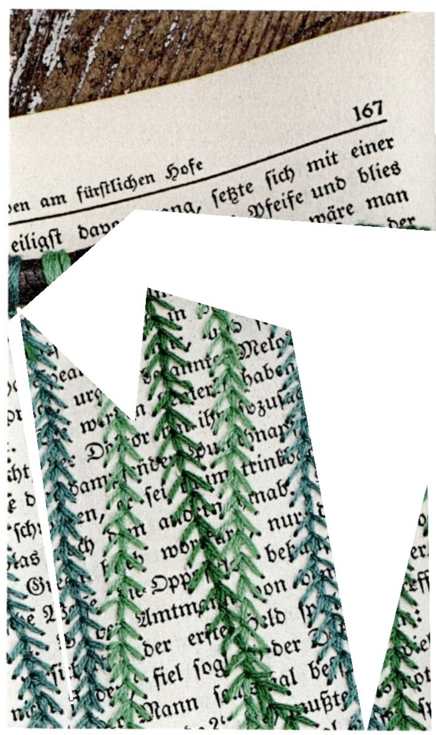

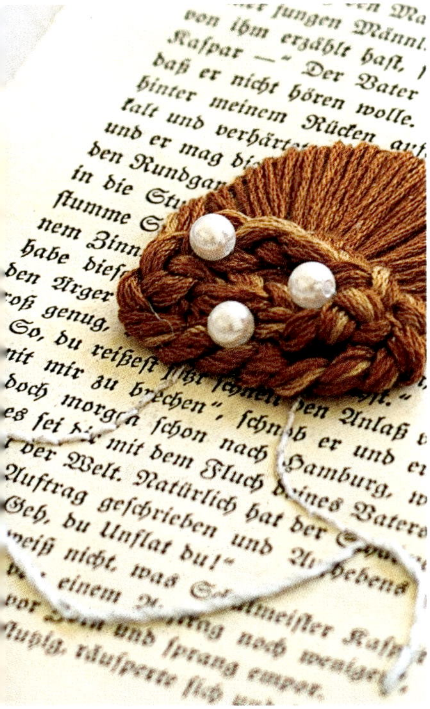

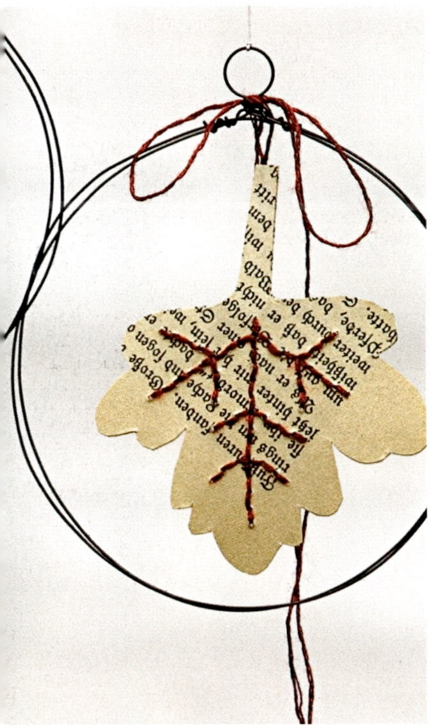

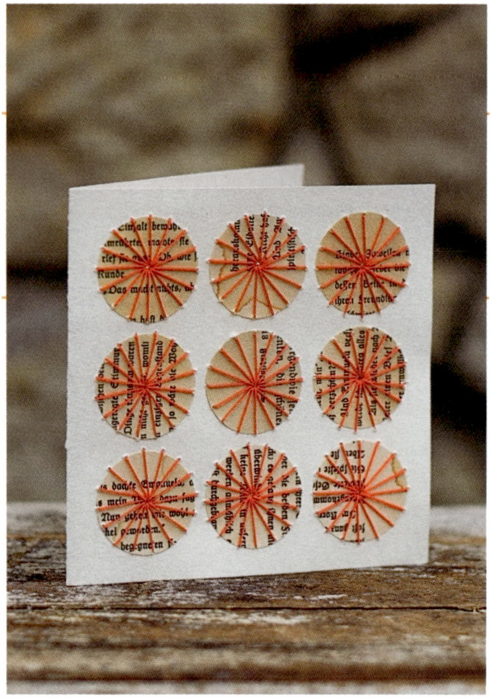

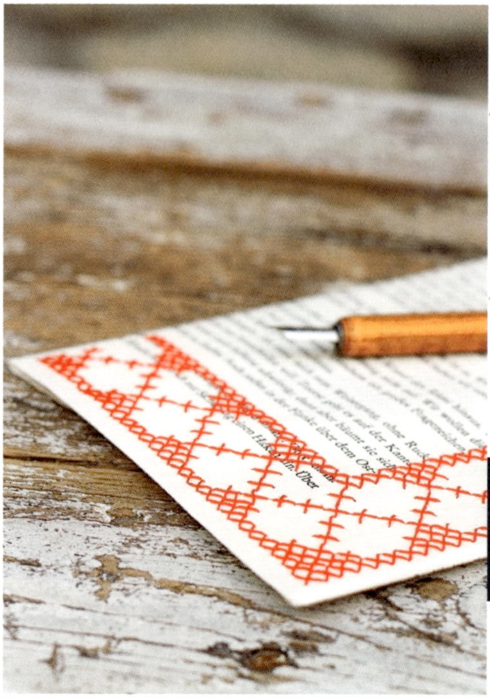

Die quadratische Karte ist in Anlehnung an das Geschenkpapier auf Seite 27 entstanden.
Der Briefumschlag ist eine Mustervariante zu den Umschlägen auf Seite 31.
Das Haus von Seite 115 kann auch nach individuellen Maßen gearbeitet werden.

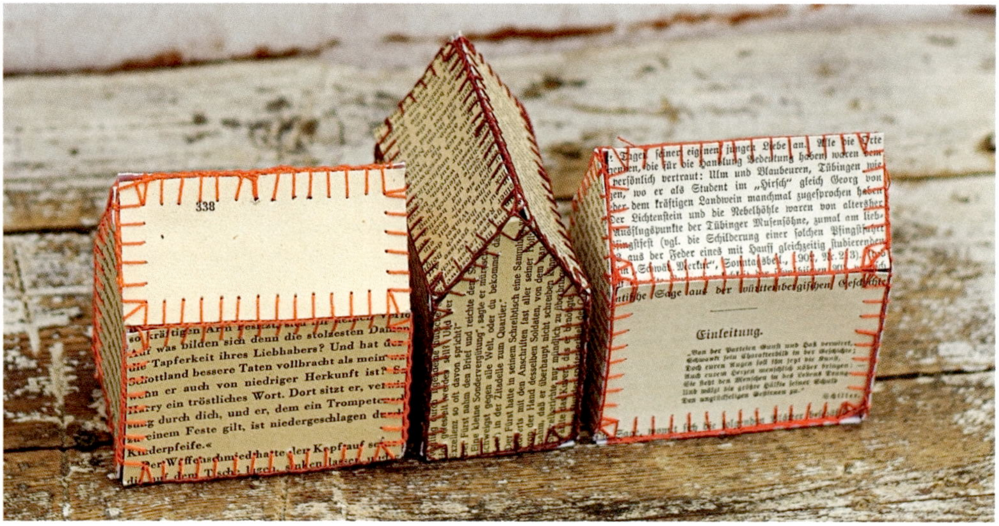

Einleitung

An meine ersten Stickstiche erinnere ich mich noch sehr gut. Meine Oma zeichnete für mich einfache Muster auf altes Packpapier. Sie erklärte mir, wo ich ein- und ausstechen musste, drückte mir Nadel und Faden in die Hand, und los ging es. Es klappte so gut, dass ich schon nach wenigen Tagen auch Stoffe besticken durfte.

Ich kann heute noch fühlen, wie glücklich mich das machte. Auf der Stelle hatte ich mich ins Sticken verliebt. Ich übte immer weiter, probierte herum und bestickte alles, was mir in die Finger kam.

Natürlich habe ich mich auch mit anderen Handarbeitstechniken beschäftigt. Aber immer wieder gab es Phasen, in denen ich mit Begeisterung zum Sticken zurückkehrte. Sticken hat mich immer glücklich gemacht und in turbulenten Zeiten beruhigt und entspannt.

Da lag es nahe, die Freude an alten Büchern mit der Freude am Sticken zu verbinden. Wusste ich doch, dass sich Papier ganz wunderbar besticken lässt.

Meine Erfahrungen und meine Begeisterung gebe ich in diesem Buch gern weiter – an alle, die bereit sind, sich anstecken zu lassen.

Anka Brüggemann

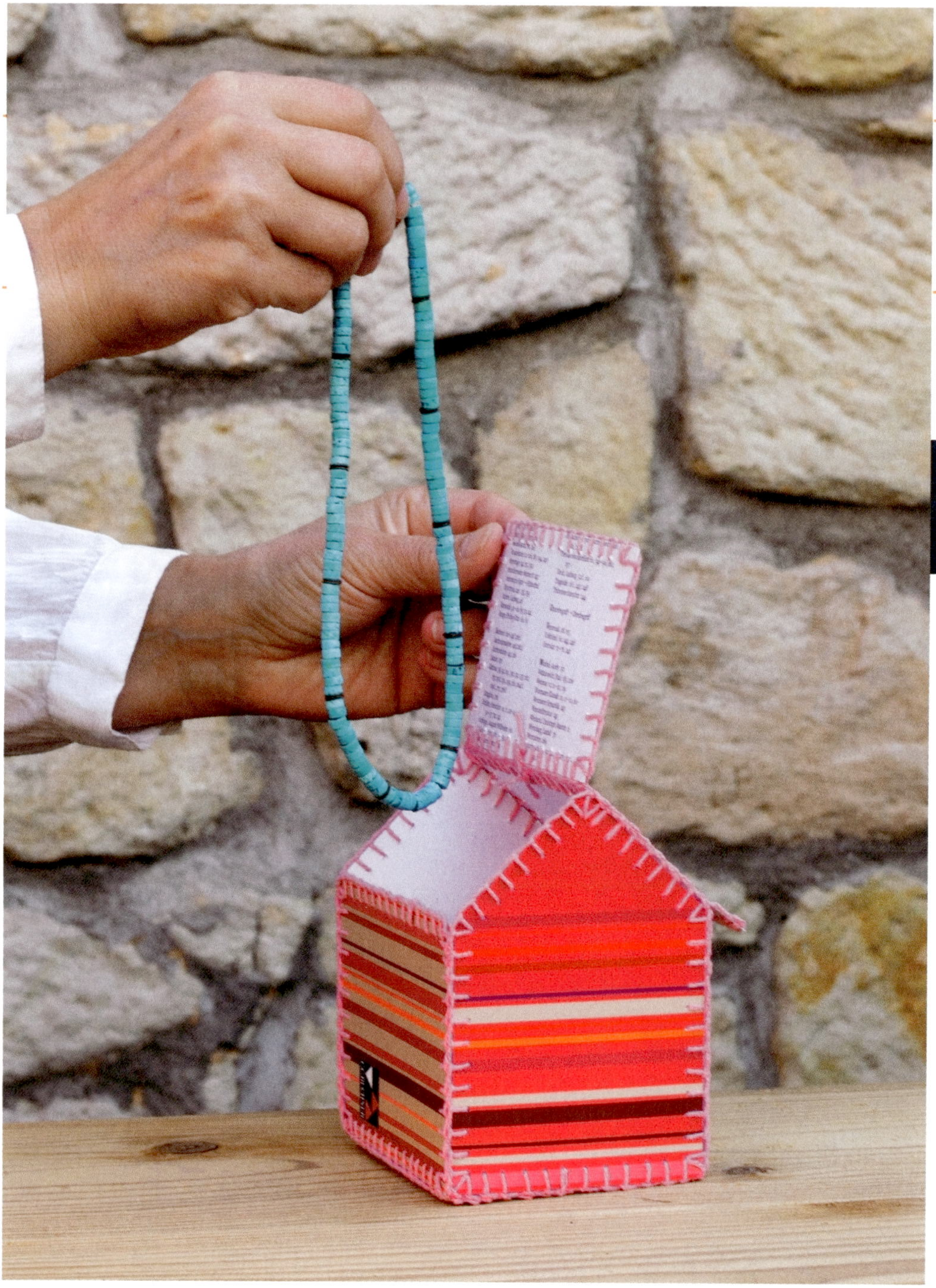

Haus, Seite 115: Wird eine Dachhälfte nicht festgenäht, entsteht ein kleines Geheimversteck.

Grundlagen

Viele Objekte aus diesem Buch werden auf ähnliche Weise hergestellt. In diesem Kapitel erfahren Sie alles, was Sie zum Umgang mit Papier und Faden wissen sollten und welche Werkzeuge Sie wofür benötigen. Es lässt sich wie ein kleines Nachschlagewerk benutzen.

Die Auswahl der Bücher

Buchseite ist nicht gleich Buchseite. Die erfolgreiche Umsetzung einer Idee ist immer auch abhängig von den Eigenschaften des bedruckten Papiers.
Nehmen Sie einfach einmal verschiedene Bücher zur Hand, und blättern Sie sie durch. Manche Unterschiede werden Ihnen sofort auffallen. Das Papier ist dünn oder dick, manchmal sehr fest, manchmal auch weich wie Stoff. Wenn Sie mögen, können Sie seine Reißfestigkeit und Bruchfestigkeit testen.
Auch Größe und Format sind nicht unwichtig. Einzelne Blätter lassen sich meist zu größeren Bögen zusammenkleben; es ist aber oft besser, von vornherein mit einem Bogen passender Größe zu arbeiten.
Und dann ist da noch der Text, aus dem sich das „Muster" der Seiten ergibt.
Welche Schriftart wurde gewählt? Wie groß oder klein ist der Abstand zwischen Zeichen und Zeilen? Wurde der Text im Block- oder im Flattersatz gesetzt? Wie breit sind die Stege, also die unbedruckten Seitenränder? Welche Farbe hat der Text?

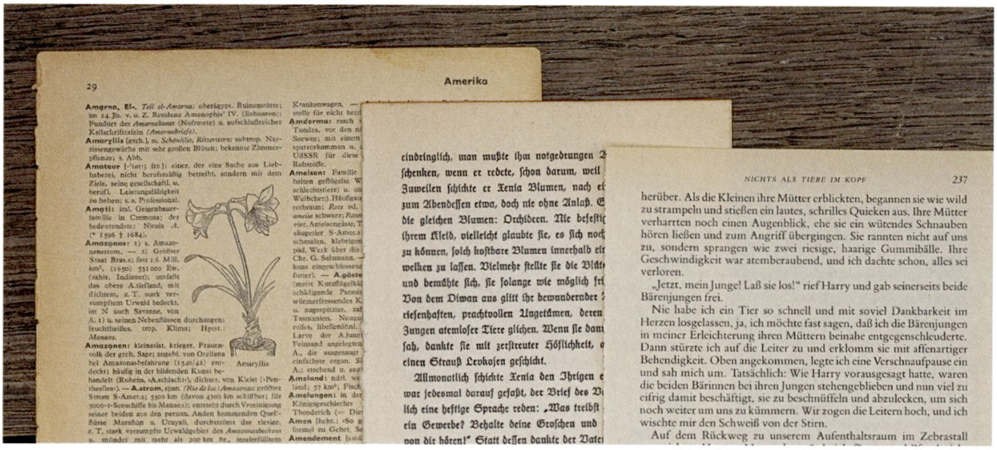

Unterschiedliche Papiereigenschaften erzeugen unterschiedliche Wirkungen. Die Frage, welche dieser Eigenschaften für Papierobjekte besonders wünschenswert oder vorteilhaft sind, lässt sich nicht pauschal, sondern immer nur in Bezug auf ein konkretes Projekt beantworten. Darüber hinaus ist Kunst bekanntlich ja auch Geschmackssache.
Trotzdem ist es wichtig, die Entscheidung für ein bestimmtes Papier bewusst zu treffen.

Buchseiten altern lassen

Vergilbtes Papier sieht sehr schön aus. Hat man keine natürlich gealterten Bücher zur Hand, kann dieser Effekt auch künstlich erzeugt werden.

Kaffeesatz mit wenig kochendem Wasser noch mal aufbrühen und abkühlen lassen. Umrühren und die Flüssigkeit – möglichst ohne Kaffeesatzreste – mit einem Löffel auf die Buchseiten tropfen. Das Papier trocknen lassen. Bei Bedarf können Sie das fast trockene Papier pressen, dann wird es wieder glatt.

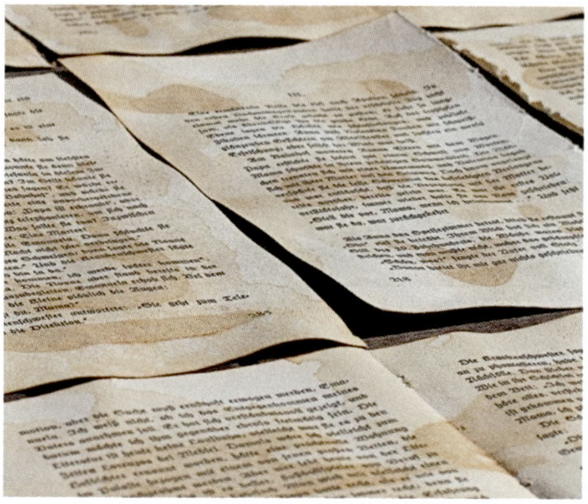

Was Sie sonst noch brauchen

Ein gut beleuchteter Arbeitsplatz und ein paar Utensilien, die sich fast in jedem Haushalt finden, sind alles, was Sie für die Projekte aus diesem Buch benötigen.

Garn

Garne werden aus den verschiedensten Materialien und in vielen Farben hergestellt. Die Garnqualität spielt für die Projekte aus diesem Buch nur eine untergeordnete Rolle – sie sind keiner besonderen Belastung ausgesetzt und werden auch nicht gewaschen. **Nähgarn** wird aus Baumwolle oder Polyester hergestellt. Es kann auch zum Sticken verwendet werden. **Sticktwist** ist ein 6-fädiges Baumwollgarn, besteht also aus 6 miteinander verzwirnten Fäden. Einzelne Fäden lassen sich leicht herausziehen. Daher ist Sticktwist vielseitig verwendbar und für fast alle Stickereien geeignet. **Perlgarn** besteht aus mercerisierter Baumwolle und ist in verschiedenen Stärken erhältlich. An seinem charakteristischen Glanz ist es sofort erkennbar. Es ist fest verzwirnt und lässt sich nicht teilen.
Für die Arbeit mit diesem Buch genügt Sticktwist in verschiedenen Farben. Haben Sie andere Garne zu Hause, können Sie diese natürlich verwenden – auch Garne, die hier nicht aufgeführt sind.

Sticknadeln

Stick- oder Nähnadeln in verschiedenen Stärken finden sich praktisch in jedem Haushalt. Zum Sticken benötigen Sie eine Nadel mit einem langen, schmalen Öhr, in das sich das Garn gut einfädeln lässt. Gearbeitet wird immer mit der kleinstmöglichen Nadelstärke.

> ***Tipp:***
> - Benutzen Sie unbedingt ein Nadelkissen, um nicht ständig nach einer Nadel suchen zu müssen.

Prickelnadel

Mit der Prickelnadel oder Ahle werden die Einstichlöcher vorgestochen. Sie sollte i. d. R. nicht dicker sein als die Sticknadel, die Sie verwenden. Dünnes Papier lässt sich auch mit einer Sticknadel durchstechen. Um Löcher in Karton zu stechen, benötigen Sie eine Nadel mit Griff.

DIY: Prickelnadel mit Griff

1. Mit einem Seitenschneider von einer Sticknadel das Ende des Öhrs abknipsen.
2. Mithilfe einer Zange das offene Öhr in einen Korken schieben.
3. Etwas Holzleim auf die Einstichstelle tropfen und trocknen lassen.

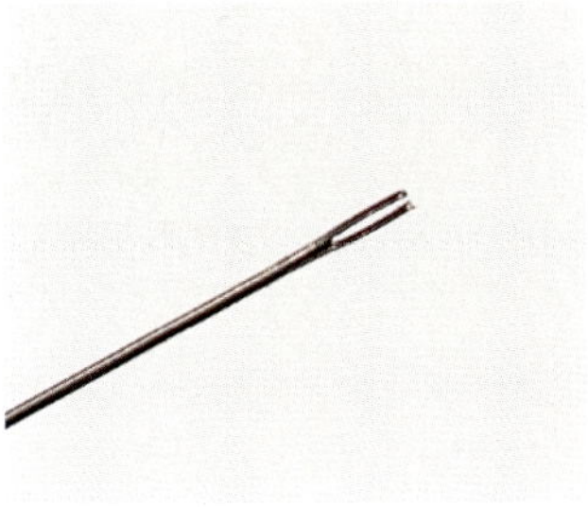

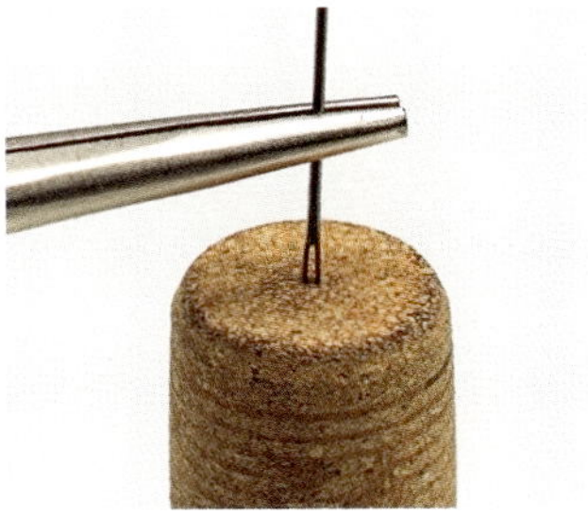

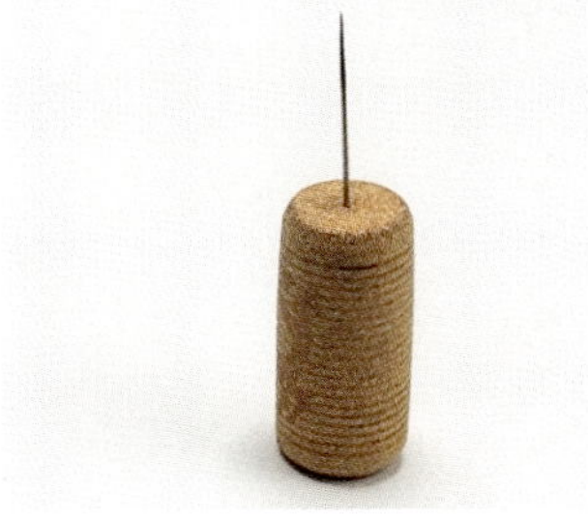

Weiche Unterlage

Wenn Sie Löcher in Papier stechen, benötigen Sie eine Unterlage, um die Tisch- oder Arbeitsplatte nicht zu beschädigen. Im Handel sind kleine, etwa 1 cm dicke Filzmatten erhältlich. Reste von Styroporplatten, alte Sitzkissen, gefaltete Altkleider usw. sind kostenlose Alternativen.

Scheren

Eine größere **Universalschere**, wie sie jeder zu Hause hat, reicht als Papierschere aus. Darüber hinaus empfiehlt sich eine kleine, **spitze Papierschere** zum Herausarbeiten von Details.
Scheren, mit denen regelmäßig Papier geschnitten wird, werden mit der Zeit stumpf. Zum Kappen von Garn benötigen Sie deshalb zusätzlich eine kleine, scharfe Schere oder einen **Fadenknipser**.
Hat sich der Faden einmal verheddert, hilft eine spitze **Pinzette** beim Aufdröseln.

Skalpell bzw. Cutter und Schneidmatte

Mit einem Skalpell oder einem Cutter lassen sich sehr präzise Schnitte setzen. Der Umgang mit beiden Werkzeugen erfordert etwas Übung.

Lupe

Manchmal sind die Einstichlöcher zwischen den Buchstaben nur schwer zu erkennen. Dann kann eine Lupe helfen, am besten eine Standlupe mit Beleuchtung.

Lineal

Zum Arbeiten mit Papier ist ein längeres Lineal besser geeignet als ein Maßband. Auch ein durchsichtiges Geodreieck leistet gute Dienste.

Bleistift, Spitzer, Radierer

Um feine Linien zu ziehen, die später kaum zu sehen sind, empfiehlt sich ein gut gespitzter, harter Bleistift. Sichtbare Linien können mit einem guten Radierer entfernt werden.

Leim

Ich verwende zum Kleben von Papier meist **Holzleim** aus der Flasche. Wird nur eine winzige Menge davon benötigt, hilft ein Zahnstocher beim Aufbringen. Für große Flächen mische ich den Leim 1 : 1 mit angerührtem Tapetenkleister. In einem dicht verschlossenen Glas lässt sich die Mischung über mehrere Wochen im Kühlschrank aufbewahren. Aufgetragen wird sie mit einem Pinsel.

Ablösbares Klebeband

Die preiswerteste Variante ist Malerkrepp. Hübscher ist Washi-Tape.

Kariertes Papier

Kariertes Papier erleichtert das Übertragen oder Entwerfen geometrischer Stickmuster ungemein. Millimeterpapier eignet sich hierfür nur bedingt, denn Zeichnungen wirken darauf schnell unübersichtlich. Sie können kariertes Papier mit Ihren Wunschmaßen jedoch kostenlos im Internet konfigurieren und anschließend ausdrucken (https://www.rechner.club/druckvorlage/kariertes-papier-erstellen).

Transparentpapier

Freihändig gezeichnete Motive wie beispielsweise Blumen lassen sich am besten mit Transparentpapier (z.B. Backpapier) auf die Stickunterlage übertragen. Es erleichtert nicht nur das Kopieren des Originals, sondern auch das passgenaue Ausrichten des Motivs auf der Buchseite, denn Sie sehen darunter den Text und gegebenenfalls auch Illustrationen. Das Papier einfach auflegen und die Löcher vorstechen.

Vorlagen mit transparentem Papier übertragen

Vorlagen sollten nur dann auf die Buchseite übertragen werden, wenn es unbedingt erforderlich ist. Da Papier nach dem Sticken nicht gewaschen wird, bleiben die Linien dauerhaft sichtbar.
Transparentes Papier auf die Vorlage legen und das Motiv mit einem Bleistift nachzeichnen. Dann das Papier wenden und auf der Rückseite mit der Bleistiftmine flach über die Linien schummern.
Das Papier wieder wenden und auf die Buchseite legen. Mit einem gut gespitzten Bleistift alle Linien des Motives nachzeichnen. Die Grafitschicht auf der Rückseite überträgt dabei die Motivkonturen.

Tipps und Tricks

Arbeiten mit Sticktwist

Sticktwist besteht in der Regel aus 6 miteinander verzwirnten Einzelfäden, die zu einem Strang gelegt und mit einer Banderole zusammengehalten werden. Zieht man den Fadenanfang vorsichtig heraus, ohne die Banderole zu entfernen, bleibt der Strang intakt und der Faden verheddert sich nicht.
Sie können den Twist aber auch neu wickeln: z.B. auf eine Wäscheklammer oder ein kleines Stück Pappe mit einem ca. 5 mm langen Schlitz. Den Fadenanfang entweder zwischen die Backen der Klammer oder in den Schlitz klemmen.

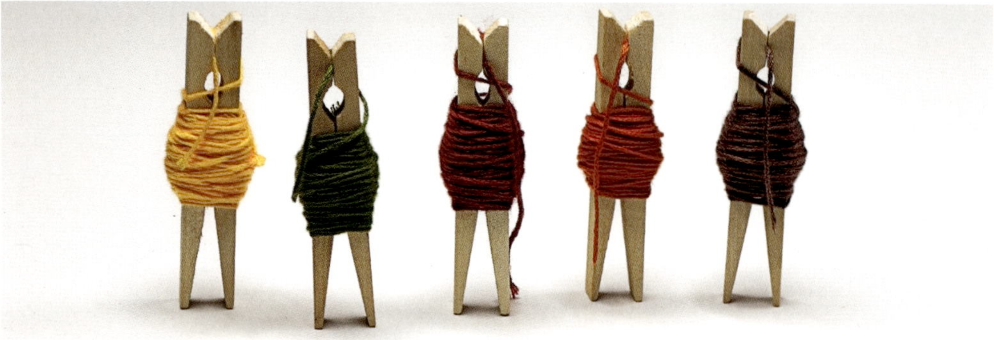

Sticktwist lässt sich gut in einzelne Fäden teilen. Mit 6 Fäden wird nur ganz selten gearbeitet.
Zunächst einen Garnstück in der benötigten Länge abschneiden, den Anfang mit einer Hand, die gewünschte Anzahl von Einzelfäden mit der anderen Hand fassen und den Twist auseinanderziehen.

Tipp:

- Der Arbeitsfaden sollte i. d. R. nie länger als 60 cm sein. Zu lange Fäden verheddern sich schnell. Aber auch sehr kurze Fäden sind unpraktisch, denn es entstehen viele lose Enden, die die linke Seite Ihres Werks verunzieren.

Je länger der Faden, desto schneller verdreht und verknotet er sich beim Sticken. Um das zu verhindern, lassen Sie ihn zwischendurch immer wieder nach unten baumeln, sodass er sich aufdreht.

Einfädeln

Eine Sticknadel sollte immer in der kleinstmöglichen Stärke gewählt werden. Das erschwert natürlich das Einfädeln. Deshalb ist es wichtig, den Fadenanfang mit der Schere sauber abzuschneiden. Feuchten Sie das Garn etwas an, und schieben Sie die Einzelfäden dicht zusammen. Zwischen Zeigefinger und Daumen geklemmt, lässt sich der Faden dann in das Nadelöhr schieben. Eine Lupe kann dabei hilfreich sein.

Sticken auf Papier

Das Sticken auf Papier unterscheidet sich in mancherlei Hinsicht vom Sticken auf Stoff. Folgende Besonderheiten sind zu beachten:

> **Wo die Nadel ins Papier sticht, bleibt für immer ein Loch.**

Löcher vorstechen

Bei den meisten Mustern und Motiven empfiehlt es sich, die Einstichlöcher vorzustechen. Dafür müssen die Löcher schon auf der Vorlage markiert werden. Die Vorlage wird auf dem Papier ausgerichtet und meist mit ablösbarem Klebeband fixiert, damit sie nicht verrutscht. Das Papier mitsamt der Vorlage auf eine weiche Unterlage legen. Mit einer Nadel oder Prickelnadel lassen sich die Löcher nun ganz einfach vorstechen.
Damit das Papier nicht reißt, muss der Abstand zwischen den Löchern entsprechend groß sein.

Vorlagen

Vorlagen mit eingezeichneten Einstichlöchern erleichtern die Arbeit. Sind die Abstände zwischen den Löchern groß genug, lassen diese sich ganz einfach auf die Buchseite übertragen.
Schwierig wird es, wenn die Einstichlöcher sehr eng beieinander liegen, z.B. bei Blüten. Deshalb werden von der Vorlage zunächst nur die einfachsten und größten Motivelemente, z.B. die Stiele, auf das Papier übertragen und gestickt. Für Details werden die Löcher immer erst unmittelbar vor dem Sticken freihändig vorgestochen.

Verstärkung des Papiers

In den meisten Fällen sollten die Buchseiten zum Sticken verstärkt werden – entweder mit Volumenvlies oder mit Kopierpapier. Letzteres hat den Vorteil, dass die Einstichlöcher darauf deutlich zu erkennen sind. Das erleichtert die Arbeit sehr.
Kopierpapier oder Volumenvlies unter die Rückseite des Buchpapiers legen und bei Bedarf mit drei Klebepunkten fixieren.

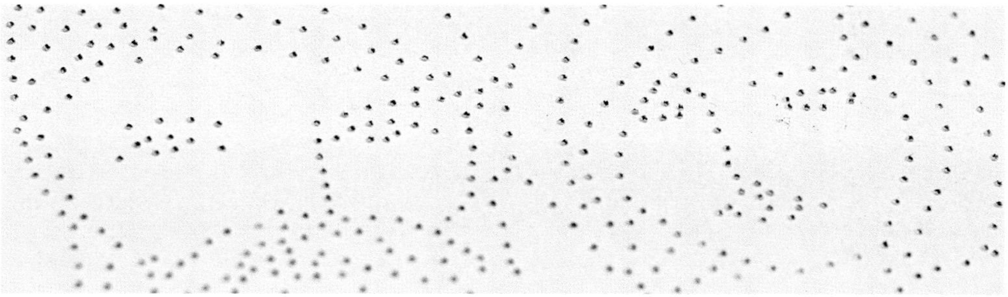

Fadenanfang und Fadenende

Bei manchen Sticharten, z.B. beim Kreuzstich, lassen sich die Fadenenden gut verziehen. Geht das nicht, können die Enden mit einem Kreuzknoten fixiert werden. Beide Varianten erfordern ausreichend lange Fadenenden.
Sehr kurze Enden können auch mit Washi-Tape festgeklebt werden.
Wenn die Arbeit gerahmt wird, können Sie die Fäden lose hängen lassen.

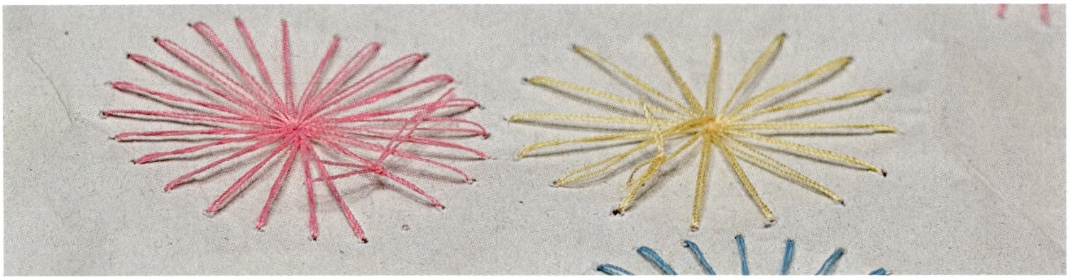

Kreuzknoten

Mit diesem Knoten lassen sich zwei Garnenden fest und sicher miteinander verbinden. Bei einer Stickerei auf Papier gerät der Faden nicht unter Spannung, und er wird auch nicht gewaschen.

1. Die beiden Fadenenden zunächst mit einem halben Knoten verbinden; dabei darauf achten, welcher Faden oben liegt.
2. Einen zweiten, spiegelgleichen halben Knoten schlingen, sodass der Faden, der zunächst oben lag, erneut oben liegt.
3. Die Enden vorsichtig zusammenziehen – fertig ist der Kreuzknoten.

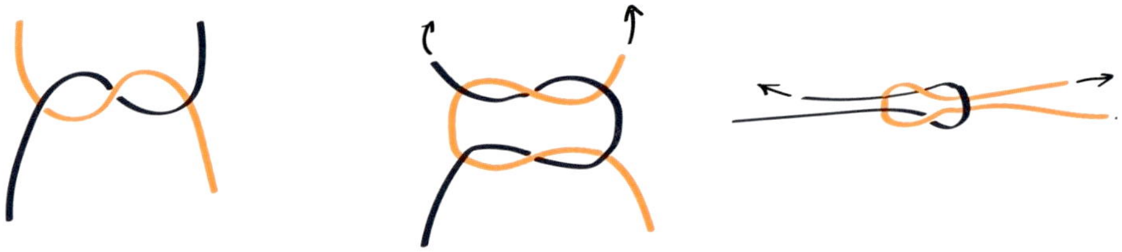

Fehler beheben

Manchmal sticht man versehentlich in die falschen Löcher, verwendet einen Faden in der falschen Farbe oder ist einfach nicht zufrieden mit dem Ergebnis seiner Arbeit. Doch kleine Fehler im Stickbild lassen sich einfach beheben.
Den Faden ausfädeln und mit dem stumpfen Ende einer Nadel sukzessive von unten vorsichtig aus dem Papier ziehen.
Klappt das nicht, müssen die fehlerhaften Stiche aufgeschnitten werden. Am besten geht das mit einer Nagelschere. Die Fussel werden danach mit einer Pinzette abgetragen.
Manchmal sind die Löcher dann „ausgeleiert“, sodass z.B. ein Knötchenstich nicht mehr hält. Kleben Sie ein Stückchen Papier auf die Rückseite des Blattes, und schon funktioniert es wieder.

Die Stiche

Papier ist empfindlich. Gehen Sie behutsam damit um, damit es beim Sticken nicht reißt. Immer abwechselnd von unten nach oben ausstechen und dann von oben nach unten einstechen.

Hinweis:

- Stickstiche haben je nach Region oder Schule unterschiedliche Namen.
- Die folgenden Anleitungen gelten für Rechtshänder/-innen; Linkshänder/-innen gehen umgekehrt vor.
- **Einstechen** = von oben nach unten stechen
- **Ausstechen** = von unten nach oben stechen

Vorstich

Der Vorstich sieht aus wie eine gestrichelte Linie. Gestickt wird von rechts nach links. Die Nadel in gleichmäßigen Abständen abwechselnd ein- und ausstechen.

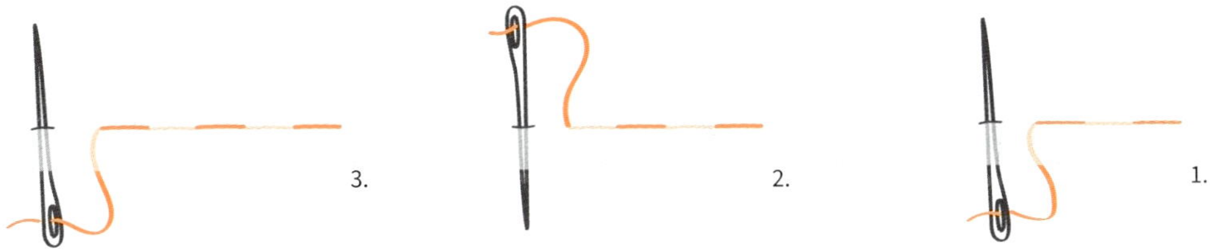

Rückstich

Gestickt wird von links nach rechts. Ausstechen (A). Am Ende des letzten Stichs einstechen (B). Den Faden zwei Stichlängen nach rechts führen und wieder ausstechen (C) usw.

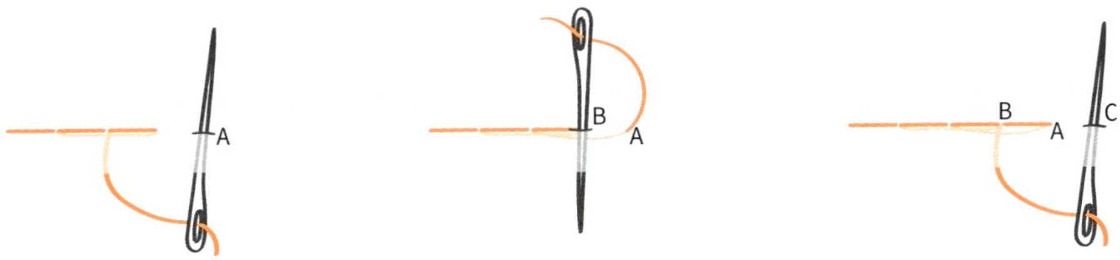

Stielstich

Gestickt wird von links nach rechts. Ausstechen (A). Den Faden eine Stichlänge nach rechts führen und wieder einstechen (B). Den Faden eine halbe Stichlänge nach links zurückführen und ausstechen (C). Den Faden erneut eine Stichlänge nach rechts führen und wieder einstechen (D) usw.

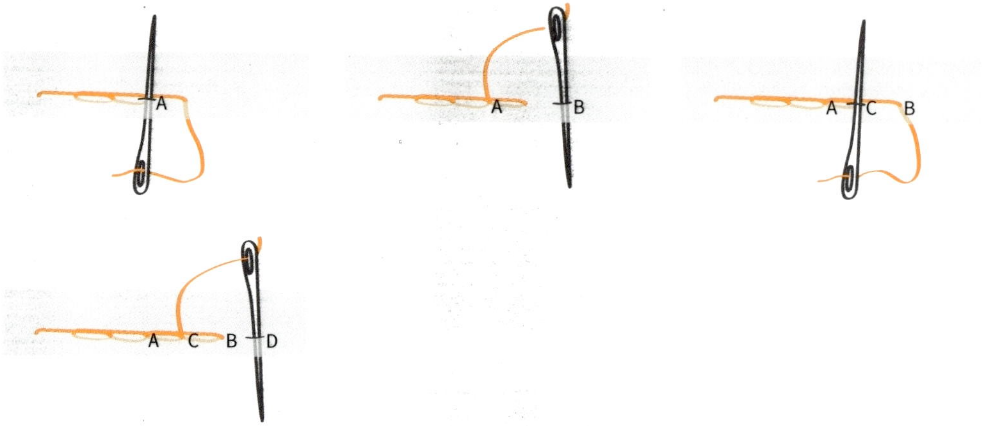

Kettenstich

Gestickt wird von links nach rechts. Ausstechen (A). In dasselbe Loch (A) einstechen und eine Schlinge stehen lassen. Den Faden eine Stichlänge nach rechts führen und ausstechen (B); die Nadel dabei durch die Schlinge führen. Den Faden sanft festziehen, damit die Schlaufe gut auf dem Papier liegt. In das Ausstichloch einstechen (B), eine Schlinge stehen lassen, den Faden eine Stichlänge nach rechts führen, ausstechen (C) und die Nadel durch die Schlinge führen usw.

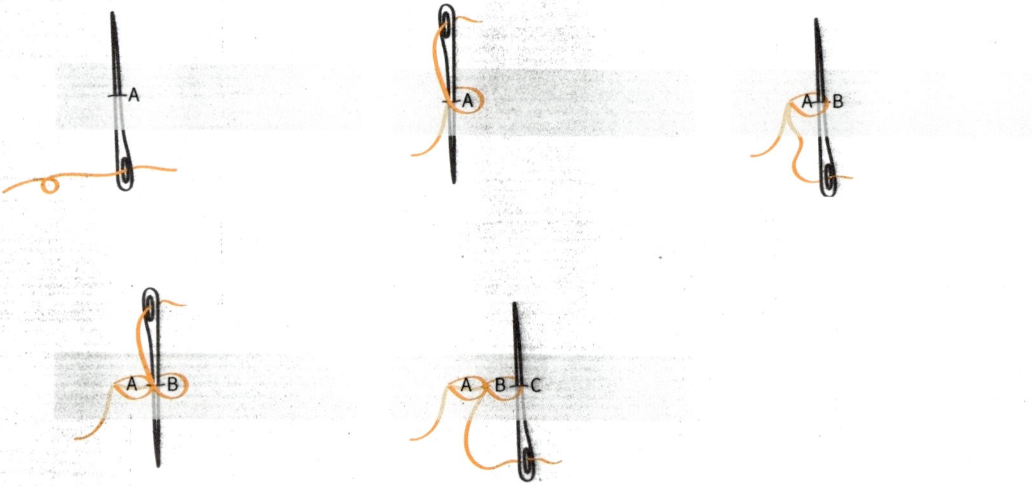

Fischgrätenstich

Gestickt wird senkrecht von oben nach unten.
Ausstechen (A). Den Faden eine Stichlänge nach rechts führen und einstechen (B). Den Faden nicht festziehen, sondern eine Schlinge hängen lassen. Den Faden eine halbe Stichlänge nach links unten führen und ausstechen; die Nadel dabei durch die Schlinge führen (C). Den Faden eine Stichlänge nach links führen, einstechen und wieder eine Schlaufe hängen lassen (D). Den Faden eine halbe Stichlänge nach rechts unten führen, ausstechen und die Nadel dabei durch die Schlinge führen (E). Den Faden eine Stichlänge nach rechts führen und einstechen (F); eine Schlaufe hängen lassen usw.

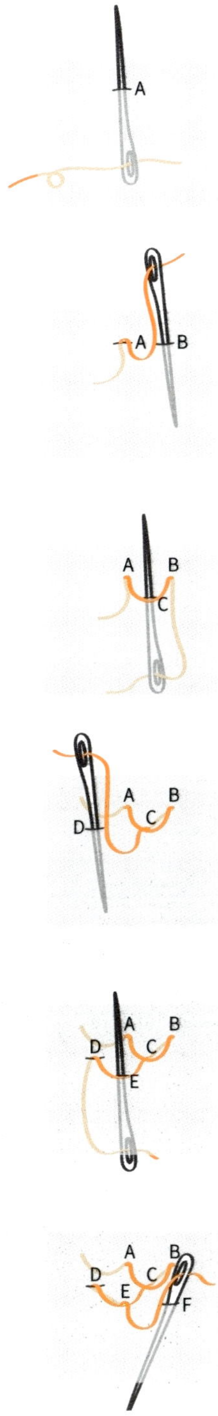

Margeritenstich

Es wird meistens kreisförmig gestickt.
In der Mitte ausstechen (A). In dasselbe Loch (A) einstechen und eine Schlinge stehen lassen. Eine Stichlänge weiter ausstechen (B), die Nadel dabei durch die Schlinge führen. Den Faden über die Schlinge legen und an derselben Stelle (B) wieder einstechen.
In der Mitte ausstechen (A) und kreisförmig fortfahren.

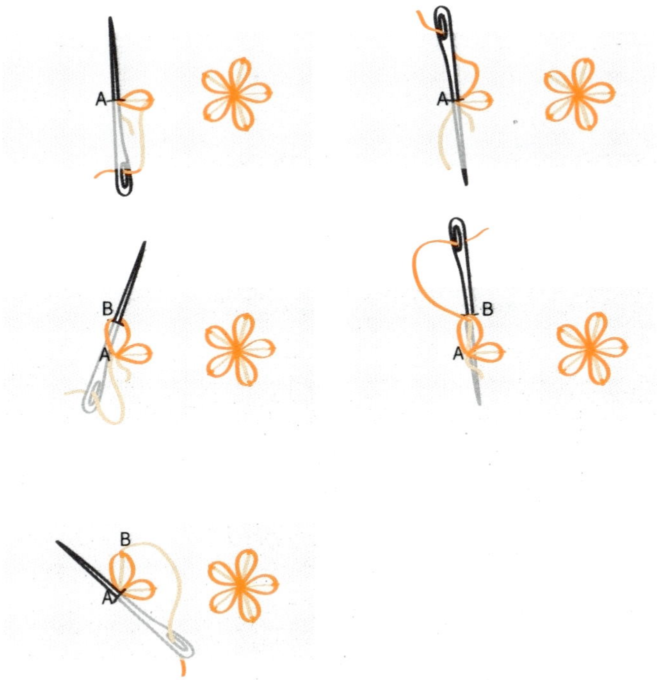

Knötchenstich

Ausstechen (A). Den Faden einmal oder mehrfach um die Nadelspitze wickeln und in dasselbe Loch (A) wieder einstechen und den Faden sorgfältig festziehen.
An einer anderen Stelle ausstechen (B). Den Faden einmal oder mehrfach um die Nadelspitze wickeln und in dasselbe Loch (B) wieder einstechen und den Faden wiederum sorgfältig festziehen.

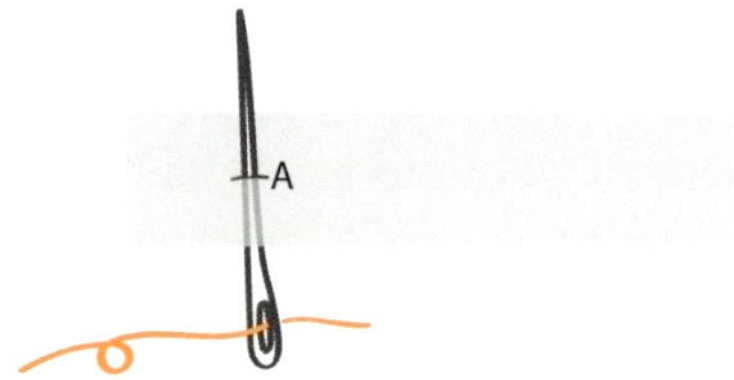

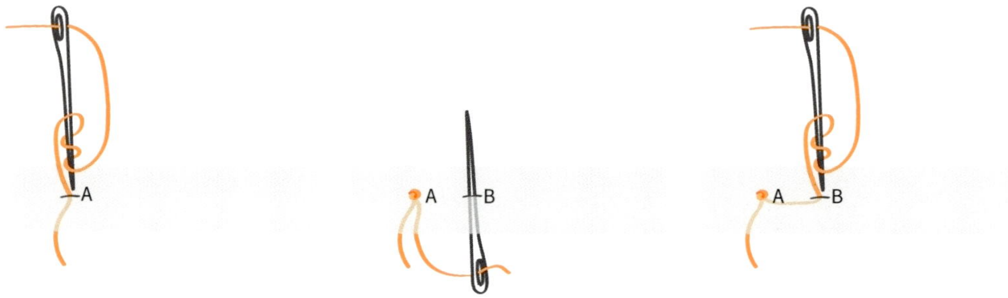

Schlingstich

Dieser Stich wird oft zum Versäubern von Kanten verwendet. Gestickt wird von links nach rechts. Unterhalb der Kante ausstechen (A). Auf der Rückseite des Papiers eine Schlaufe stehen lassen und die Nadel von vorn durch die Schlaufe führen. Den Faden leicht anziehen, sodass er auf der Kante sitzt. Eine Stichlänge weiter rechts unterhalb der Kante ausstechen (B). Auf der Rückseite des Papiers eine Schlaufe stehen lassen und die Nadel von vorn durch die Schlaufe führen. Den Faden leicht anziehen, sodass er auf der Kante sitzt usw.

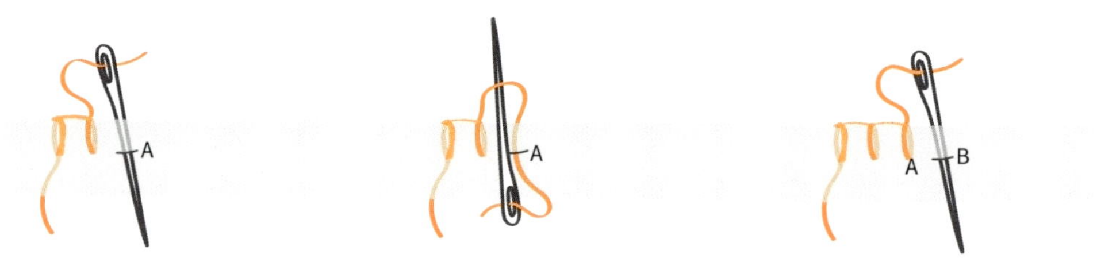

Zum Versäubern einer Ecke dreimal nacheinander in dasselbe Loch stechen.

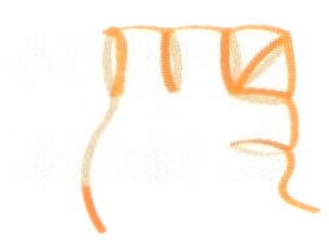

Kreuzstich

Ein Kreuzstich besteht aus zwei Stichen: einem Unterstich und einem Deckstich. Alle Unterstiche und alle Deckstiche weisen jeweils in dieselbe Richtung.

Jedem Kreuzstich wird gedanklich ein kleines Quadrat zugeordnet. Für den Unterstich links unten ausstechen (A) und oben rechts einstechen (B). Anschließend für den darüberliegenden Deckstich rechts unten ausstechen (C) und links oben einstechen (D).

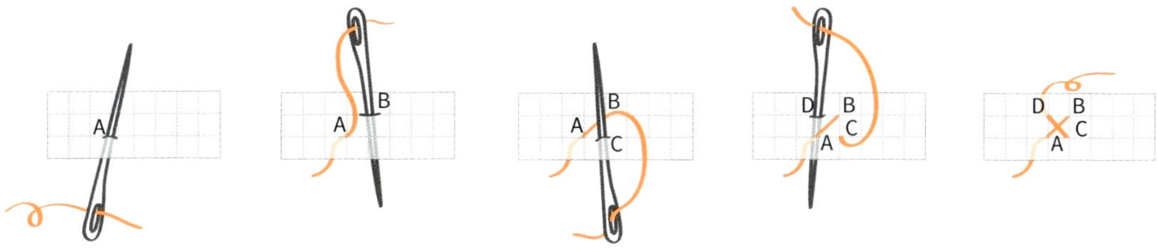

Folgen mehrere Kreuzstiche aufeinander, werden zuerst alle Unterstiche und danach alle Deckstiche ausgeführt.

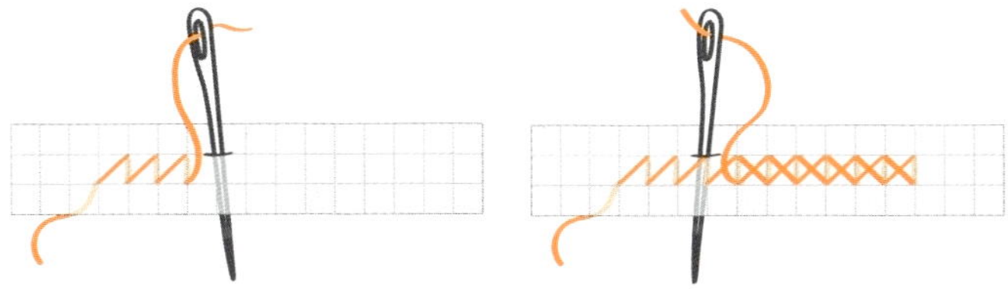

Hexenstich

Gestickt wird von links nach rechts. Er wird zwischen zwei imaginären, parallel verlaufenden Linien gestickt. Links unten ausstechen (A). Den Faden eine Stichlänge nach rechts oben führen und einstechen (B). Den Faden eine halbe Stichlänge nach links führen und ausstechen (C). Den Faden eine Stichlänge nach rechts unten führen und einstechen (D). Den Faden eine halbe Stichlänge nach links führen und ausstechen (E) usw.

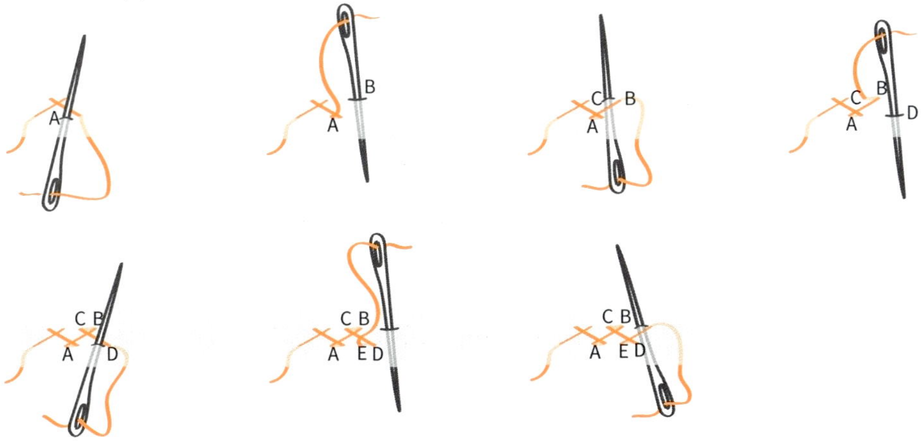

Rosenstich

In der Mitte ausstechen (A). Eine Stichlänge entfernt einstechen (B). In der Mitte wieder ausstechen (A). Den Faden im spitzen Winkel nach außen führen und wieder einstechen (C). Auf diese Weise fortfahren, bis Sie mindestens 5 Stiche (auf jeden Fall eine ungerade Anzahl) gearbeitet haben. Achten Sie auf gleichmäßige Abstände. Zum Schluss in der Mitte noch einmal ausstechen (A).
Nun wird gewebt: Abwechselnd die Nadel unter einen Faden hindurch und über den nächsten führen, bis der Kreis gefüllt ist.
Zum Schluss noch einmal am Rand einstechen, um den Faden nach links zu ziehen.

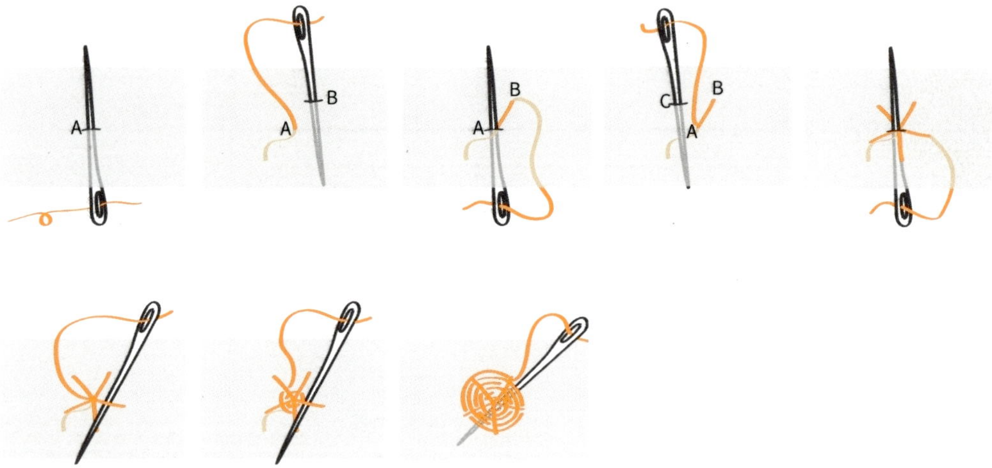

Spannstich

Der Spannstich kann waagerecht, senkrecht oder kreisförmig gestickt werden.
Ausstechen (A) und in der gewünschten Entfernung wieder einstechen (B). Für den nächsten Stich an den gewünschten Stellen ausstechen (C) und wieder einstechen (D).

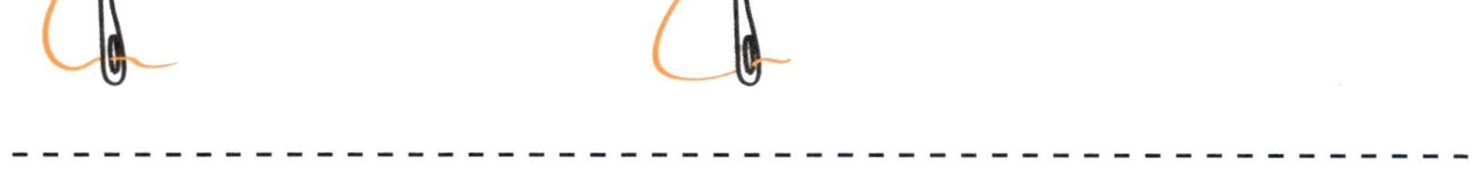

Tipp:

- Sticken Sie Musterkarten, wie ab Seite 42 beschrieben, und legen Sie sich auf diese Weise ein kleines Sticklexikon an. Es kann jederzeit beliebig erweitert werden.

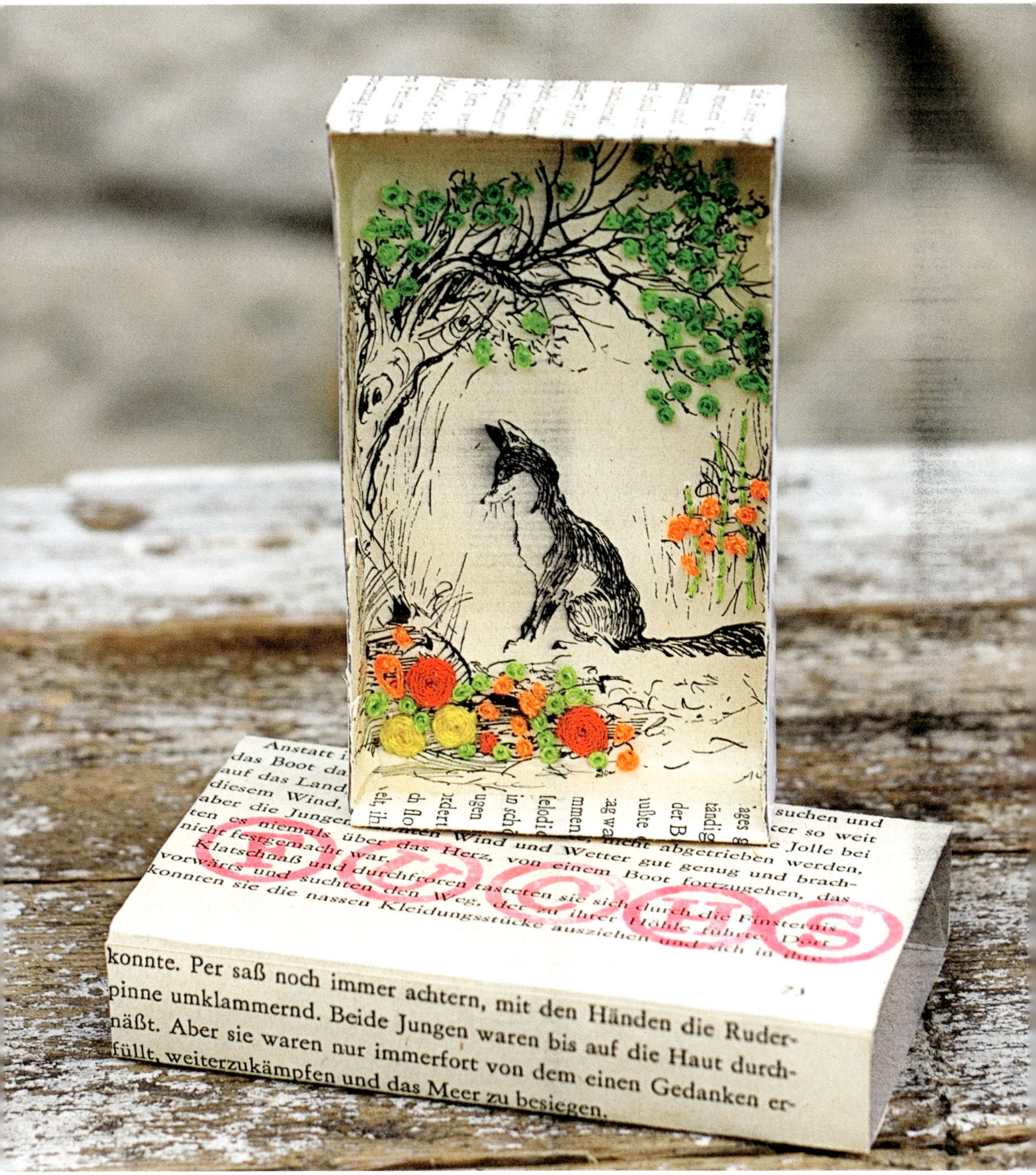

Die kleine Schachtel mit dem Fuchs wurde nach der Anleitung auf Seite 64 gestaltet.

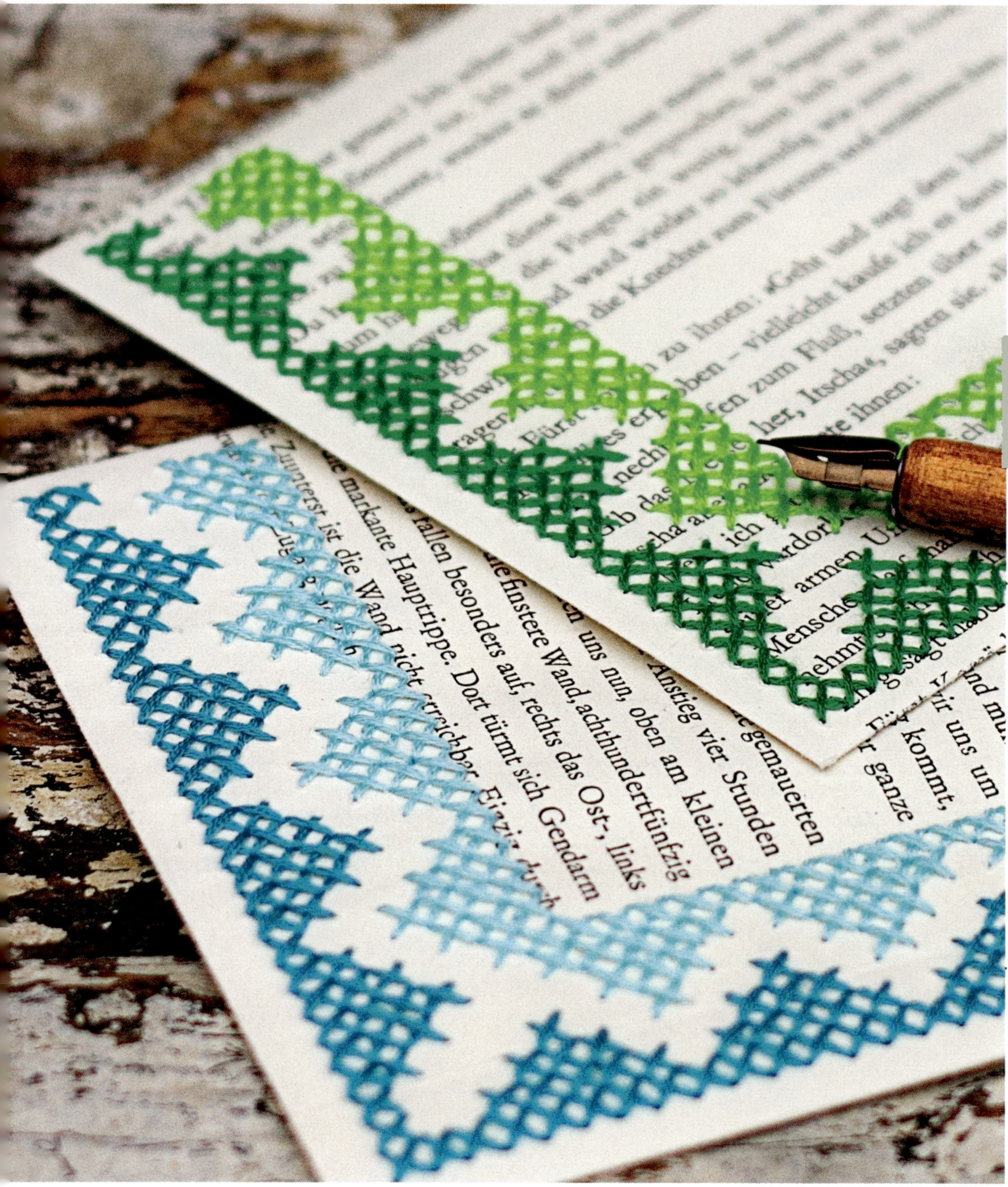

Nützliches

Dekorative Objekte mit praktischem Nutzen sind wunderbare Mitbringsel und kommen immer gut an.

BEIM STICKEN WIRD JEDER NOCH SO GUTE FILM ZUM HÖRSPIEL.

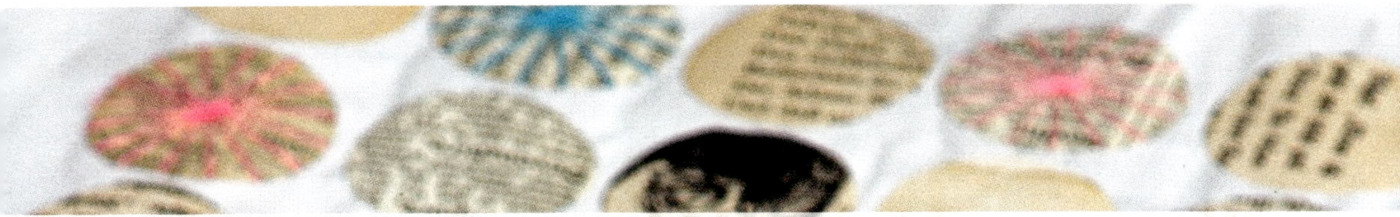

Geschenkpapier

Der Papierbogen wird direkt auf die Größe des zu verpackenden Geschenks zugeschnitten. Sie können kleinere oder größere Papierkreise aufkleben. Auch als Wandbild ist diese Collage ein Hingucker. In diesem Fall empfehle ich ein Trägerpapier von guter Qualität.

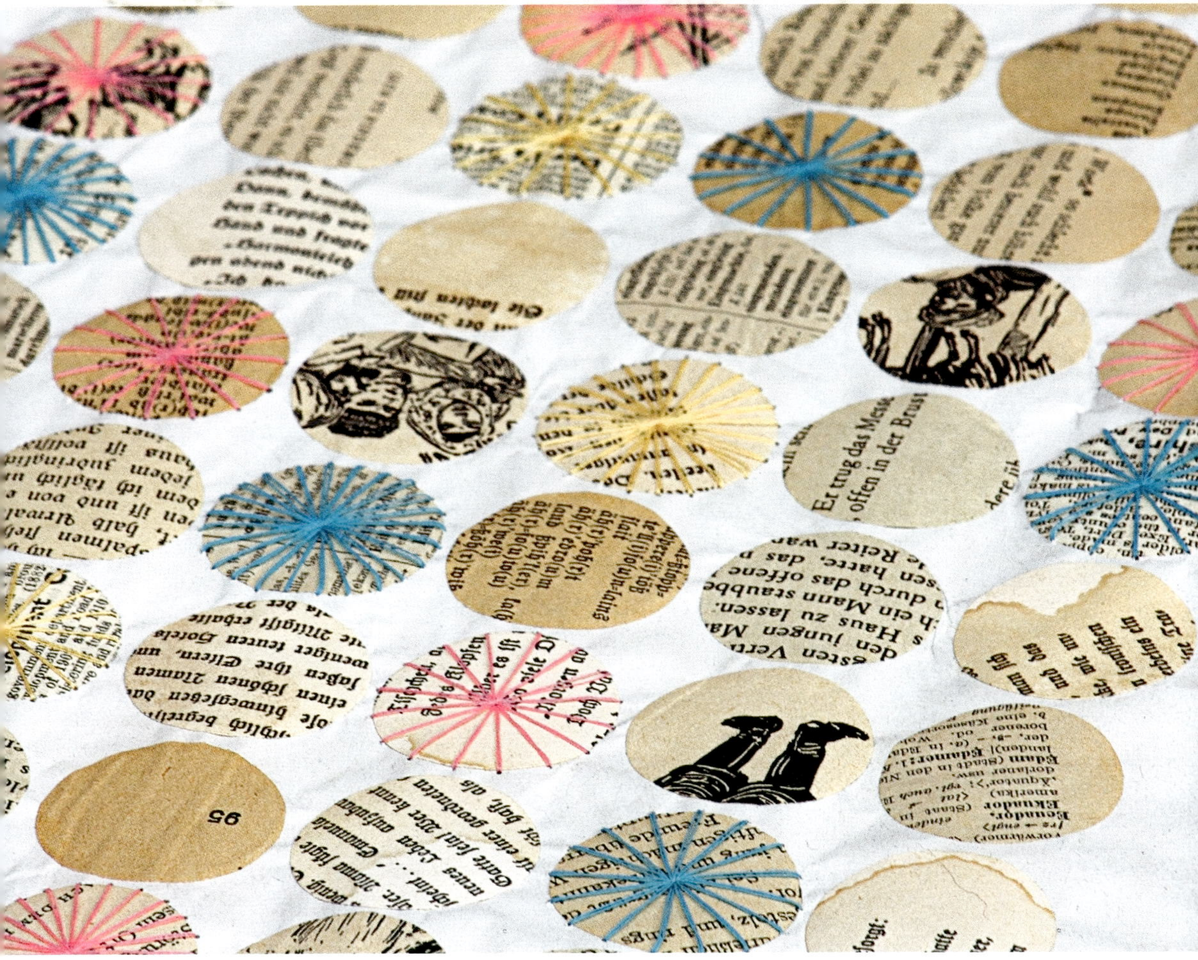

Geschenkpapier

Materialien

- verschiedene Buchseiten
- Packseide oder Packpapier
- farbiges Nähgarn
- Leim

Werkzeuge

- Schere
- Bleistift
- Lineal
- Radierer
- Sticknadel
- weiche Unterlage
- Kreisschneider oder -stanzer

Vorlagen

- Kreis 3,3 cm ø, mit 16 und mit 24 Löchern

Siehe auch

- Seite 22: Spannstich

So wird's gemacht:

1. Aus den Buchseiten Kreise stanzen oder schneiden. Den Papierbogen auf die richtige Größe zuschneiden.

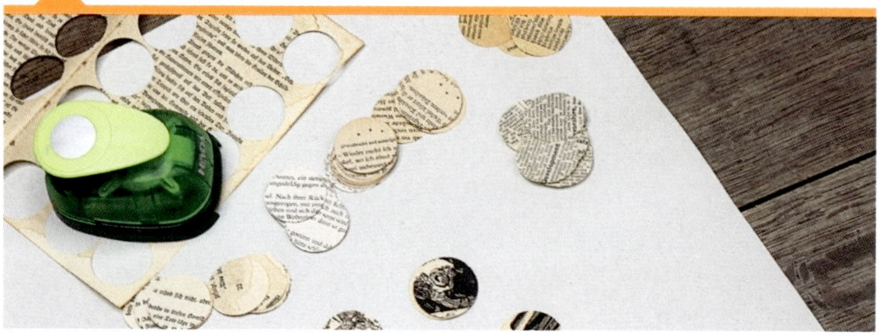

2. Die Papierkreise auf dem Bogen verteilen – entweder per Augenmaß oder anhand eines vorher mit einem Bleistift eingezeichneten Rasters.

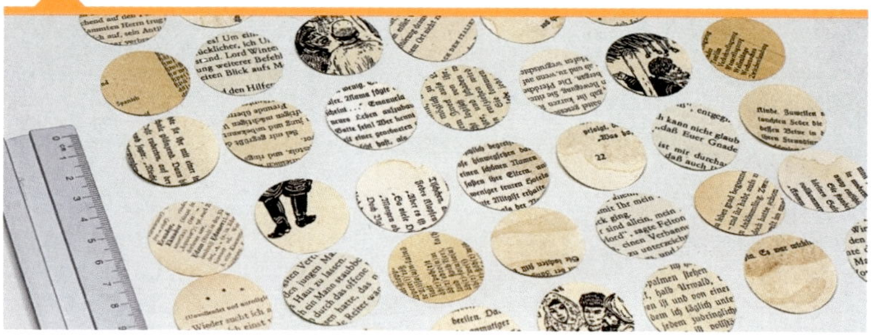

3. Die Kreise aufkleben. Mithilfe eines Lineals lassen sie sich problemlos akkurat ausrichten.

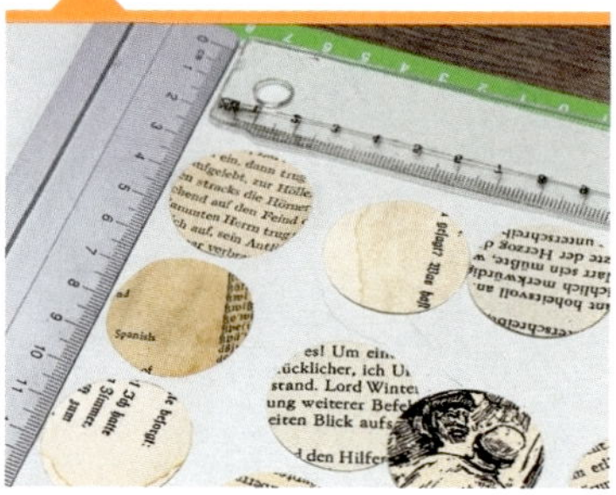

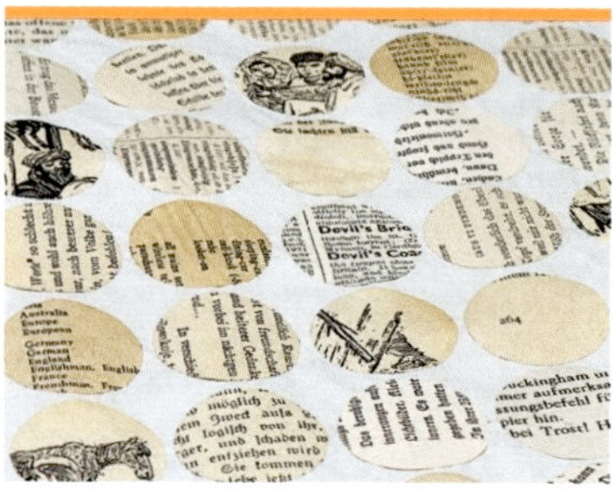

> ***Tipp:***
> - Die bereits aufgeklebten Kreise zwischendurch mit Büchern beschweren und pressen. Einen Bogen Zeitungspapier unterlegen.

4. Die Einstichlöcher mithilfe der Vorlage oder freihändig vorstechen: ein Loch in der Mitte und 16 oder 24 Löcher rundum.

5. Mit 2 Fäden kreisförmig im Spannstich sticken: am Rand ausstechen und in der Mitte einstechen. Die Fadenenden auf der Rückseite des Bogens verknoten.

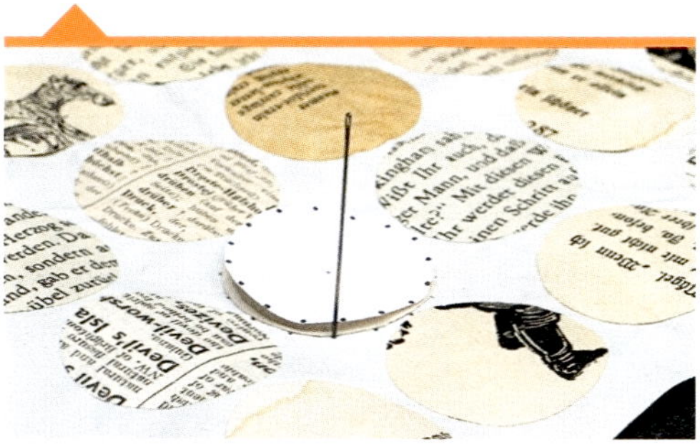

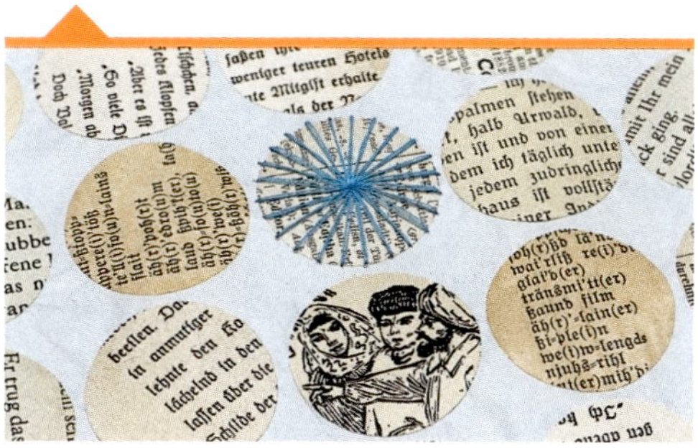

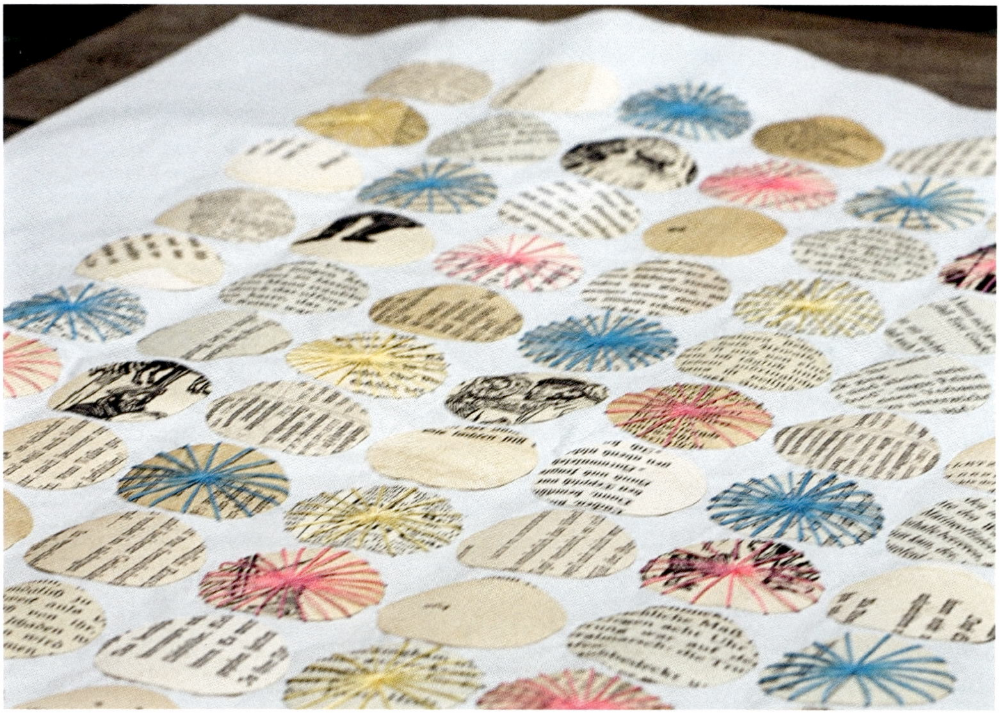

Vorlagen – Kreise mit 16 und 24 Löchern

Originalgröße

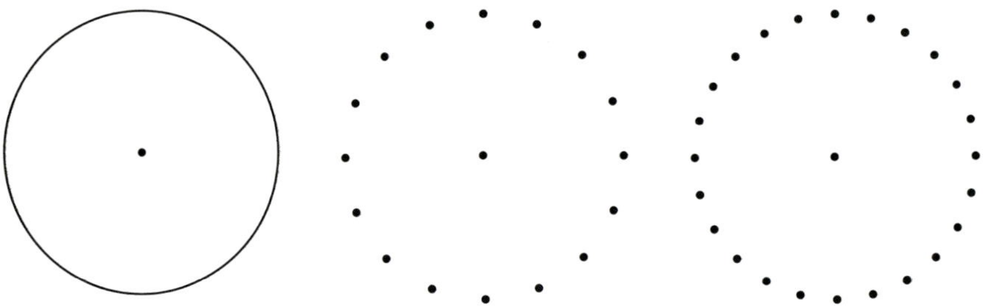

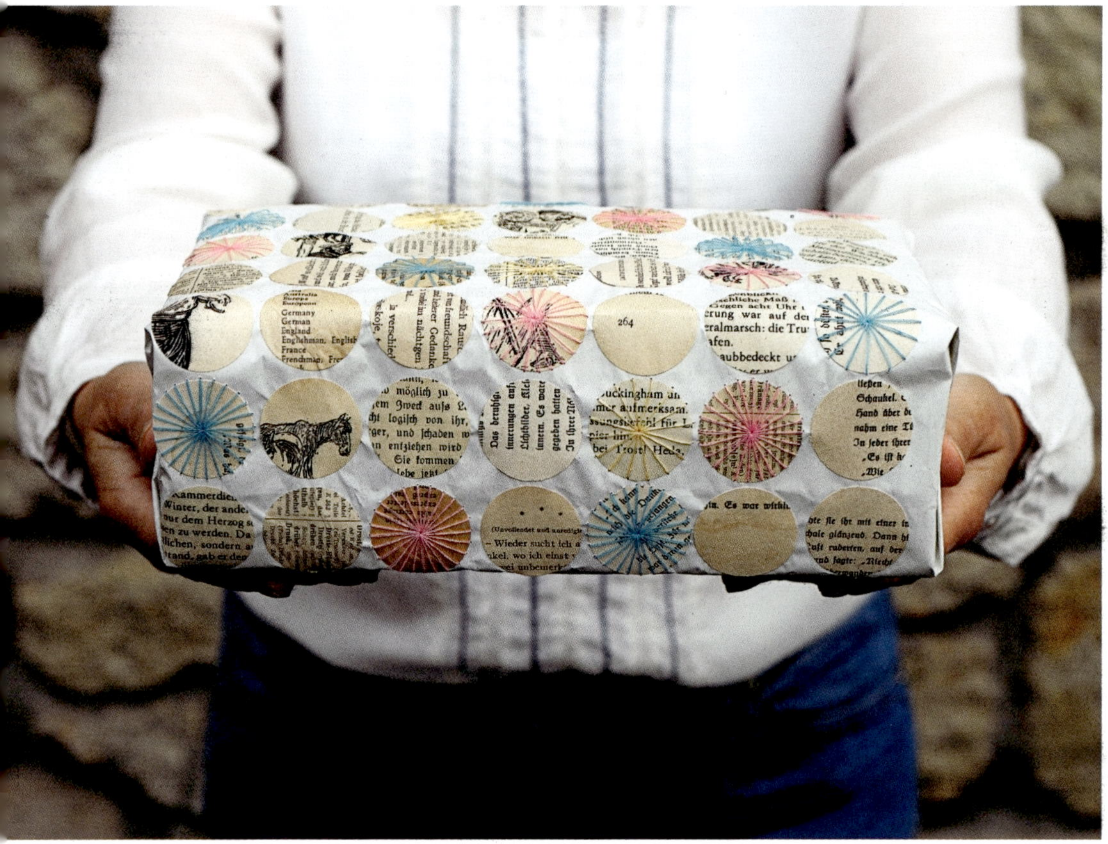

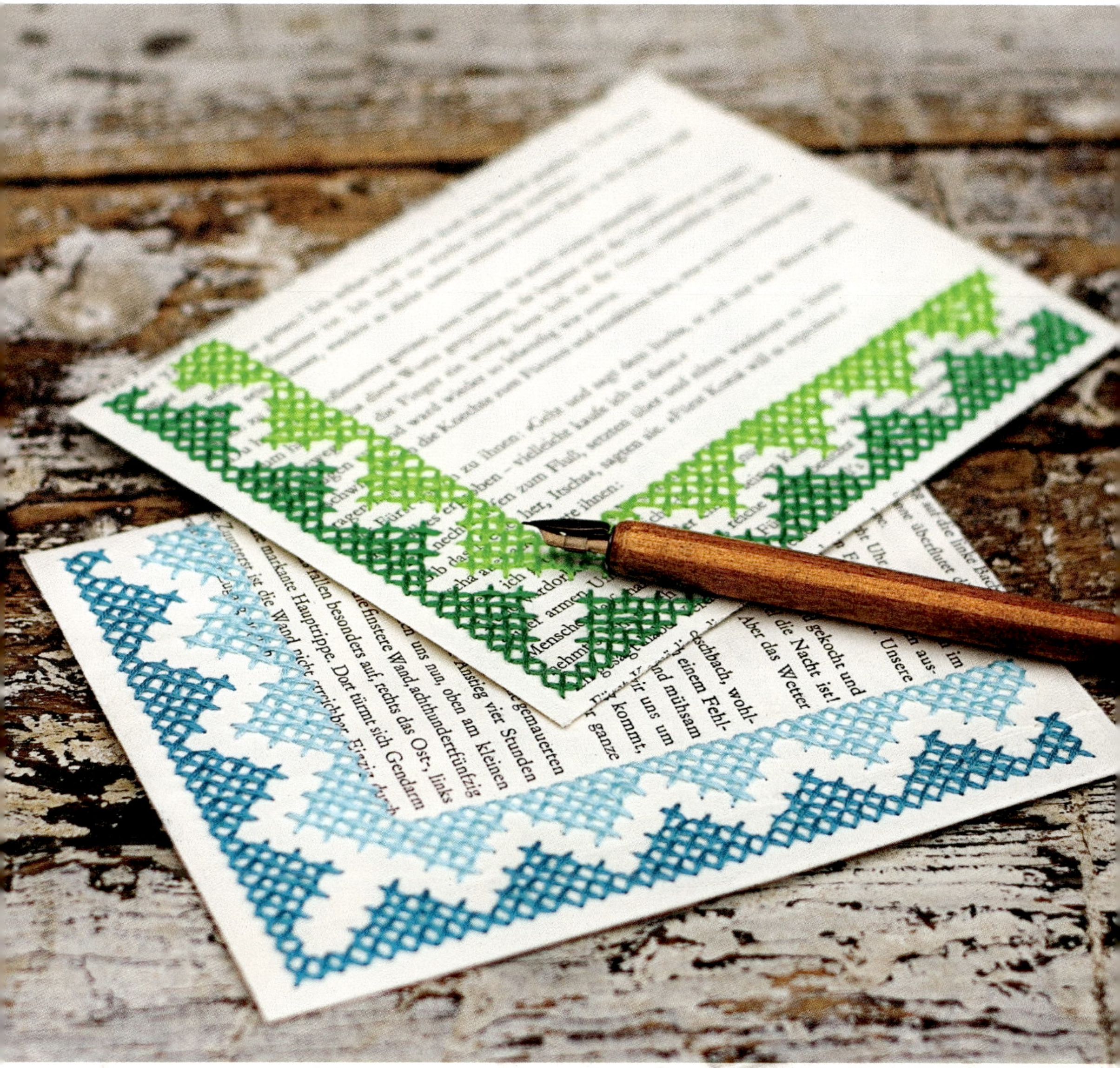

Briefumschlag mit Bordüre

Mit Kreuzstickerei verzierte Bordüren haben eine lange Tradition in der Volkskunst. Auf kariertem Papier können Sie eigene Muster entwerfen.

Briefumschlag mit Bordüre

Materialien
- große doppelte Buchseite
- kariertes Papier, 4-mm-Raster
- Kopierpapier
- Stickgarn (Twist)
- Leim

Werkzeuge
- Schere
- Bleistift
- Radierer
- Sticknadel
- weiche Unterlage

Vorlagen

- Seite 153: Umschlag, Einlage
- Seite 34: Zählmuster

Siehe auch

- Seite 13: kariertes Papier
- Seite 21: Kreuzstich

So wird's gemacht:

1. Das Stickmuster der Vorlage auf kariertes Papier übertragen.

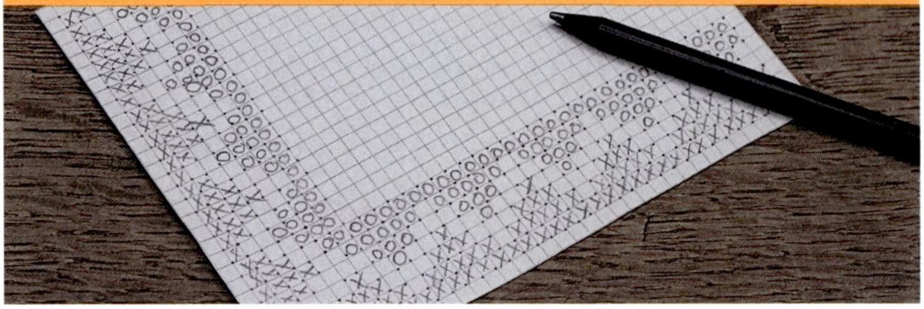

2. Die Vorlage für den Umschlag auf die Buchseite übertragen und den Umschlag ausschneiden.

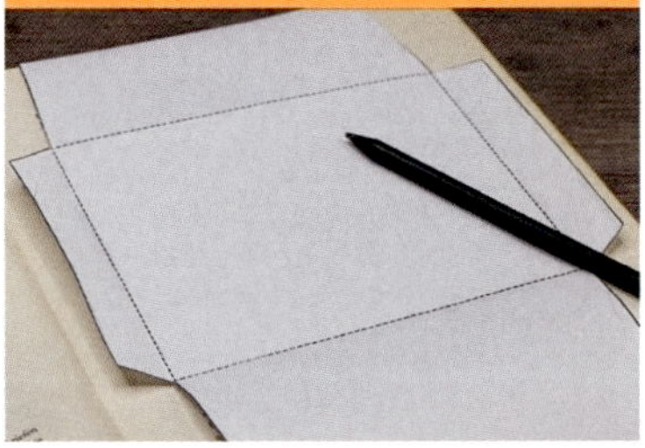

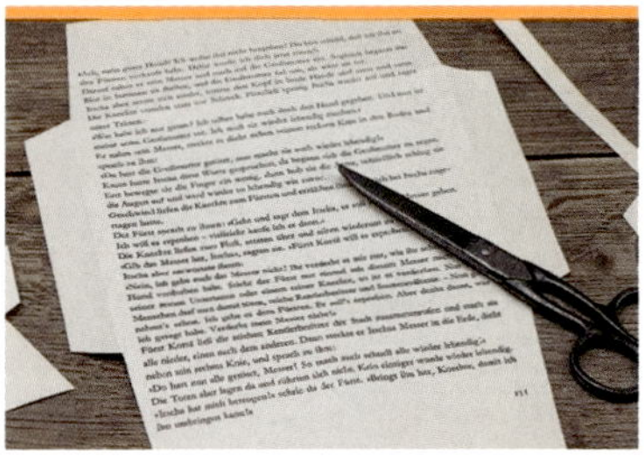

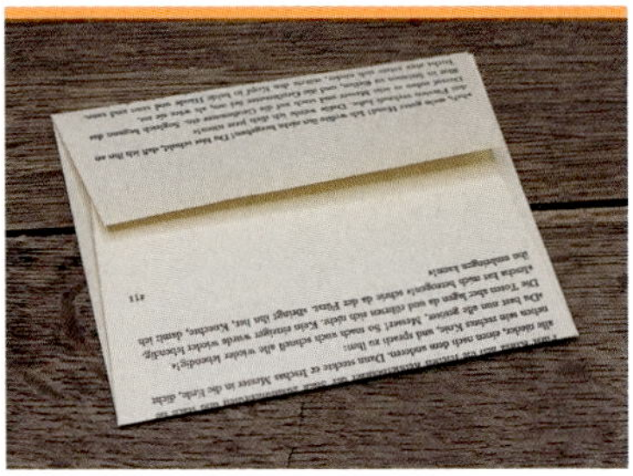

3. An den Markierungen falten und wieder auffalten.

4. Die Einlage auf Kopierpapier übertragen und ausschneiden, auf der Innenseite des Umschlags ausrichten und am Rand punktuell mit wenig Leim fixieren.

5. Das Mittelteil des Umschlags auf die weiche Unterlage legen und die Stickvorlage ausrichten. Mit der Sticknadel die Einstichlöcher vorstechen.

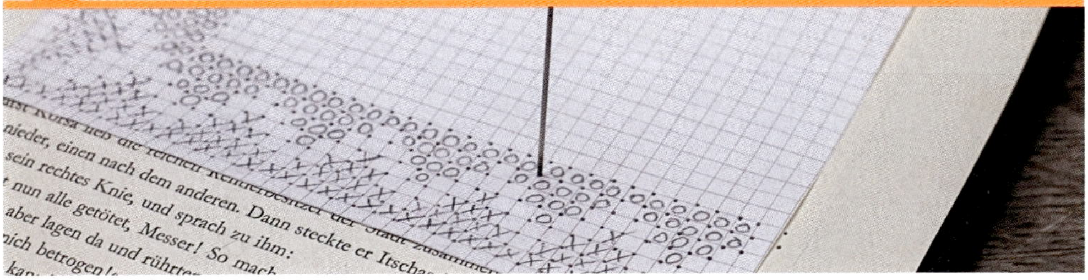

6. Das Motiv im Kreuzstich sticken.

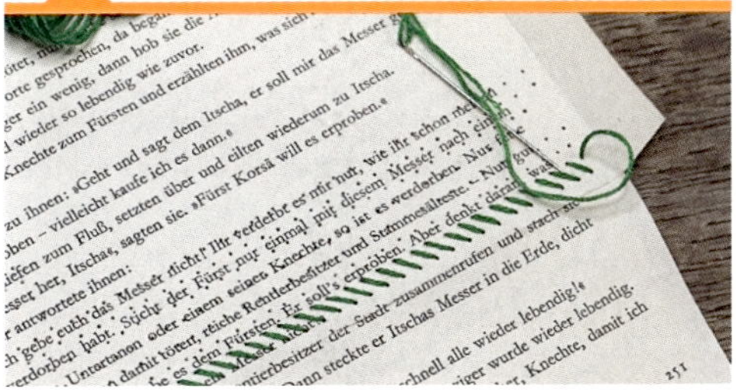

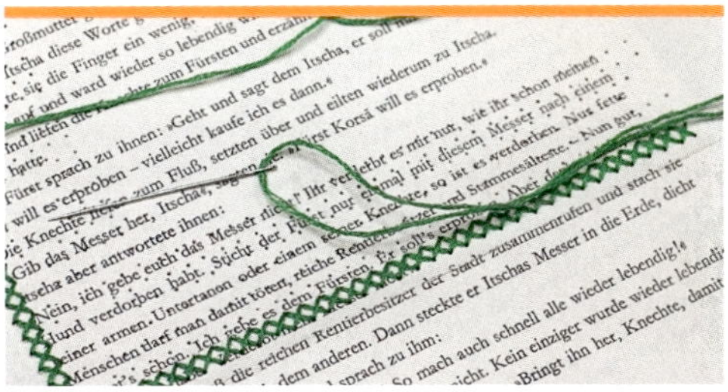

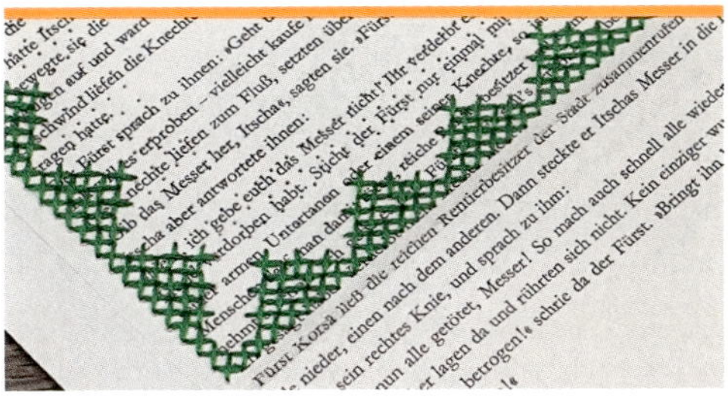

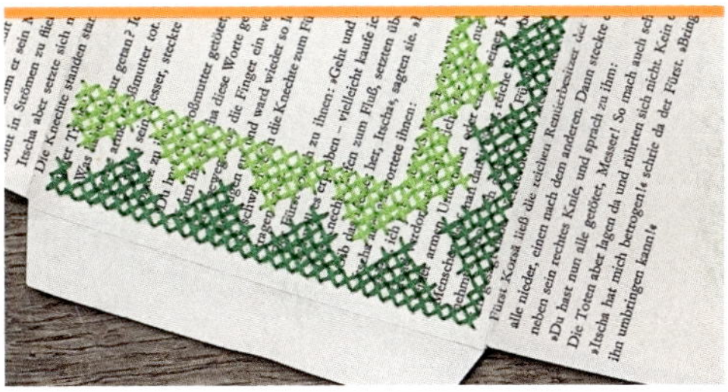

7. Den Briefumschlag falten und zusammenkleben.

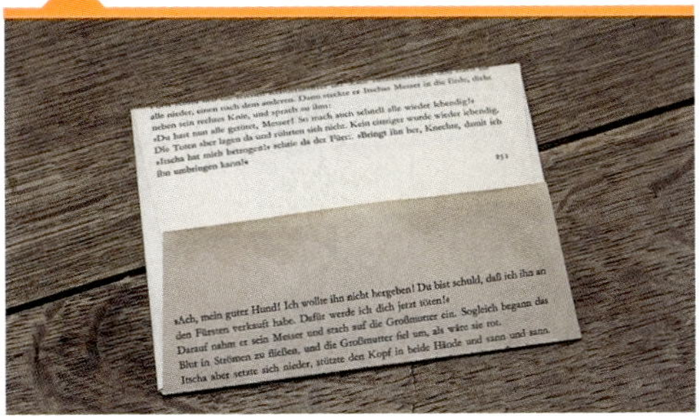

Vorlage — Zählmuster

Originalgröße

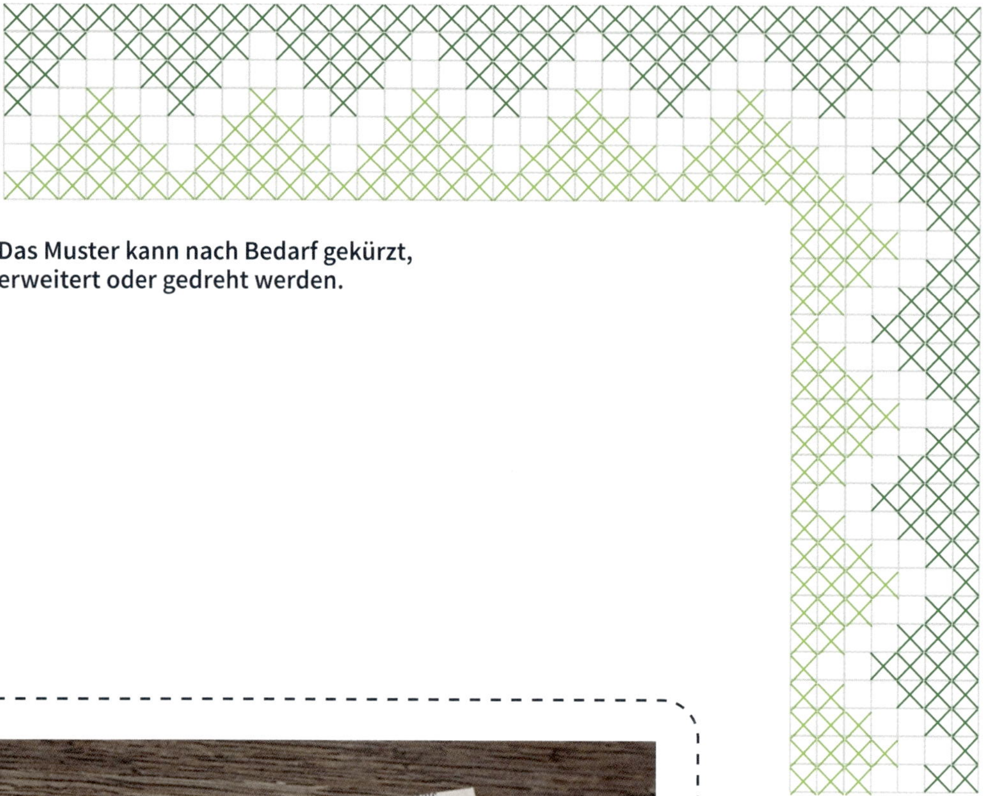

Das Muster kann nach Bedarf gekürzt, erweitert oder gedreht werden.

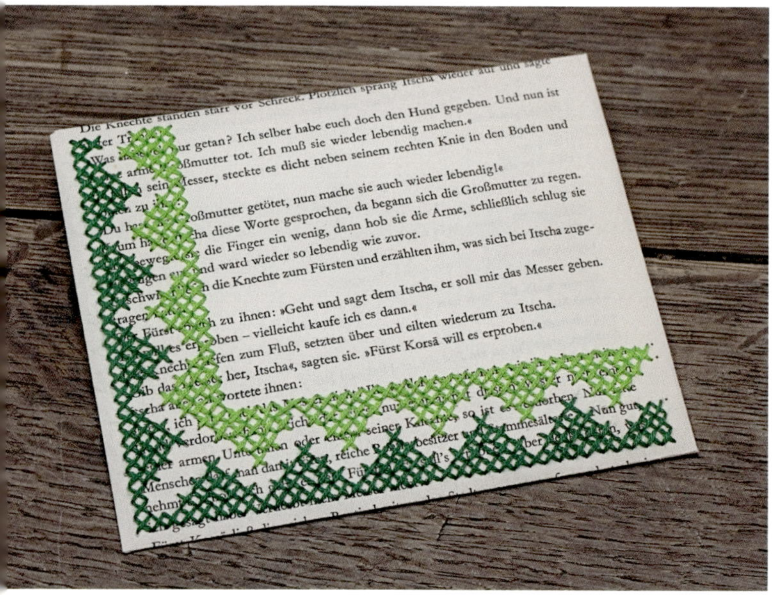

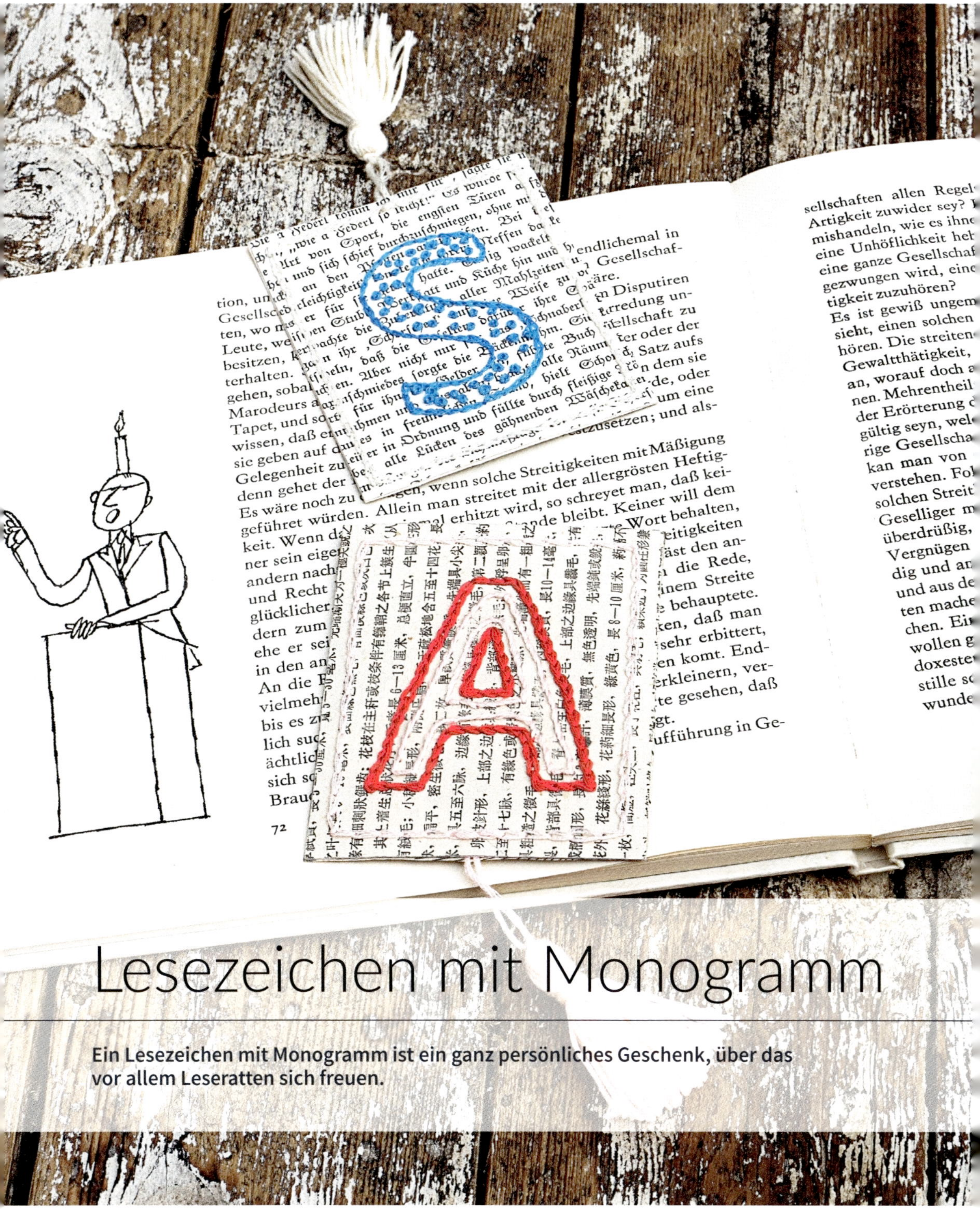

Lesezeichen mit Monogramm

Ein Lesezeichen mit Monogramm ist ein ganz persönliches Geschenk, über das vor allem Leseratten sich freuen.

Lesezeichen mit Monogramm

Materialien
- Buchseite
- Umschlag von einem Taschenbuch
- Stickgarn (Twist)
- Leim
- Quaste (siehe Seite 39)

Werkzeuge
- Schere
- Bleistift
- Lineal
- Pinsel
- Sticknadel
- weiche Unterlage

Vorlagen
- Seite 38: A und S
- Seite 40: Alphabet

Siehe auch
- Seite 17 ff.: Stiche

So wird's gemacht:

1. Den passenden Buchstaben auf Papier übertragen.

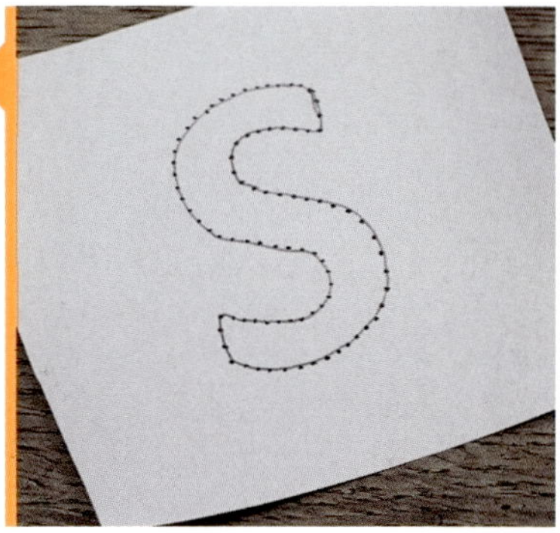

2. Mit dem Bleistift ein Stickmuster nach Wahl (Linien, Kreuze, Knötchen o. Ä.) einzeichnen. Achten Sie dabei darauf, die Einstichlöcher nicht zu dicht an die Konturen zu setzen.

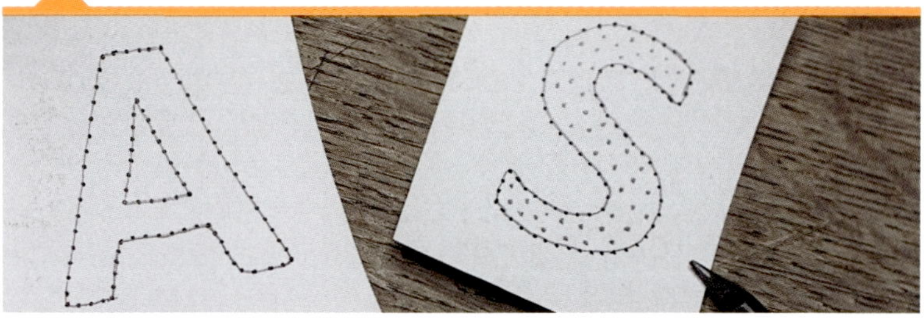

3. Die Buchseite auf den Umschlag leimen und das Lesezeichen in der gewünschten Größe 2 x zuschneiden.

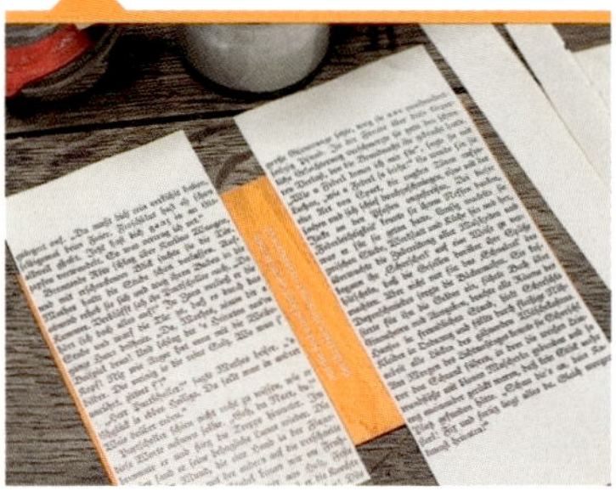

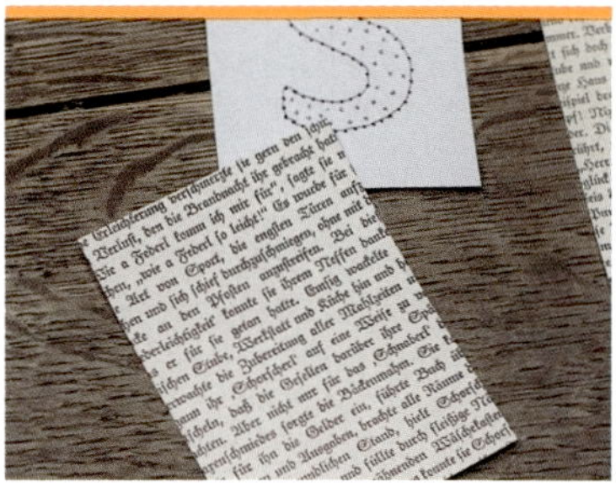

Tipp:
- Die bedruckte Seite des Umschlags bekleben – so sind die Einstichlöcher auf der Rückseite gut zu erkennen.

4. Die Vorlage mit dem Buchstaben auf dem Lesezeichen ausrichten und beides zusammen auf eine weiche Unterlage legen. Mit der Sticknadel oder einer Prickelnadel alle Einstichlöcher vorstechen.

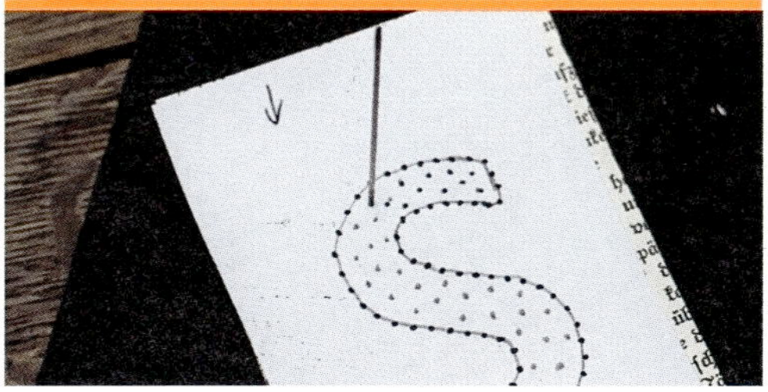

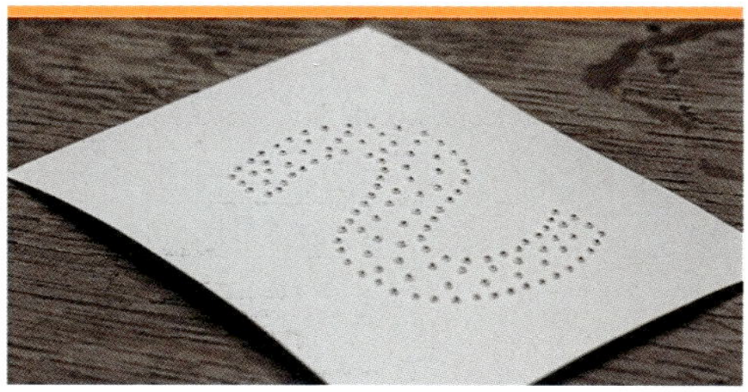

5. Die Kontur des Buchstabens mit 2 Fäden im Kettenstich sticken, das Innere mit einem beliebigen Muster füllen.

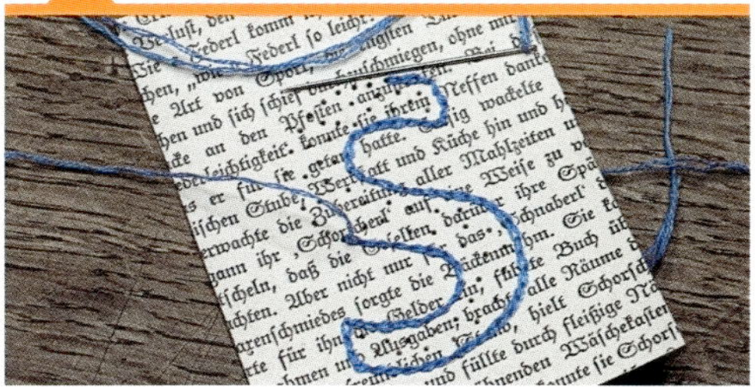

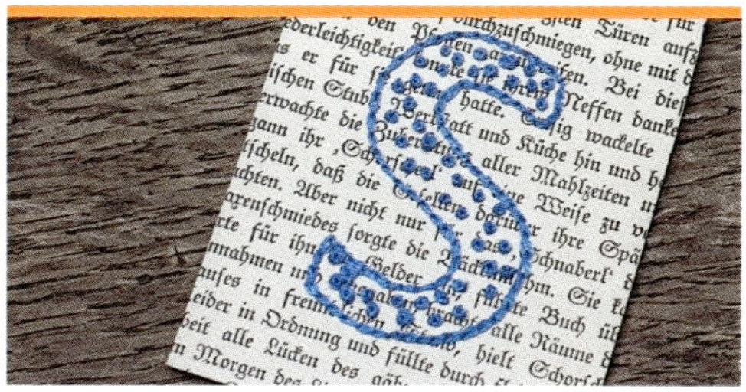

6. Wer mag, kann das Lesezeichen mit Kettenstichen umfassen. Dafür auf der Rückseite einen Rahmen zeichnen und in gleichmäßigen Abständen Einstichlöcher markieren.

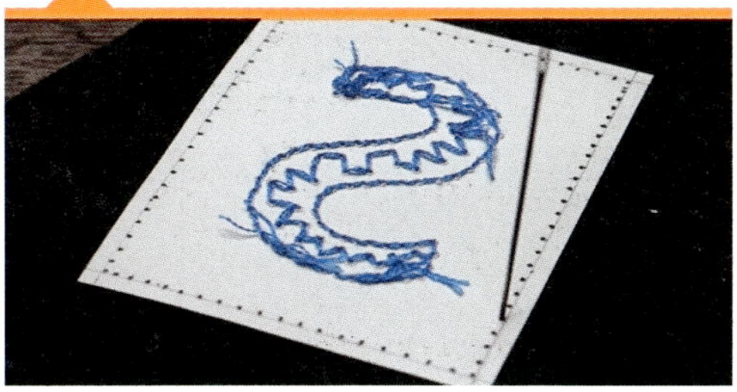

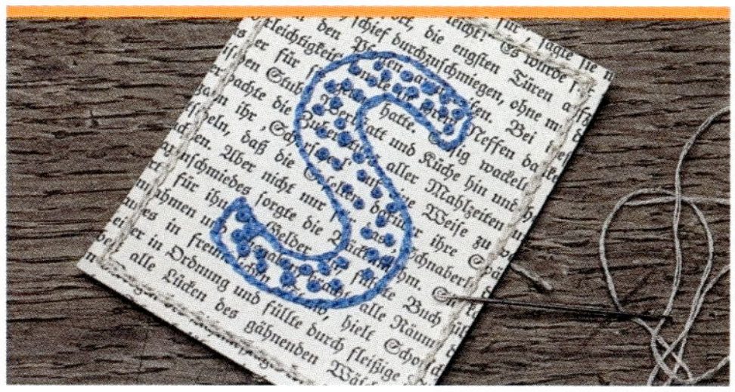

Tipp:

- Am heimischen Computer können Sie ganz einfach eigene Vorlagen mit Buchstaben anderer Schriftarten kreieren und anschließend ausdrucken. Achten Sie darauf, an jeder „Ecke" ein Einstichloch zu platzieren.

7. Die Quaste mit einem Stich an der Oberkante des Lesezeichens befestigen. Die Fadenenden gut verknoten.

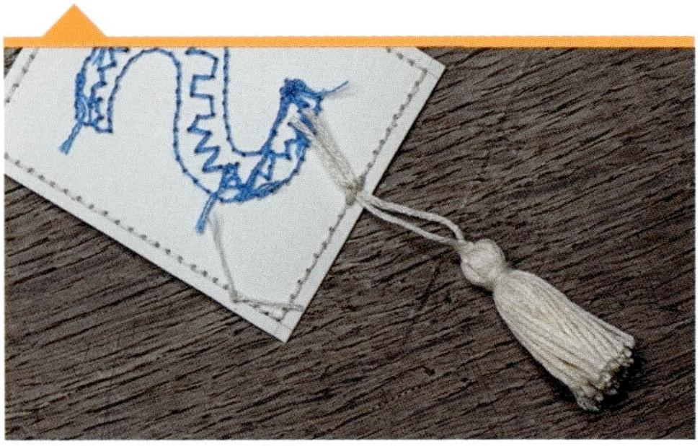

8. Die Rückseite des Lesezeichens mit Holzleim fixieren und das Lesezeichen bei Bedarf zwischen Bücherstapeln pressen.

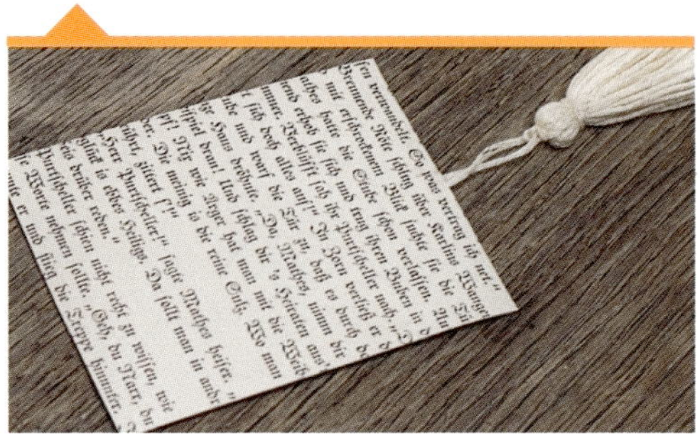

Vorlagen S & A
Originalgröße

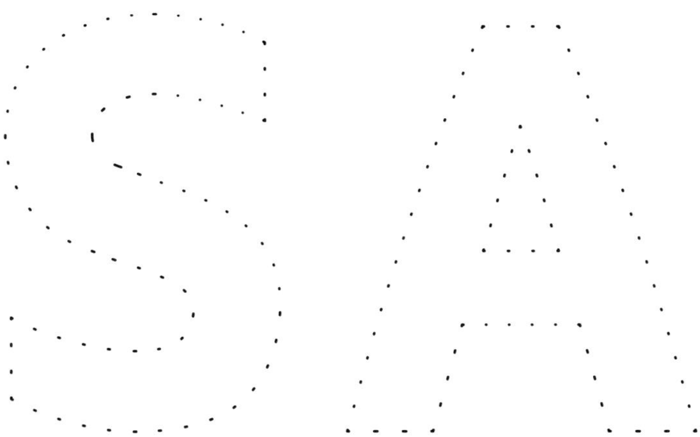

DIY: Quaste

1. Aus kräftigem Karton ein Quadrat ausschneiden. Die Seitenlänge sollte der gewünschten Länge der Quaste entsprechen.

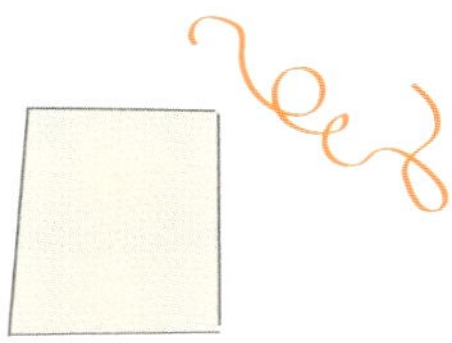

2. Die Unterkante doppelt einschneiden.

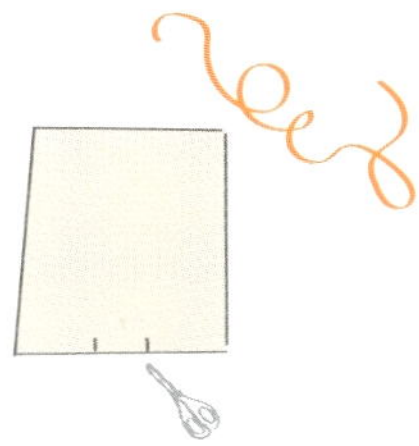

3. Den Fadenanfang in den linken Schlitz klemmen.

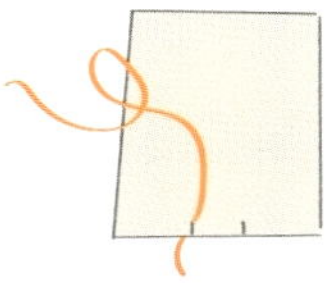

4. Den Faden mehrfach von unten nach oben um den Karton wickeln.

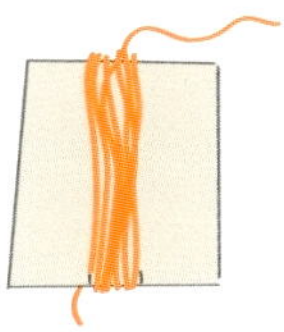

5. Das Fadenende in den rechten Schlitz klemmen.

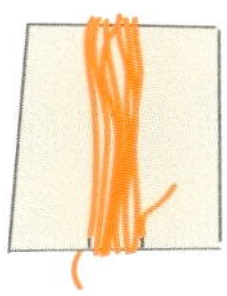

6. Einen ca. 20 cm langen Faden an der Oberkante unter den Fäden hindurchziehen und verknoten. Die Fadenenden hängen lassen.

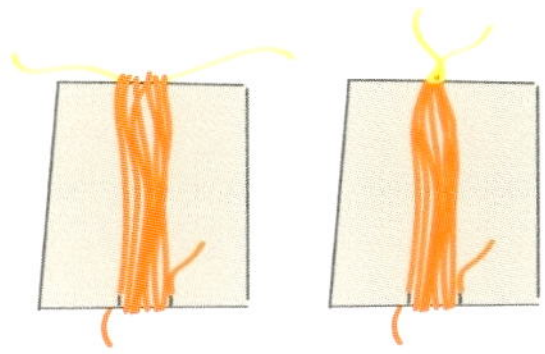

7. Die Fäden an der Unterkante des Kartons aufschneiden.

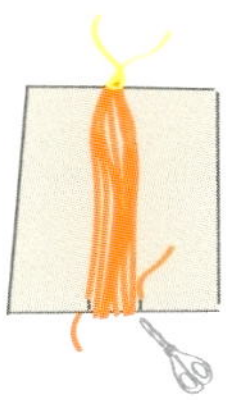

8. Den Kopf der Quaste mit einem weiteren Faden auf der gewünschten Höhe abbinden. Die Fadenenden gut verknoten.

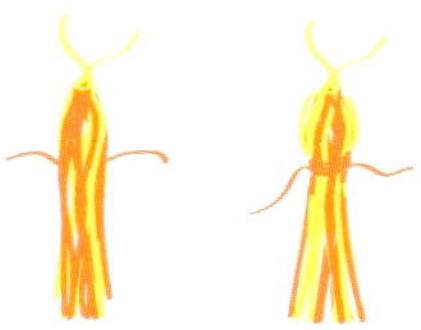

9. Beide Fadenenden je einmal um die Quaste wickeln und mit der Nadel nach innen verziehen.

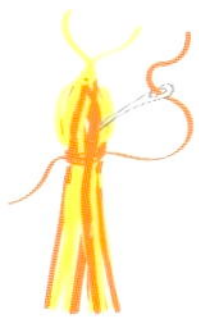

10. Bei Bedarf die Fadenenden auf die gleiche Länge zurückschneiden.

Vorlage Alphabet
Größe nach Bedarf anpassen

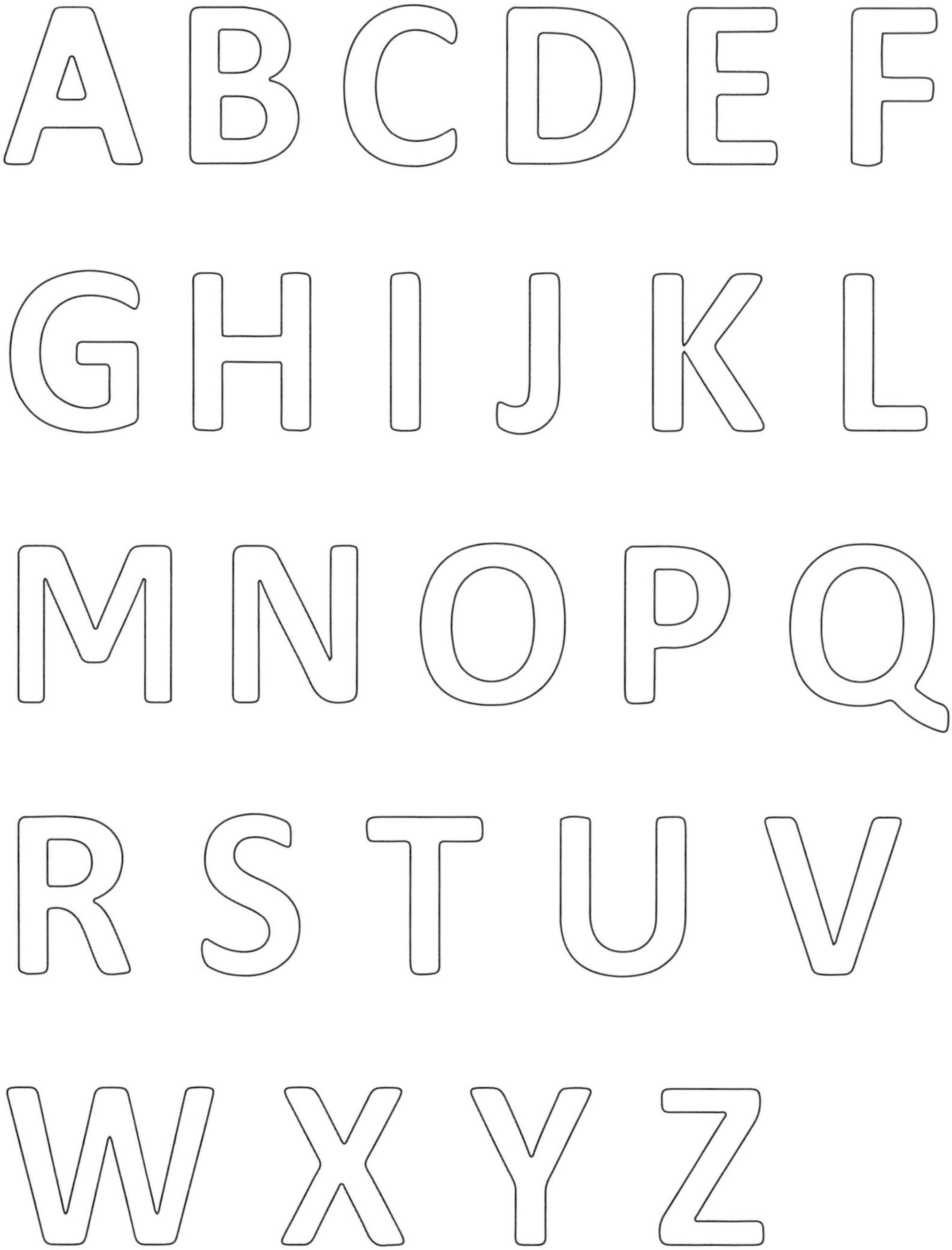

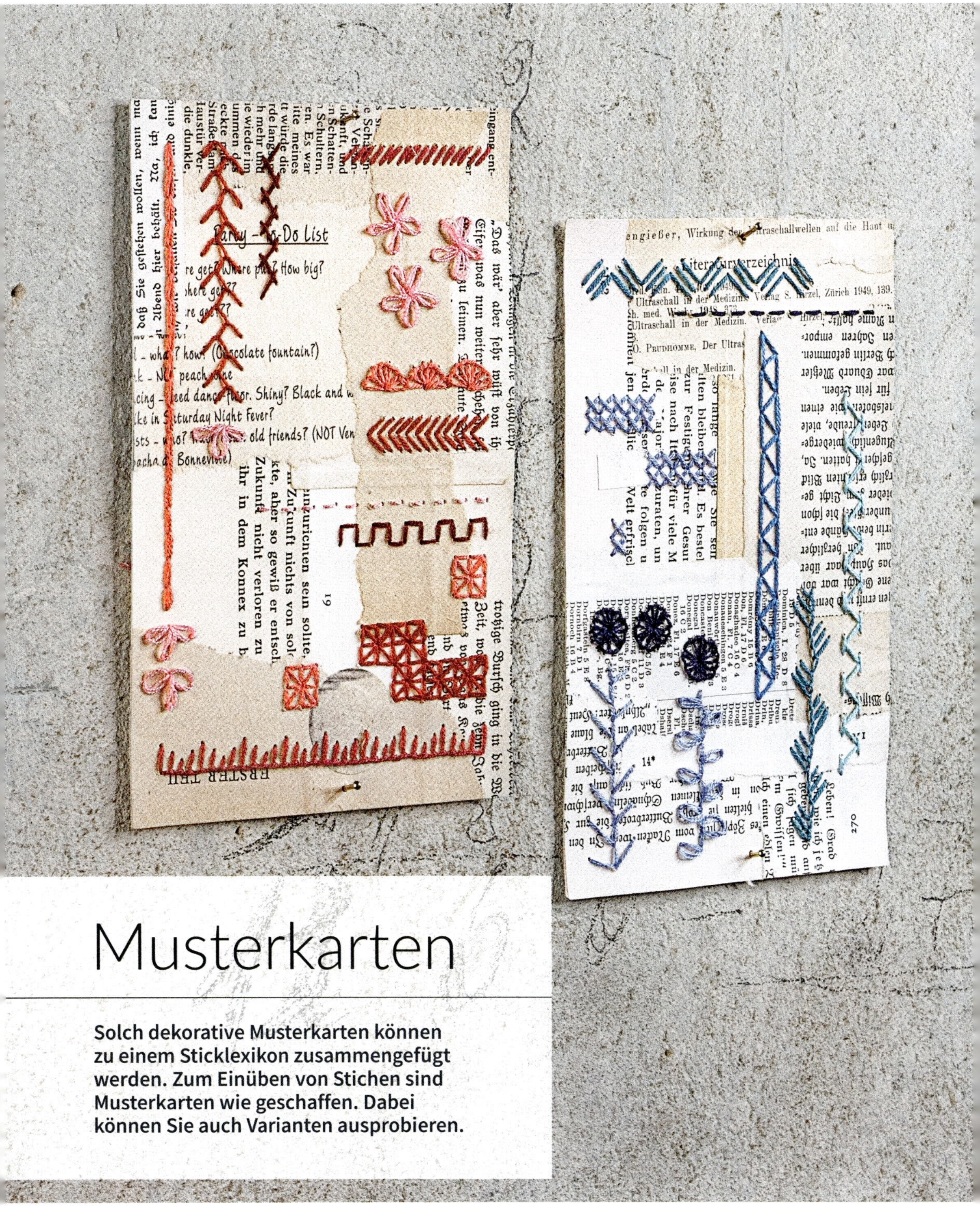

Musterkarten

Solch dekorative Musterkarten können zu einem Sticklexikon zusammengefügt werden. Zum Einüben von Stichen sind Musterkarten wie geschaffen. Dabei können Sie auch Varianten ausprobieren.

Musterkarten

Materialien
- unterschiedlich gestaltete Buchseiten
- kleine Papierreste, z.B. Teebeutel, Seidenpapier
- Umschlag von einem Taschenbuch
- Stickgarn
- Buchbinderleim
- Transparentpapier
- Millimeterpapier
- ablösbares Klebeband

Werkzeuge
- **Schere**
- **Lineal**
- **Bleistift**
- **Fineliner**
- **Pinsel**
- **Sticknadel**
- **weiche Unterlage**

Vorlagen
› Seite 44: Mustervorschläge

Siehe auch
› Seite 17 ff.: Stiche

So wird's gemacht:

1. Buchseiten und andere Papierreste in unterschiedlich große Schnipsel reißen.

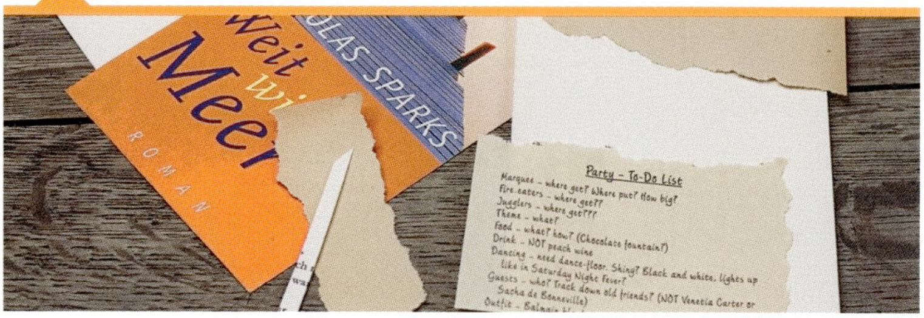

2. Den Buchdeckel bei Bedarf auf die gewünschte Größe zuschneiden und dann auf einer Seite mit den Schnipseln collageartig bekleben.

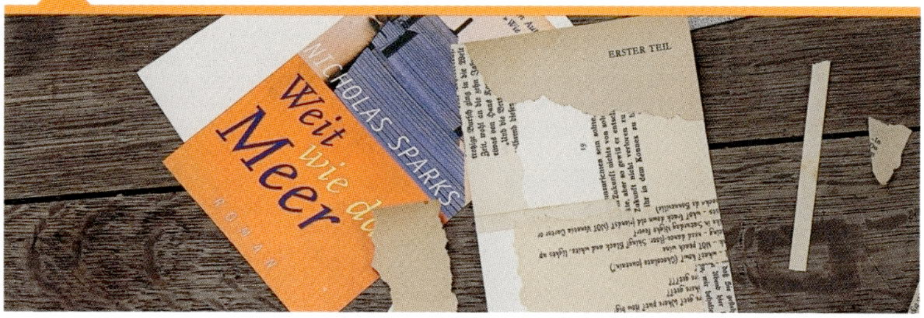

3. Transparentpapier in der Größe des Buchdeckels zuschneiden.

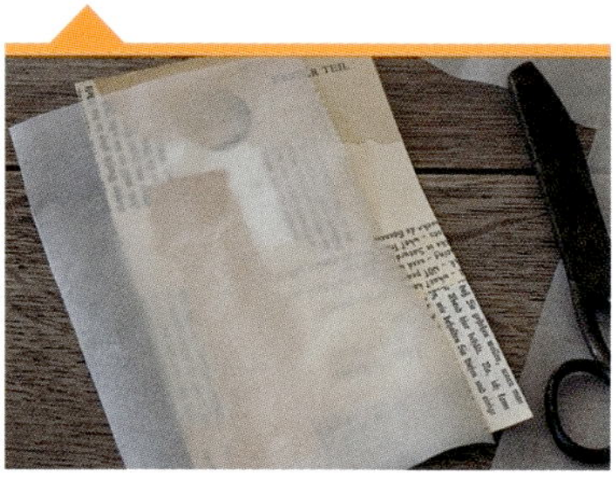

4. Verschiedene Stickmuster mit Bleistift auf das Transparentpapier skizzieren.

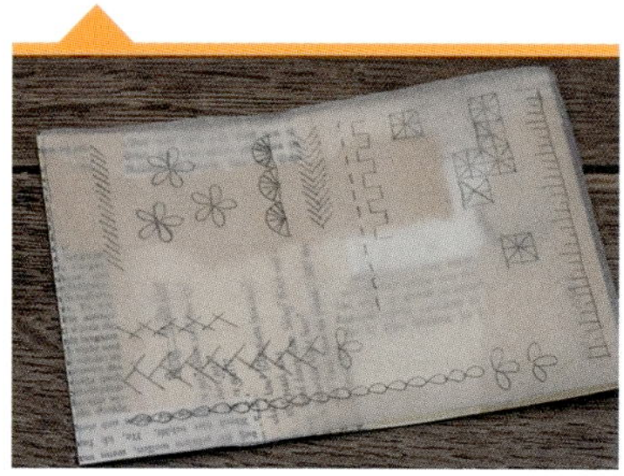

Tipp:
› Bestreichen oder bespritzen Sie das Papier mit Kaffeeresten, um es künstlich altern zu lassen.

5. Die Muster ausarbeiten, das Millimeterpapier unterlegen und die Einstichlöcher mit dem Fineliner markieren.

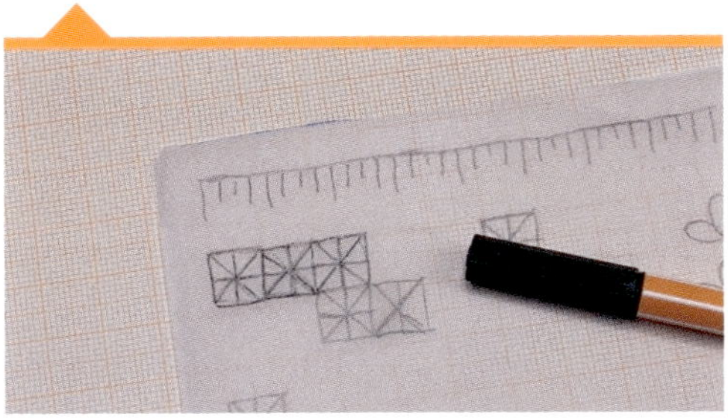

6. Das Transparentpapier mit ablösbarem Klebeband auf dem Buchdeckel fixieren, diesen auf eine weiche Unterlage legen und die Einstichlöcher vorstechen.

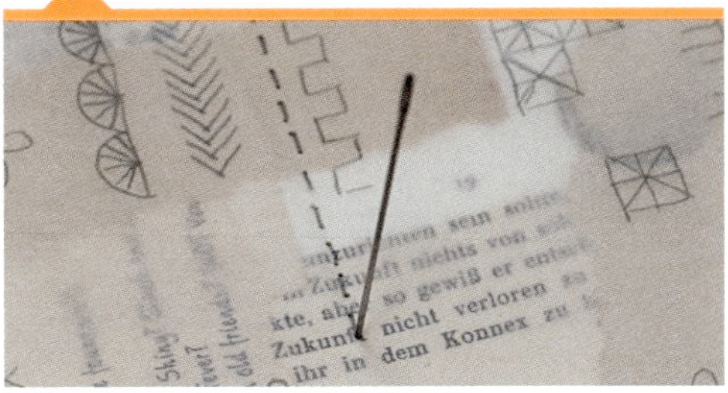

7. Die Stickmuster mit Garn in unterschiedlichen Farben ausführen.

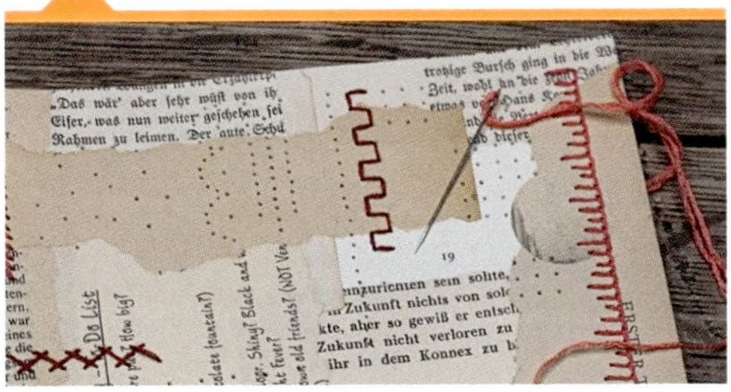

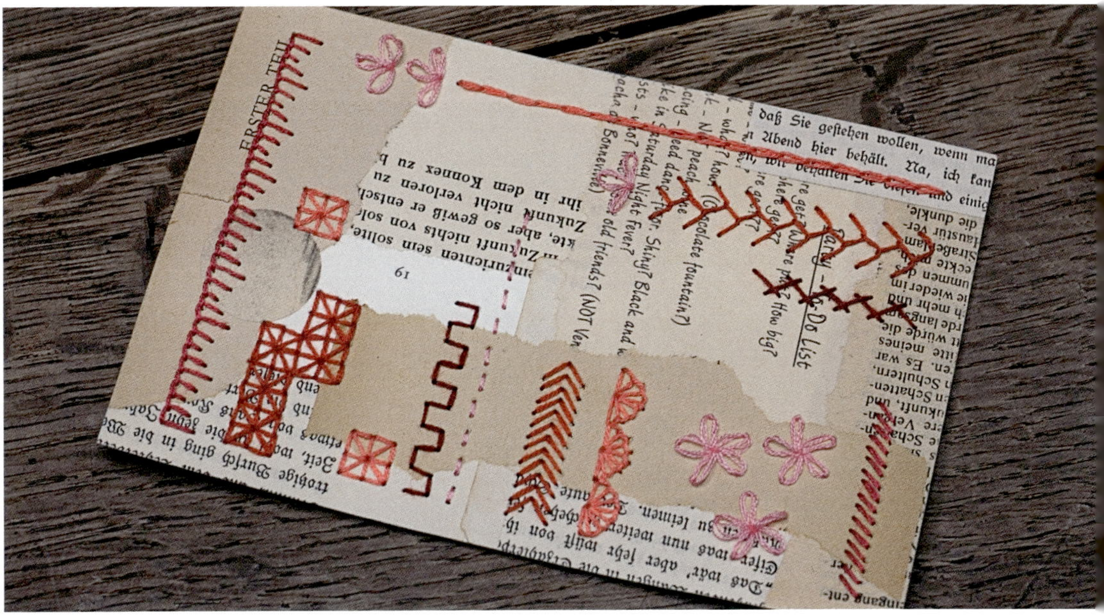

Mustervorschläge

Spannstich

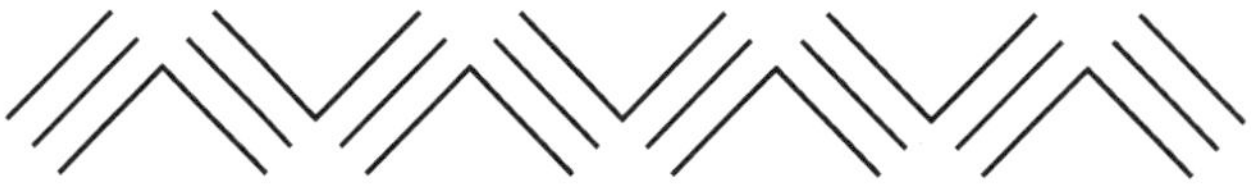

Schlingstich

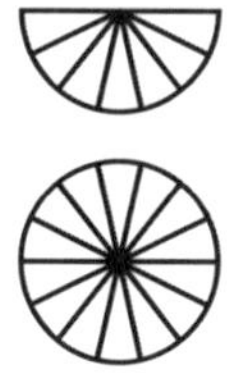

Rückstich

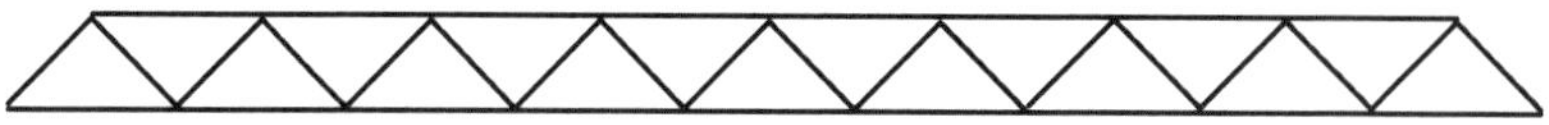

Vorstich und Rückstich

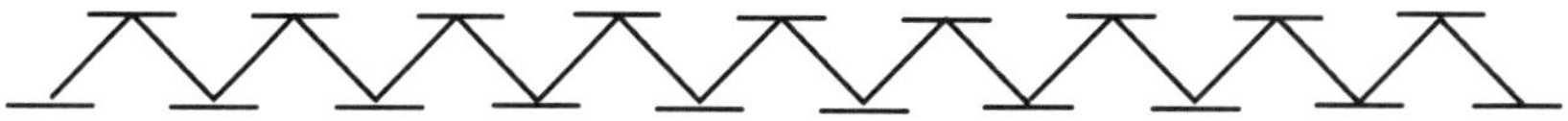

Kettenstich

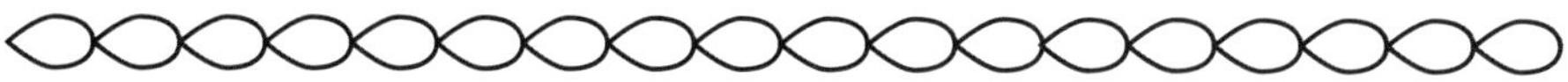

Fischgrätenstich

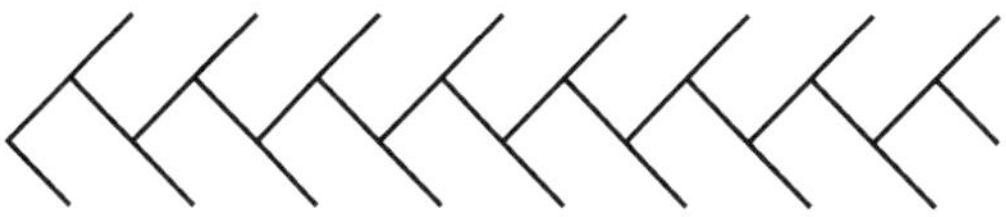

Kreuzstich und Rückstich

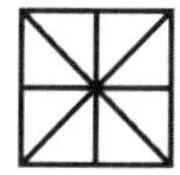

Fischgrätenstich

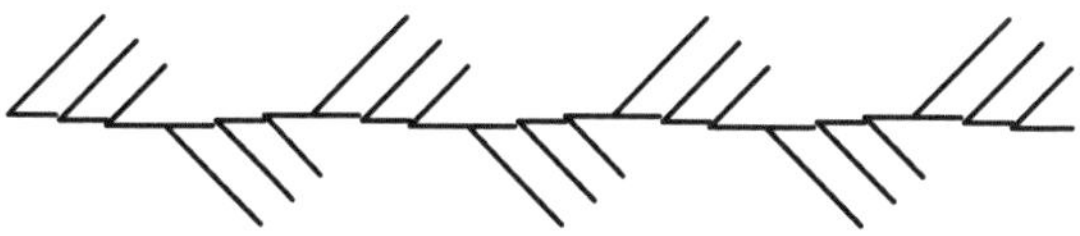

Kreuzstich

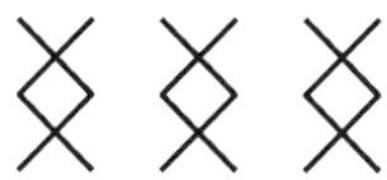

Hexenstich

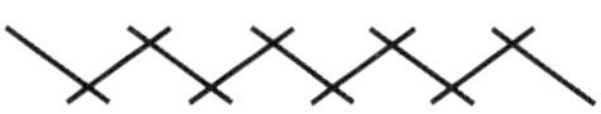

Spannstich

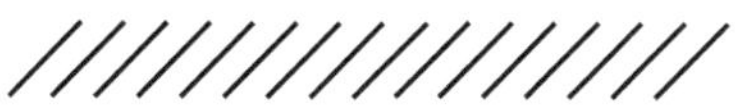

Spannstich

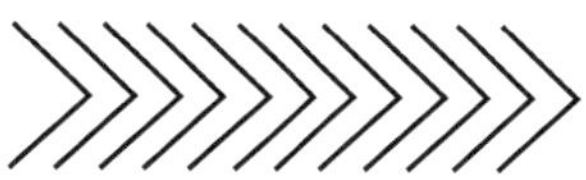

Vorstich und Spannstich

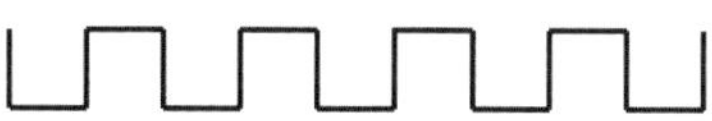

Margeritenstich

Rückstich und Margeritenstich

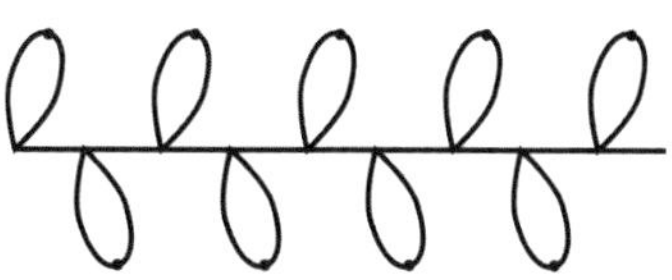

Vorstich

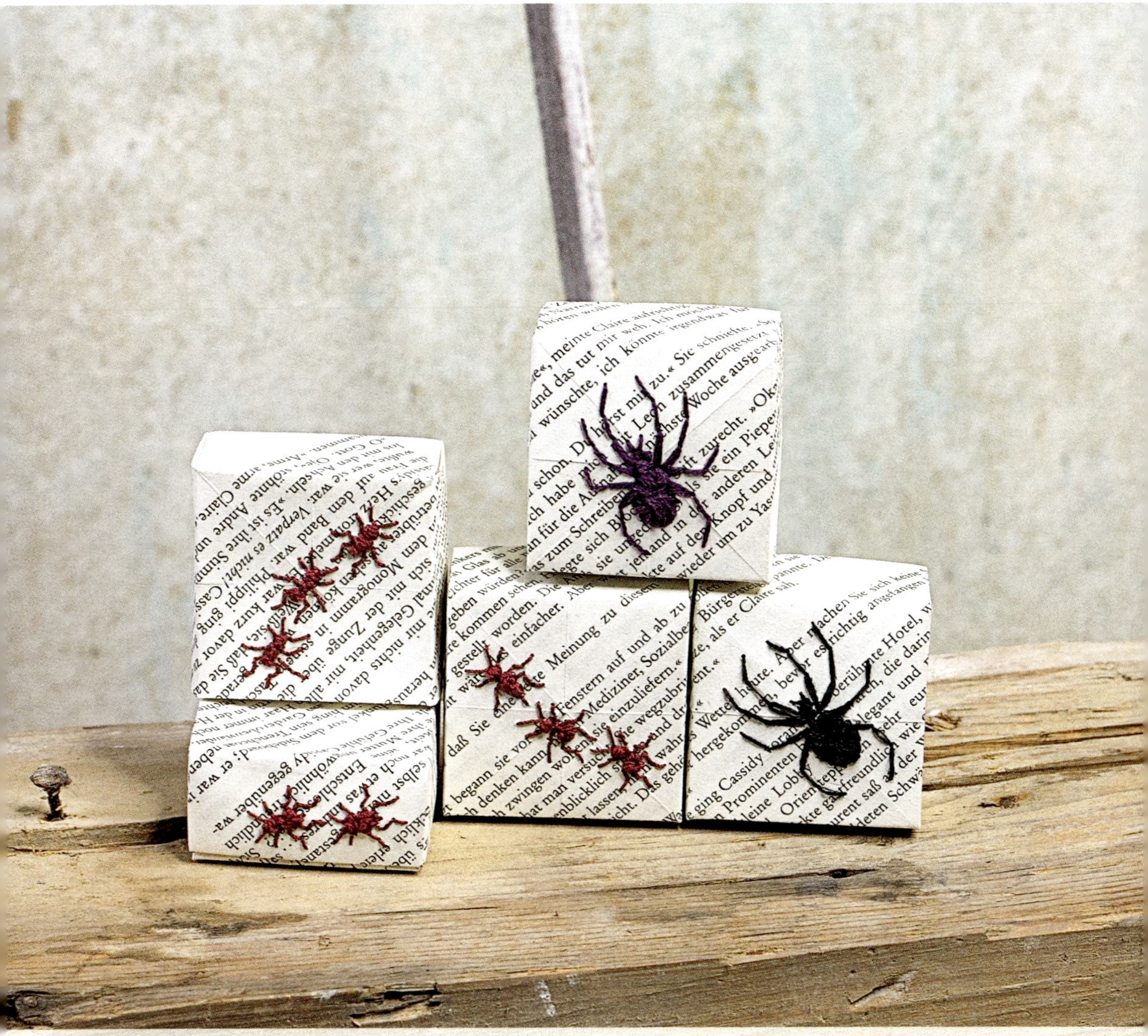

Insektenschachteln

Spinnen und Ameisen sind nicht jedermanns Sache. Aber diese niedlichen gestickten Insekten werden überall Anklang finden.

Insektenschachteln

Materialien
- Buchseiten aus festem Papier, mindestens 13 cm breit
- schwarzer Sticktwist
- dunkelrotes Perlgarn, 50g/400m
- Kopierpapier
- Transparentpapier

Werkzeuge
- Schere
- Bleistift
- Sticknadeln (verschiedene Stärken)
- weiche Unterlage

Vorlagen

- Seite 48: Ameisen
- Seite 48: Spinne
- Seite 50: Faltanleitung Origamischachtel

Siehe auch

- Seite 13: Vorlagen übertragen
- Seite 17 ff.: Stiche

So wird's gemacht:

1. Aus den Buchseiten 4 Quadrate chneiden und 2 Origamischachteln falten (siehe Seite 50).

2. Die Deckel wieder auffalten und ein Stück Kopierpapier in die Mitte legen. Die Ecken bei Bedarf mit etwas Klebstoff fixieren.

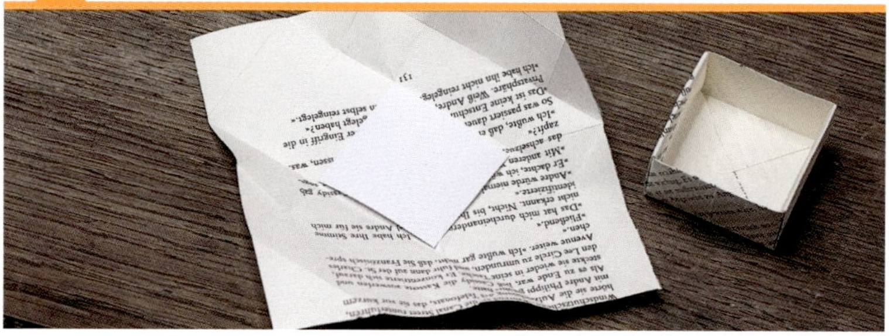

Spinne

3. Das Motiv mit dem Bleistift zuerst auf Transparentpapier und dann auf einen Deckel übertragen (siehe Seite 13).

4. Den Deckel auf eine weiche Unterlage legen und an den Beingelenken der Spinne Löcher vorstechen.

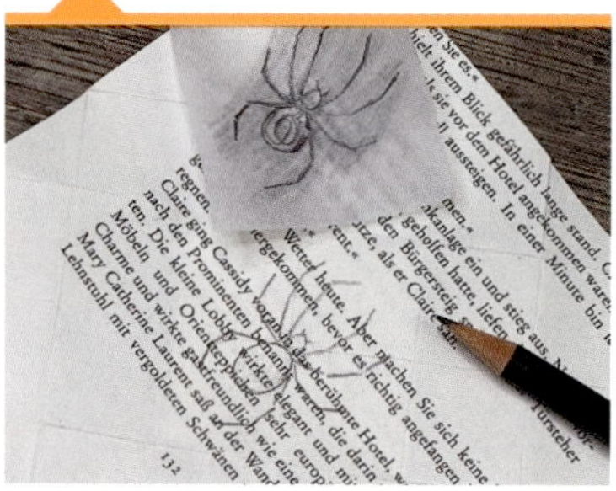

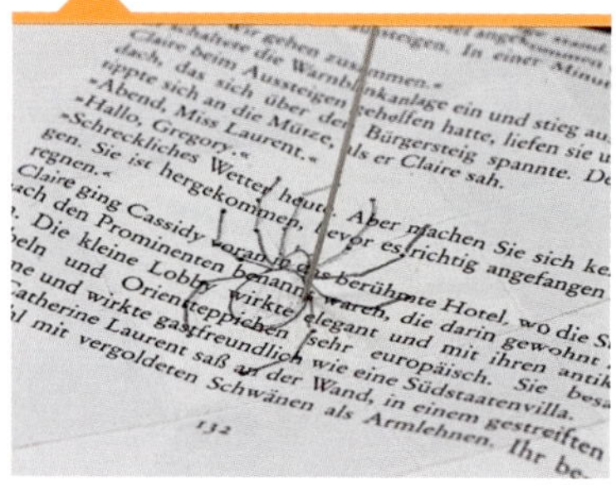

Tipp:
- Sie können die Vorlage auch einscannen und ausdrucken.

5. Die Spinnenbeine mit 2 Fäden Sticktwist sticken: die beiden äußeren Glieder jeweils mit Rückstichen und das innere Glied mit einem Kettenstich.

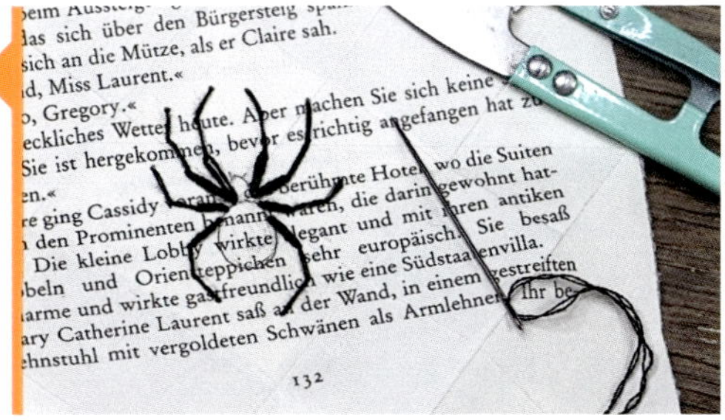

6. Den Kopf mit den Kieferklauen im Spannstich sticken.

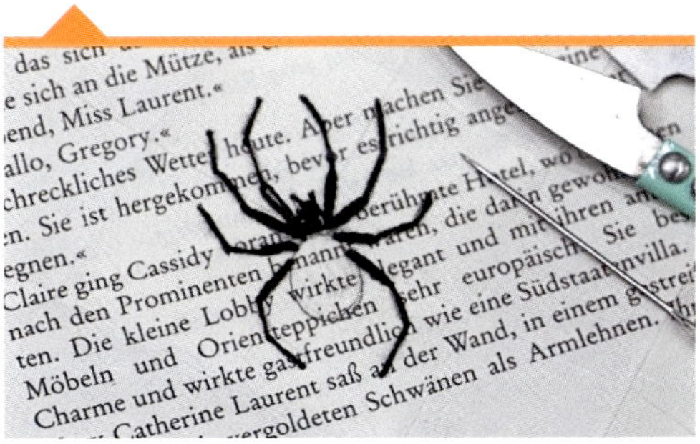

7. Die Kontur des Hinterleibes im Rückstich ausführen.

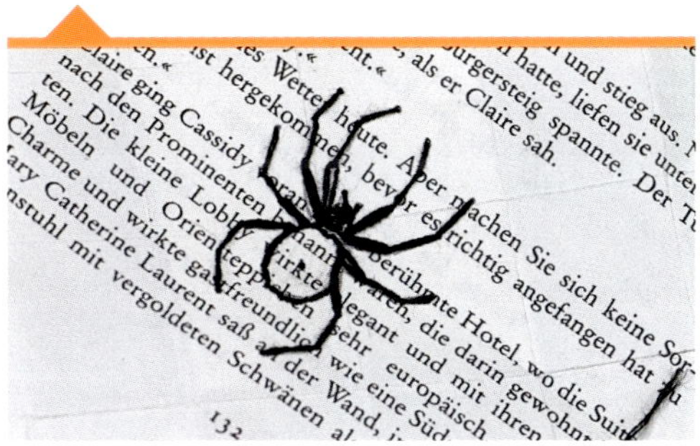

8. Rundherum von außen nach innen mit 6 Fäden 2 Runden im Spannstich sticken.

9. Den Deckel wieder zusammenfalten.

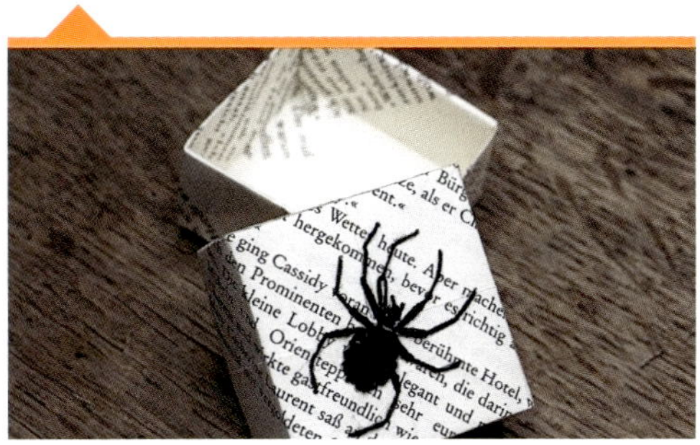

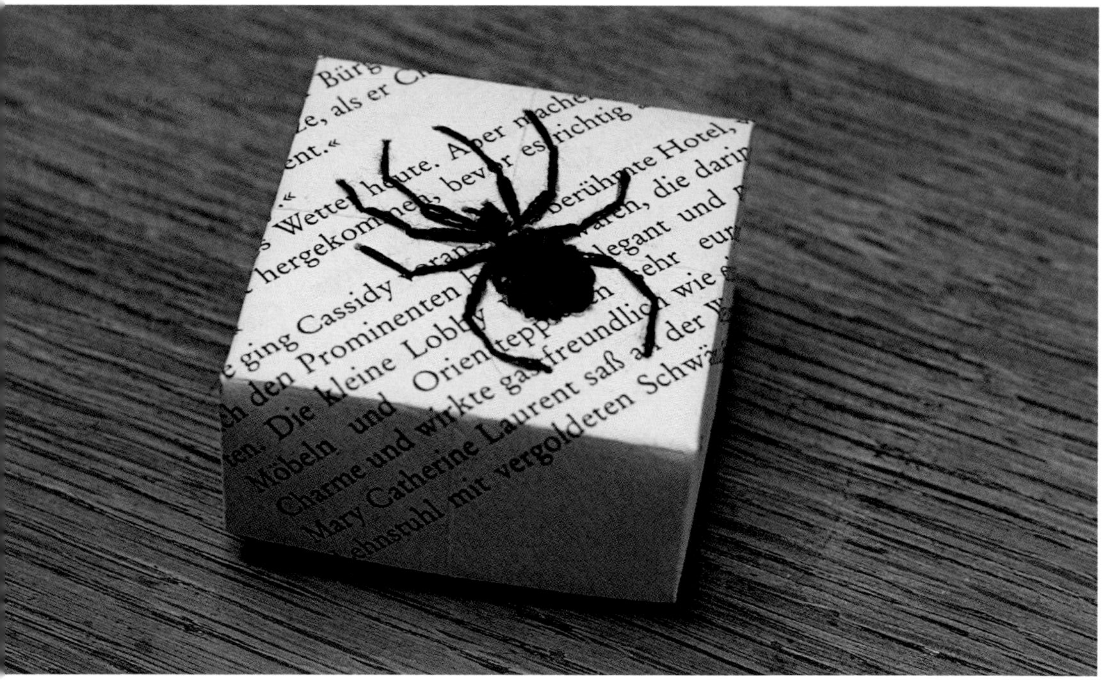

Vorlagen Spinne und Ameisen
Originalgröße

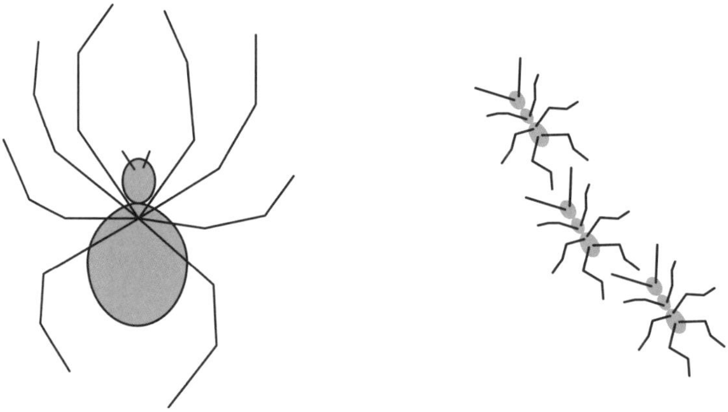

Ameisen

10. Das Motiv mit Bleistift zuerst auf Transparentpapier und dann auf den zweiten Deckel übertragen.

11. Gelenke und Enden von Fühlern und Beinen mit einer dünnen Nadel vorstechen.

12. Fühler und Beine im Rückstich mit Perlgarn sticken.

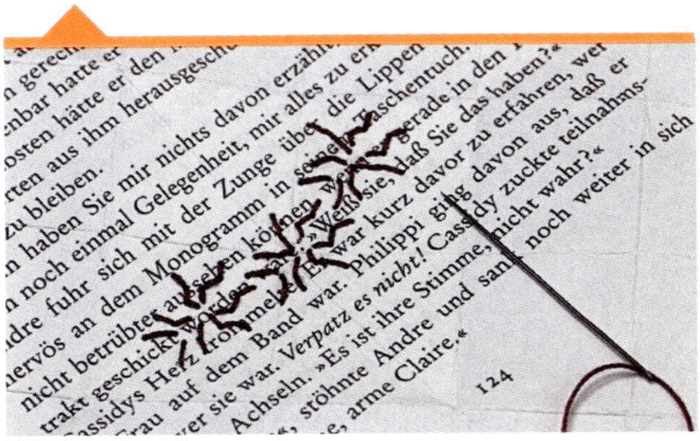

13. Kopf, Brust und Hinterleib jeweils im Knötchenstich ausführen. Die Stiche anschließend mit ein paar beliebigen Stichen festnähen.

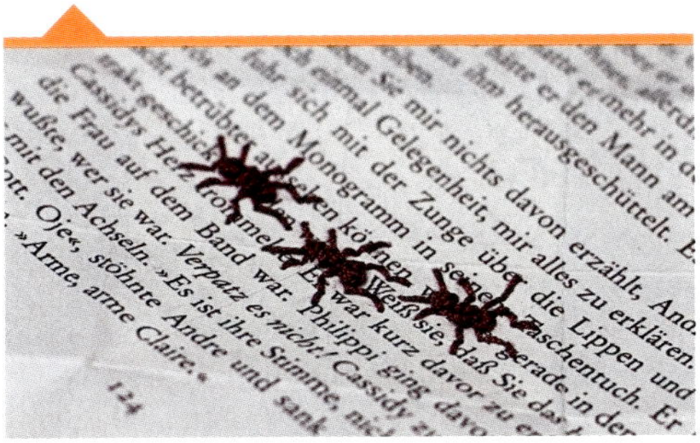

14. Den Deckel wieder zusammenfalten.

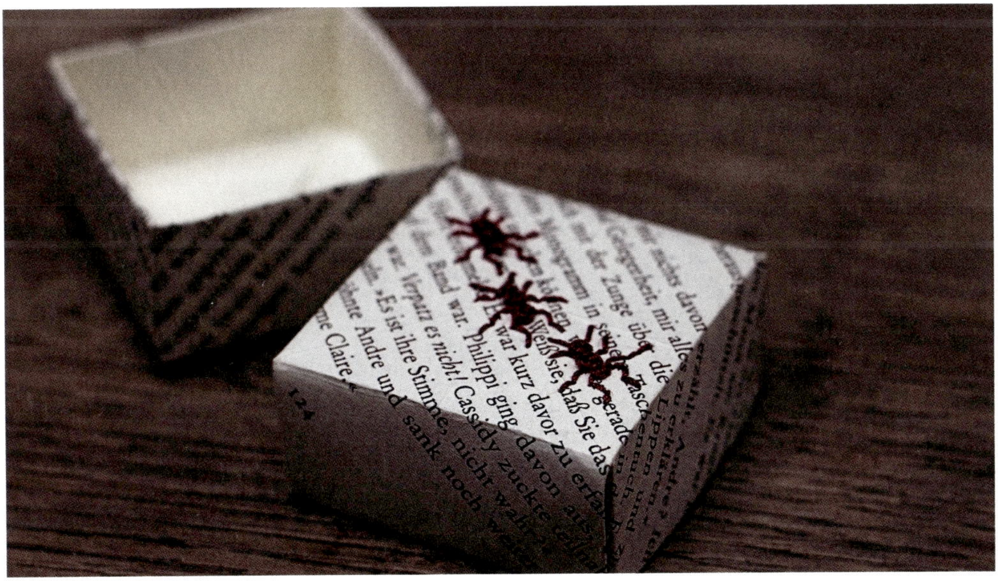

Tipp:

- Die Ameisen sind so klein, dass sie sogar über die Seiten oder die Kanten der Schachtel krabbeln können.

Faltanleitung Origamischachtel

Das Quadrat für den Schachtelboden rundherum 2 mm kleiner zuschneiden als das Quadrat für den Deckel.

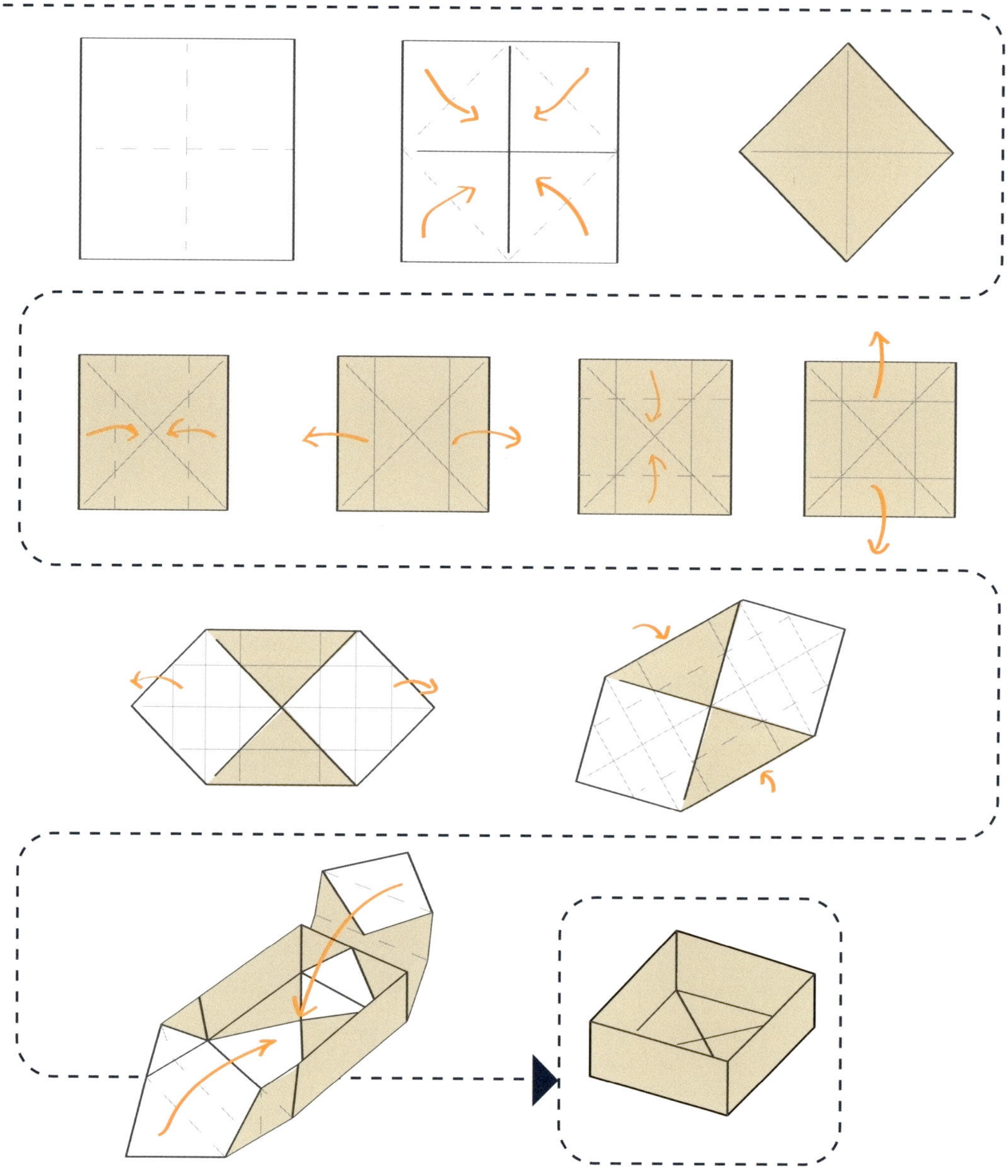

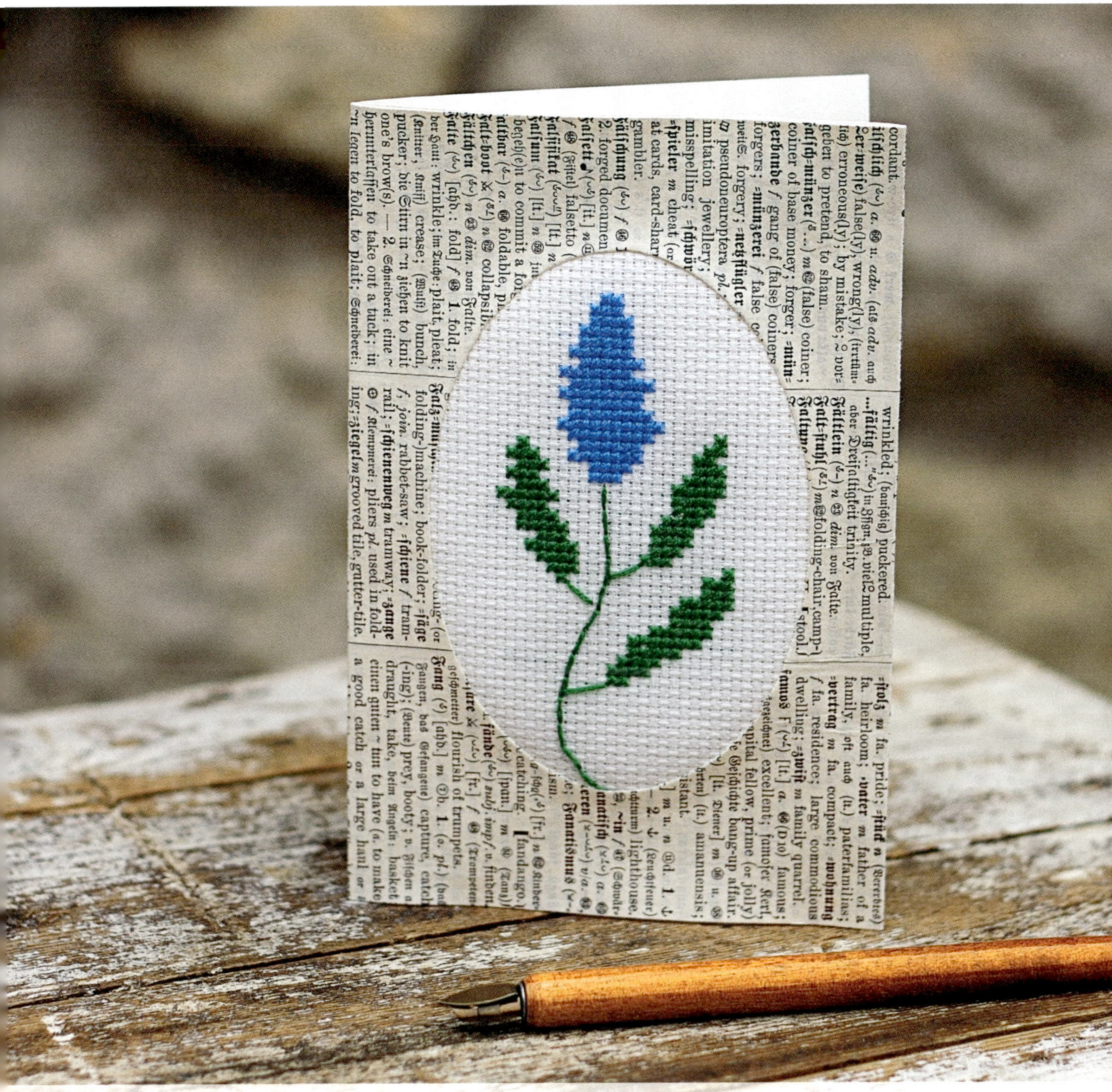

Retrogrußkarte

Karten mit handgeschriebenen Grüßen erfreuen sich nach wie vor großer Beliebtheit. Charmant und nostalgisch gestaltet, schenken sie umso mehr Freude.

Retrogrußkarte

Materialien

- große Buchseite
- 1 Bogen festes Papier, z.B. Tonpapier
- Kopierpapier
- Zählstoff: 55 Loch/10 cm
- Volumenvlies, mind. 8 x 12 cm
- Stickgarn (Twist)
- Leim
- Klebstoff

Werkzeuge

- Schere
- spitze Papierschere oder Skalpell
- Bleistift
- Lineal
- Radierer
- Pinsel
- dicke Sticknadel mit stumpfer Spitze
- Nadel mit Spitze zum Vorstechen

Vorlage

› Seite 153: ovales Fenster
› Seite 56: Stickmuster

Siehe auch

› Seite 12: Leim
› Seite 17: Rückstich
› Seite 21: Kreuzstich

So wird's gemacht:

1. Aus festem Papier ein 29,7 x 15 cm großes Rechteck ausschneiden.

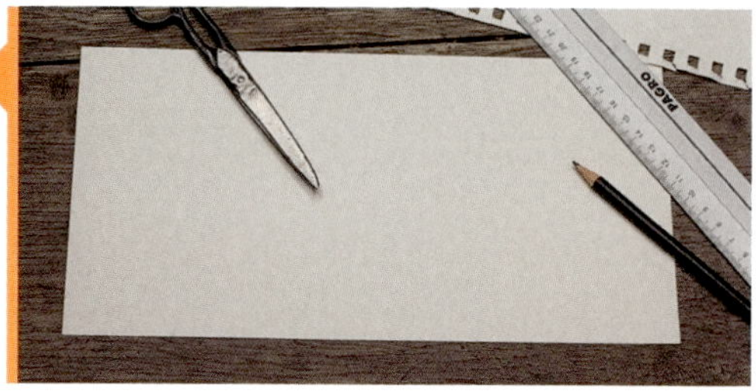

2. Mit jeweils 10 cm Abstand vom Rand mit dem stumpfen Ende der Sticknadel mithilfe des Lineals die beiden senkrechten Falzkanten anreißen.

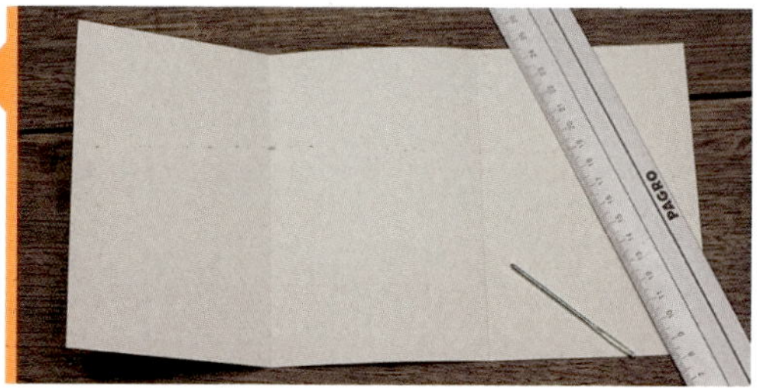

3. Die Vorlage für das ovale Fenster kopieren, ausschneiden und das Oval auf der Rückseite des Kartenmittelteils anzeichnen.

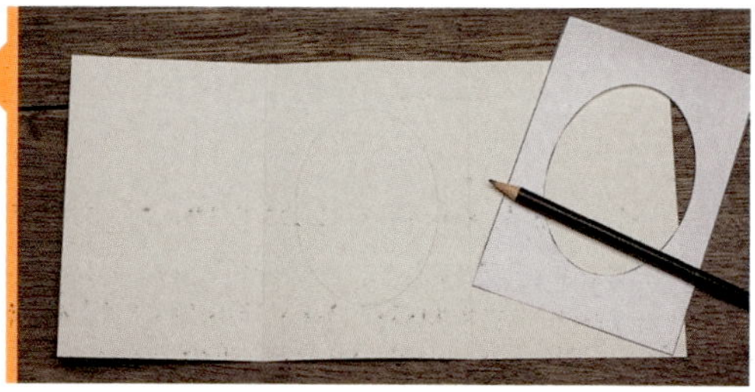

4. Die Karte vorfalzen und die Buchseite von außen auf die beiden Außenklappen leimen.

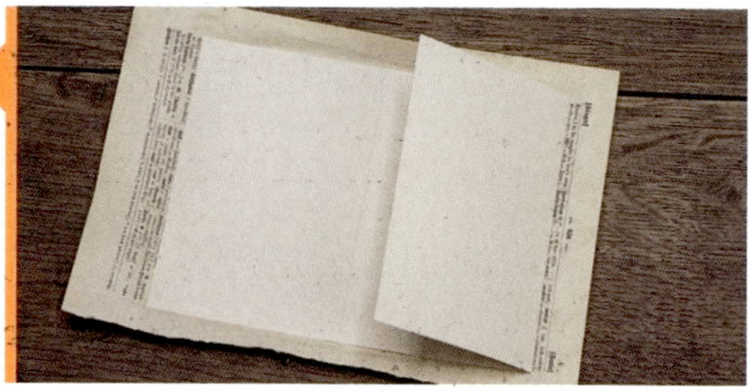

5. Das Fenster ausschneiden.

6. Die Karte bei Bedarf pressen, damit sie wieder glatt wird.

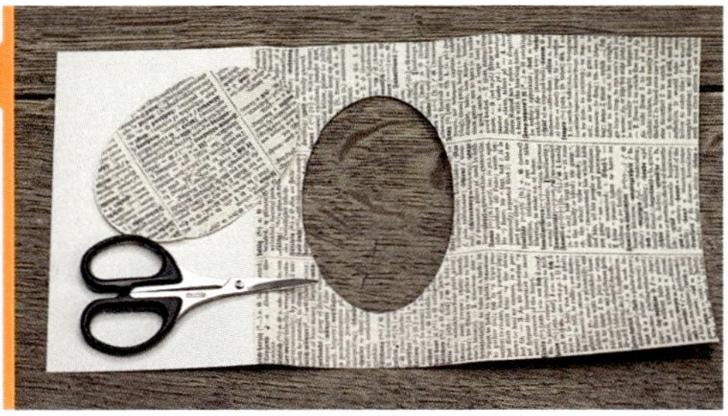

7. Das Motiv auf den Zählstoff übertragen und mit 2 Fäden sticken – Blüte und Blätter im Kreuzstich, den Stiel im Rückstich. Die Rückseite sauber arbeiten, es dürfen keine Wülste entstehen.

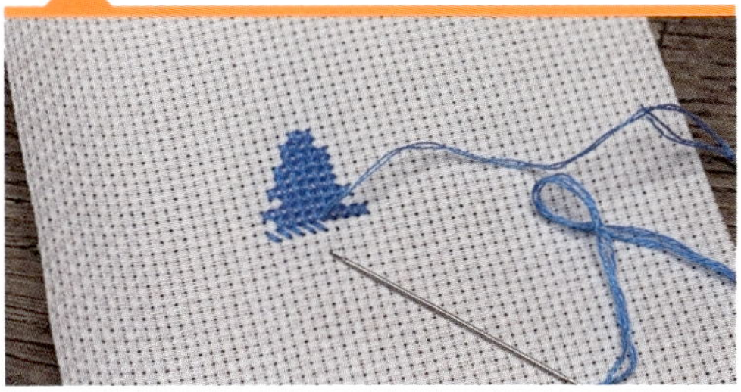

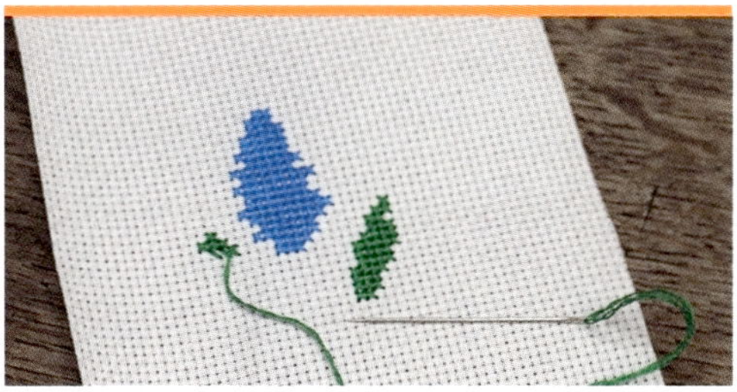

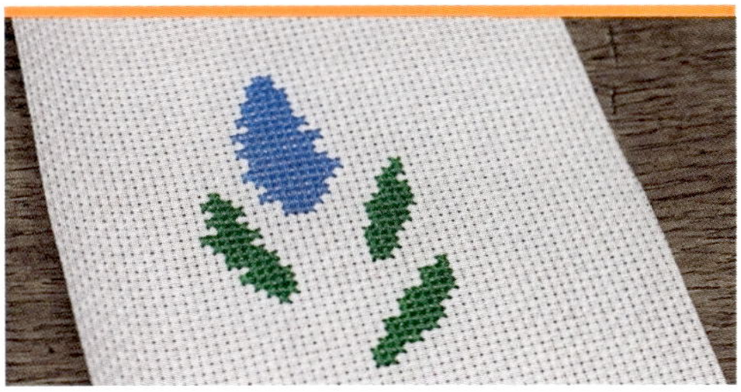

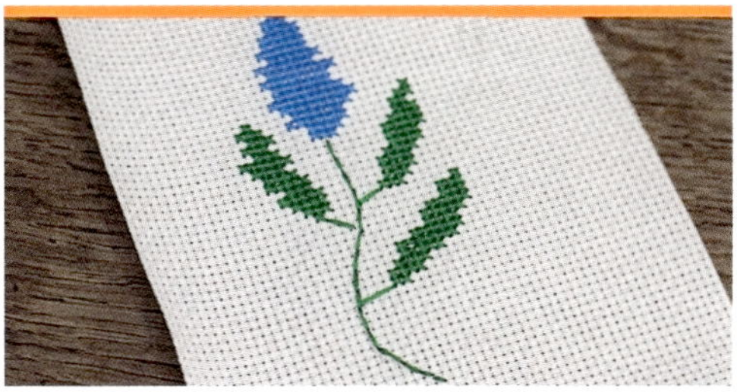

8. Die Stickarbeit unter das Fenster legen und das Oval mit dem Bleistift auf den Stoff zeichnen. Den Stoff mit 5 mm Zugabe rundum zuschneiden.

9. Das Oval auf Volumenvlies übertragen und das Vlies zuschneiden.

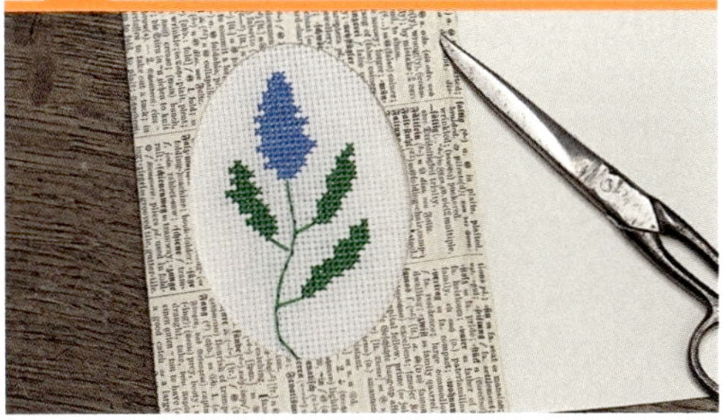

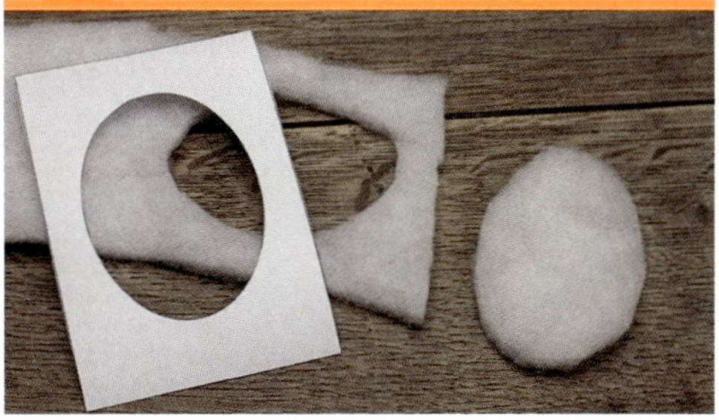

Tipp:

- Volumenvlies und Stickerei können statt mit Klebstoff auch mit doppelseitigem Klebeband fixiert werden.

10. Die vordere Klappe schließen und die Karte umdrehen. Das zugeschnittene Volumenvlies von außen durch das Fenster hindurch auf die Innenseite der vorderen Klappe kleben und gut festdrücken.

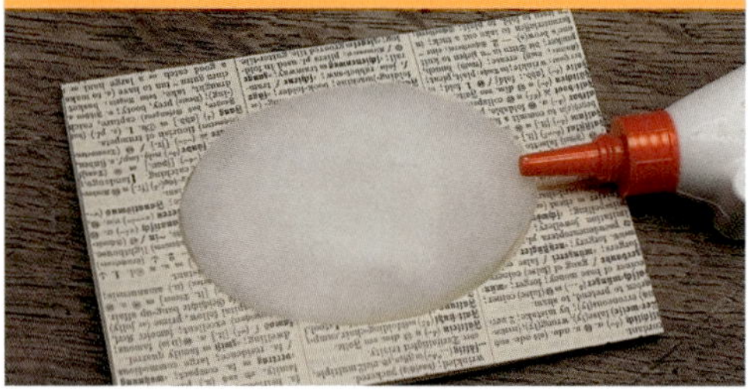

11. Die Karte wieder öffnen und die Stickerei im Fenster ausrichten. Den Rand des Fensters mit Klebstoff bestreichen und die Stickerei mit der Rückseite nach oben in das Fenster kleben.

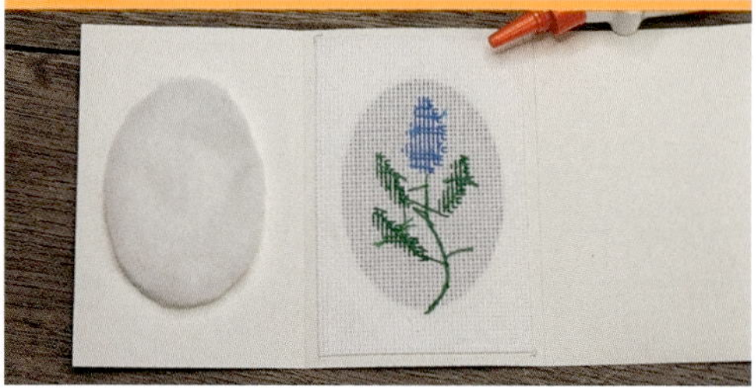

12. Das Papier mit Leim bestreichen und die wattierte Seite auf die Seite mit der Stickerei kleben.

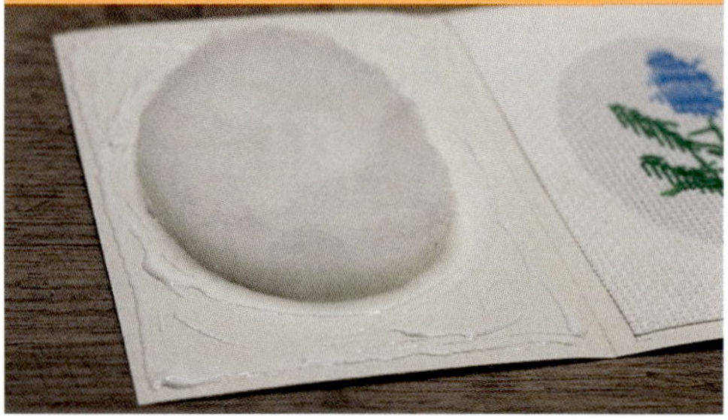

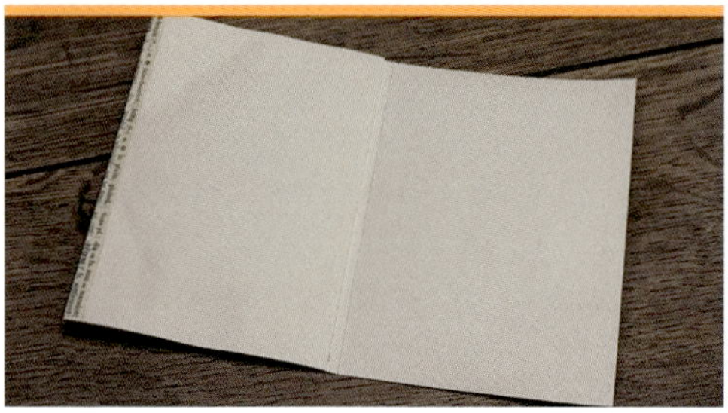

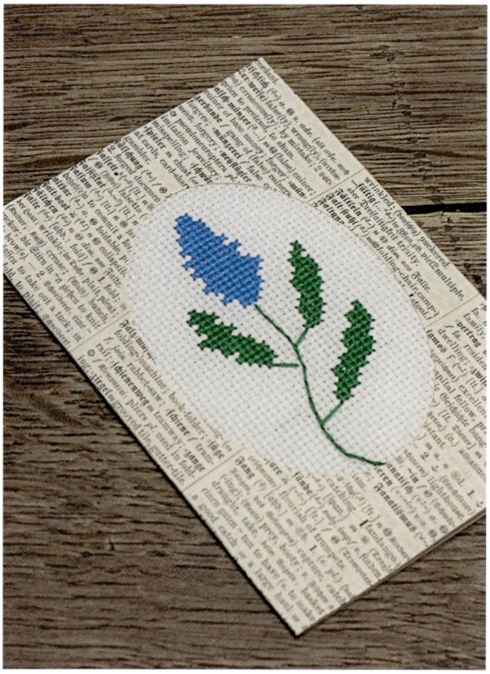

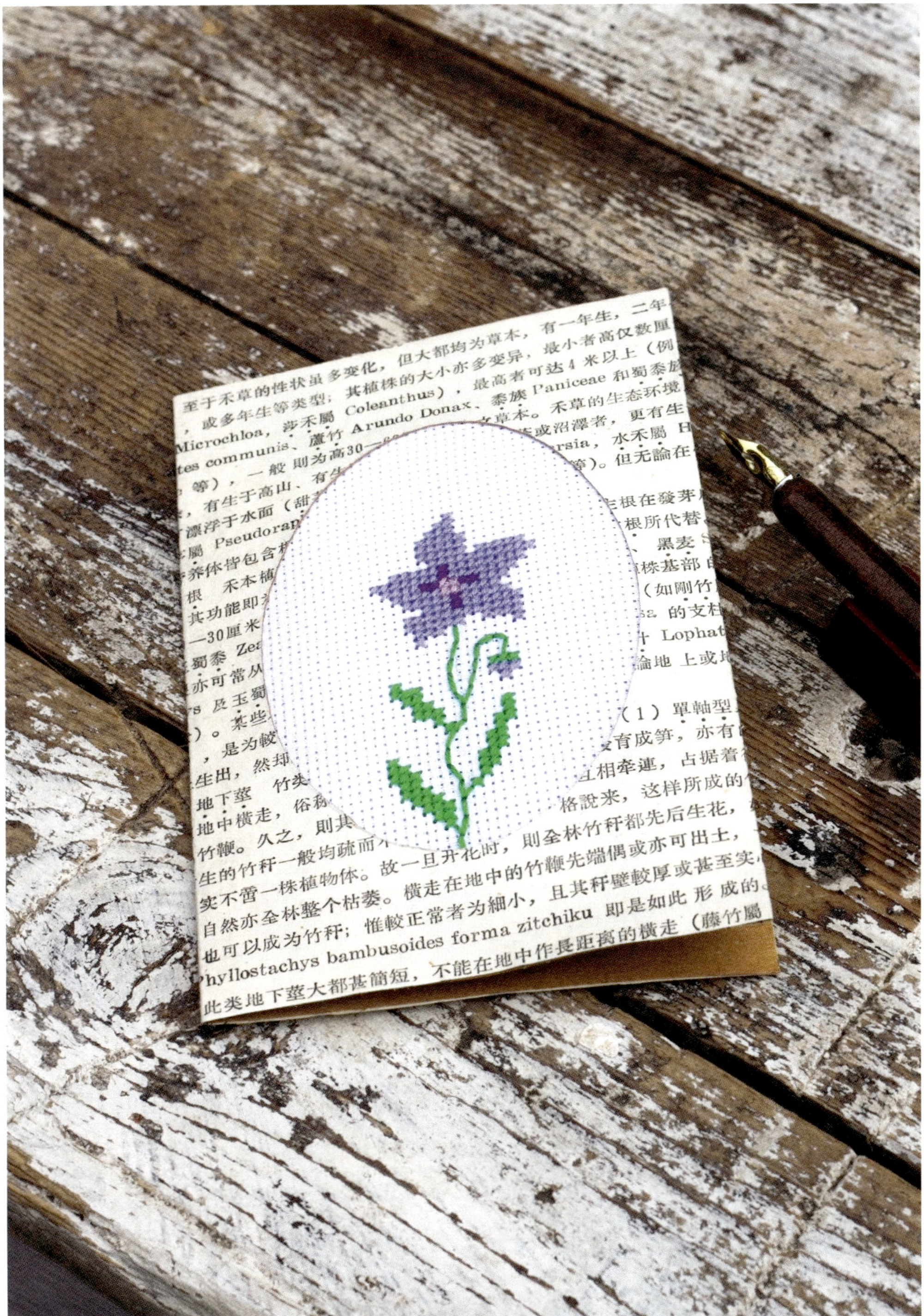

Bei der Gestaltung so einer Retrogrußkarte sind der Fantasie keine Grenzen gesetzt. Andere Motive, eine andere Größe oder Form – alles ist möglich.

Stickmuster/Zählvorlage

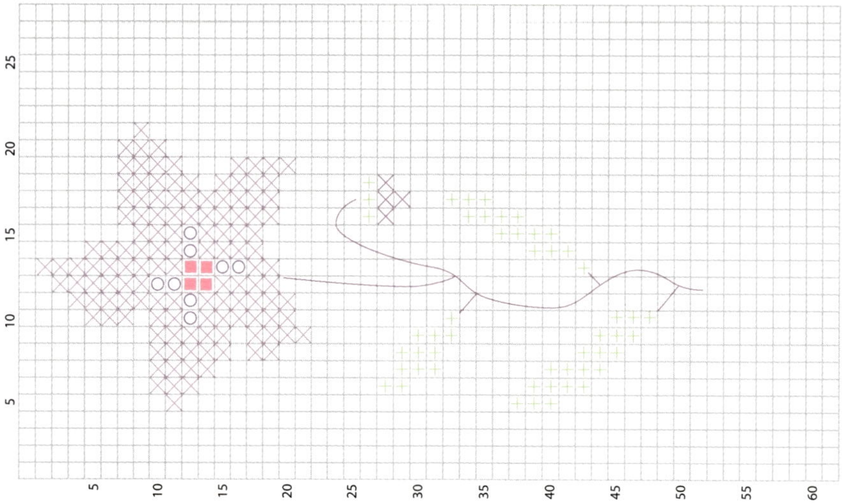

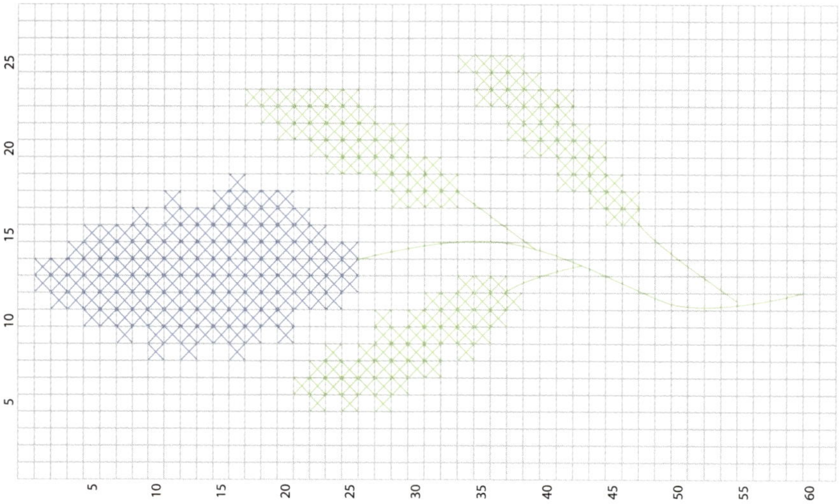

Blumentüte

Für kleine Geschenke jeglicher Art sind solche Tüten eine ebenso hübsche wie praktische Verpackung. Mit kleinen Klammern verschlossen, lassen sie sich mehrfach verwenden.

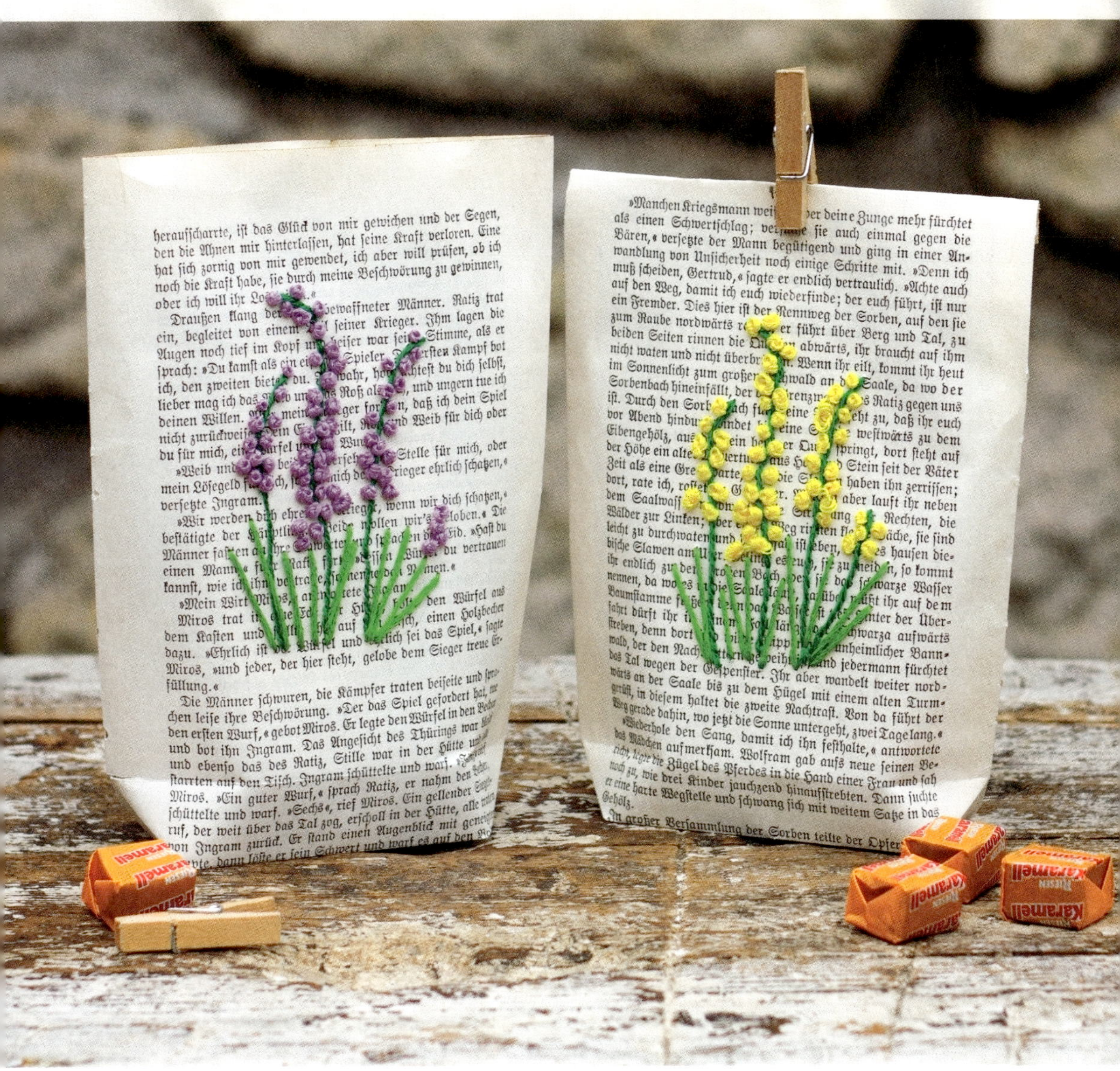

Blumentüte

Materialien

- doppelte Buchseite
- Kopierpapier
- Stickgarn (Twist)
- Leim
- ablösbares Klebeband

Werkzeuge

- Schere
- Bleistift
- Nadel
- weiche Unterlage

Vorlage

- Seite 60: Mustervorlage

Siehe auch

- Seite 18: Stielstich
- Seite 20: Knötchenstich

So wird's gemacht:

1. Die Buchseiten zusammenlegen und die offenen Längskanten jeweils ca. 0,5 cm nach innen bzw. außen falzen.

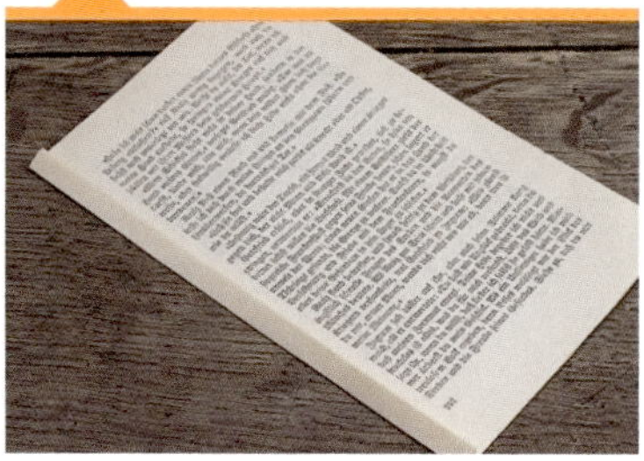

2. Die Unterkanten zusammen nach oben falten. Die Breite der Falte sollte der gewünschten Größe des Tütenbodens entsprechen.

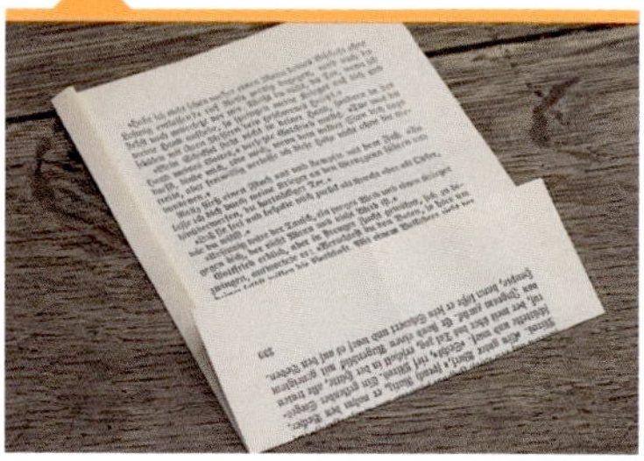

3. Aus Kopierpapier ein Rechteck ausschneiden, das der gewünschten Motivgröße entspricht.

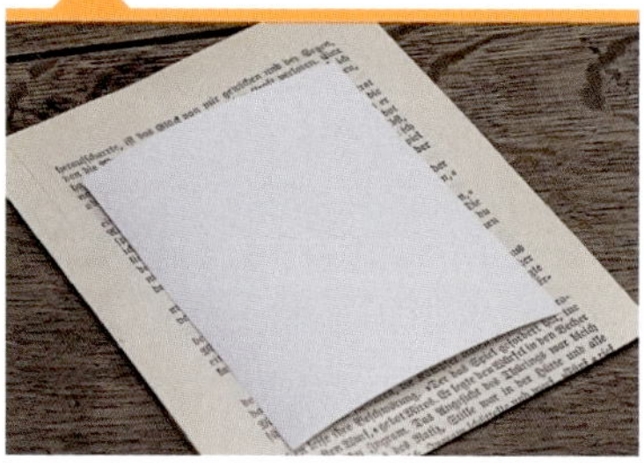

4. Das Motiv freihändig auf das Kopierpapier zeichnen.

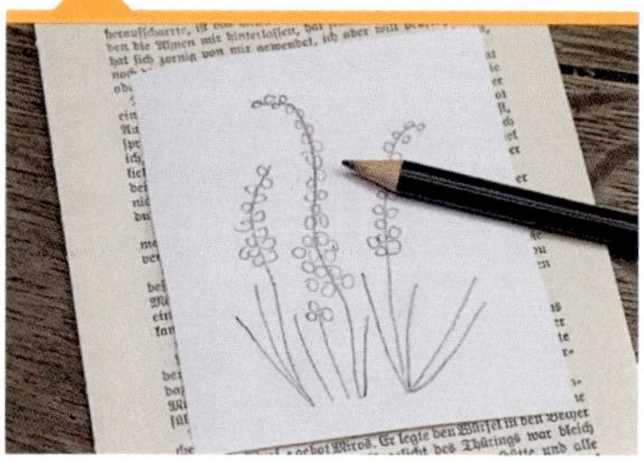

5. Ein Stück Kopierpapier, das größer ist als das Motiv, oberhalb der beiden Falze mit ablösbarem Klebeband auf die Rückseite der oberen Buchseite kleben.

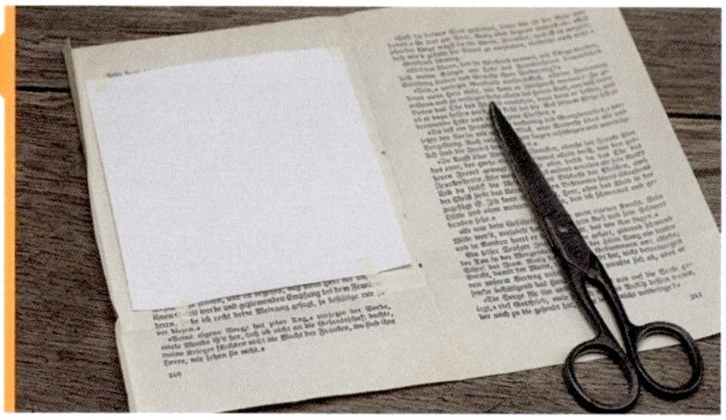

6. Die obere Buchseite auf eine weiche Unterlage legen. Das Kopierpapier mit dem Motiv auflegen und ausrichten. Im Abstand von 2 bis 3 mm die Löcher für die Blütenstiele vorstechen.

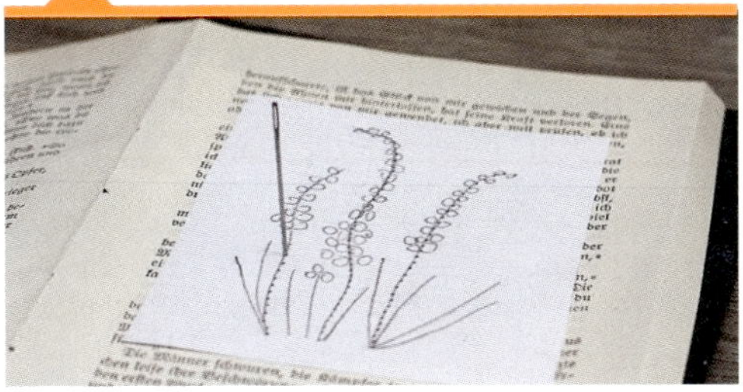

7. Die Stiele mit 2 Fäden im Stielstich sticken. Die Fadenenden auf der Rückseite verziehen.

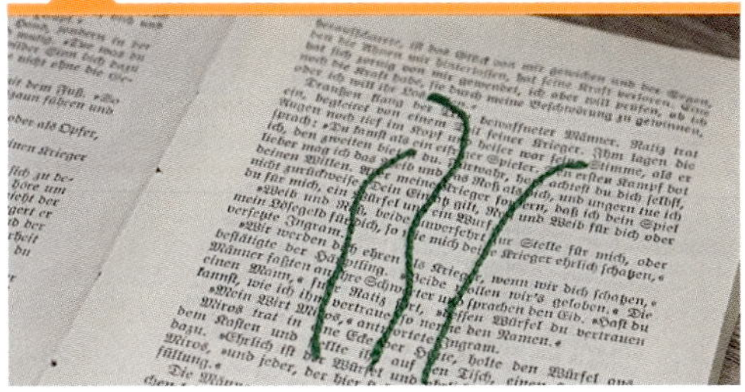

8. Die Blüten mit 6 Fäden im Knötchenstich arbeiten (mit jeweils 1, 2, 3 und 4 Umwicklungen). Die Einstichlöcher freihändig vorstechen und zusätzlich ein paar Einstichlöcher des Blütenstiels nutzen.

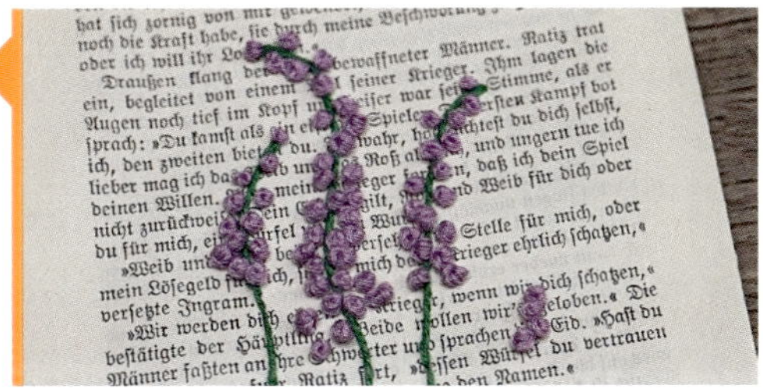

9. Anfang und Ende der Blätter vorstechen. Sticken.

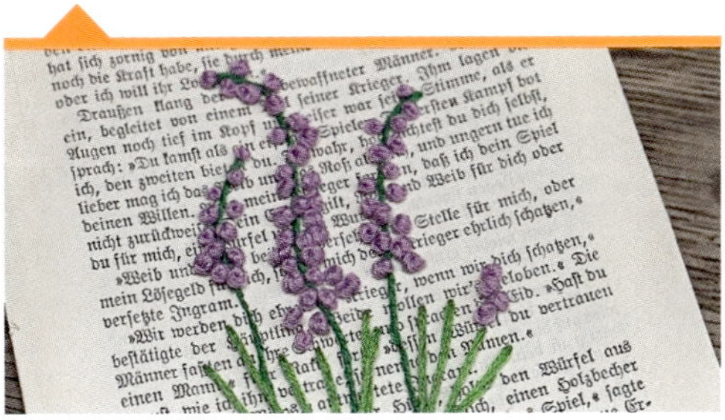

10. Die Überstände des Kopierpapiers auf der Rückseite zurückschneiden.

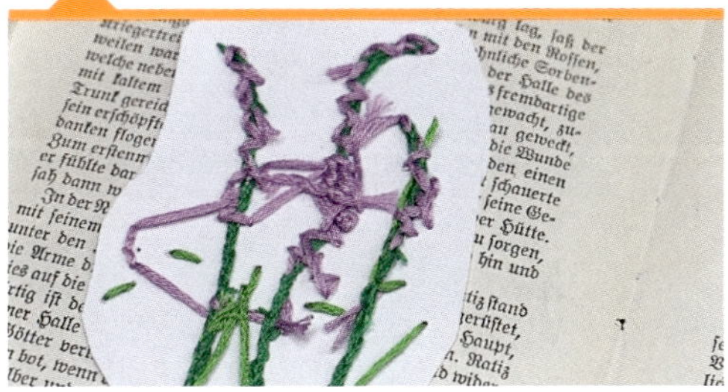

11. Die umgefalzten Seitenkanten der Buchseite mit Leim bestreichen, übereinanderlegen und zusammenkleben.

12. Die beiden unteren Ecken im 90-Grad-Winkel nach oben falten. Wieder auffalten und entlang den Diagonalen nach innen falten.

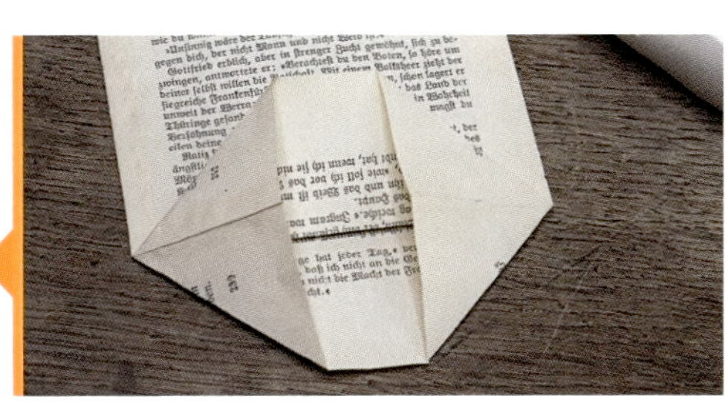

13. Die obere und die untere Kante überlappend zur Mitte falten, um den Tütenboden zu schließen. Die Kanten fest zusammenkleben.

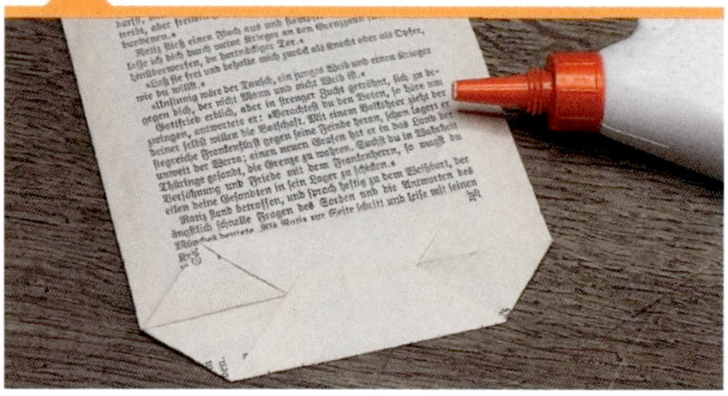

14. Den Boden in Form drücken.

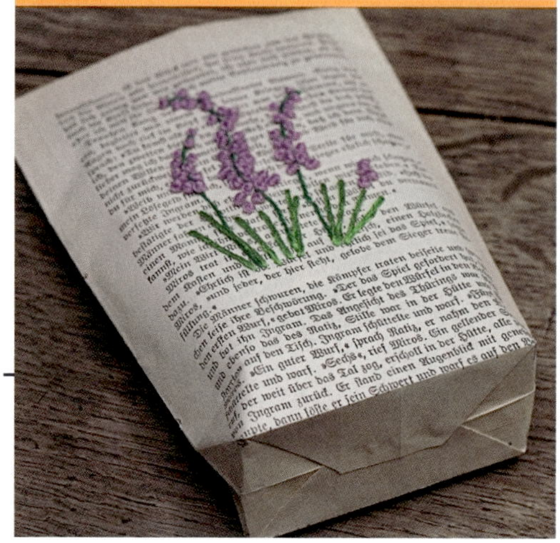

Mustervorlage

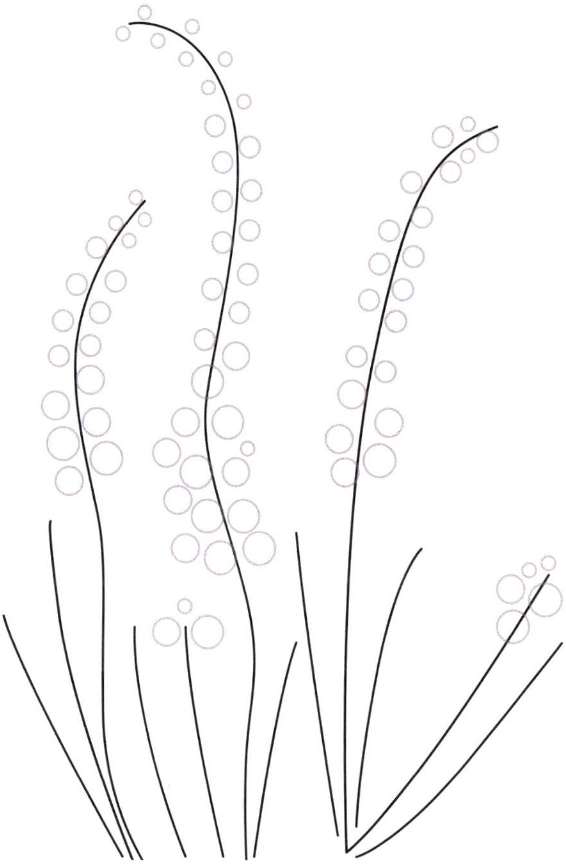

Geschenkschachteln

Schachteln wie diese eignen sich nicht nur als Geschenkverpackung. Mit Bilderhaken an die Wand gehängt, verwandeln sie sich in echte kleine Kunstwerke.

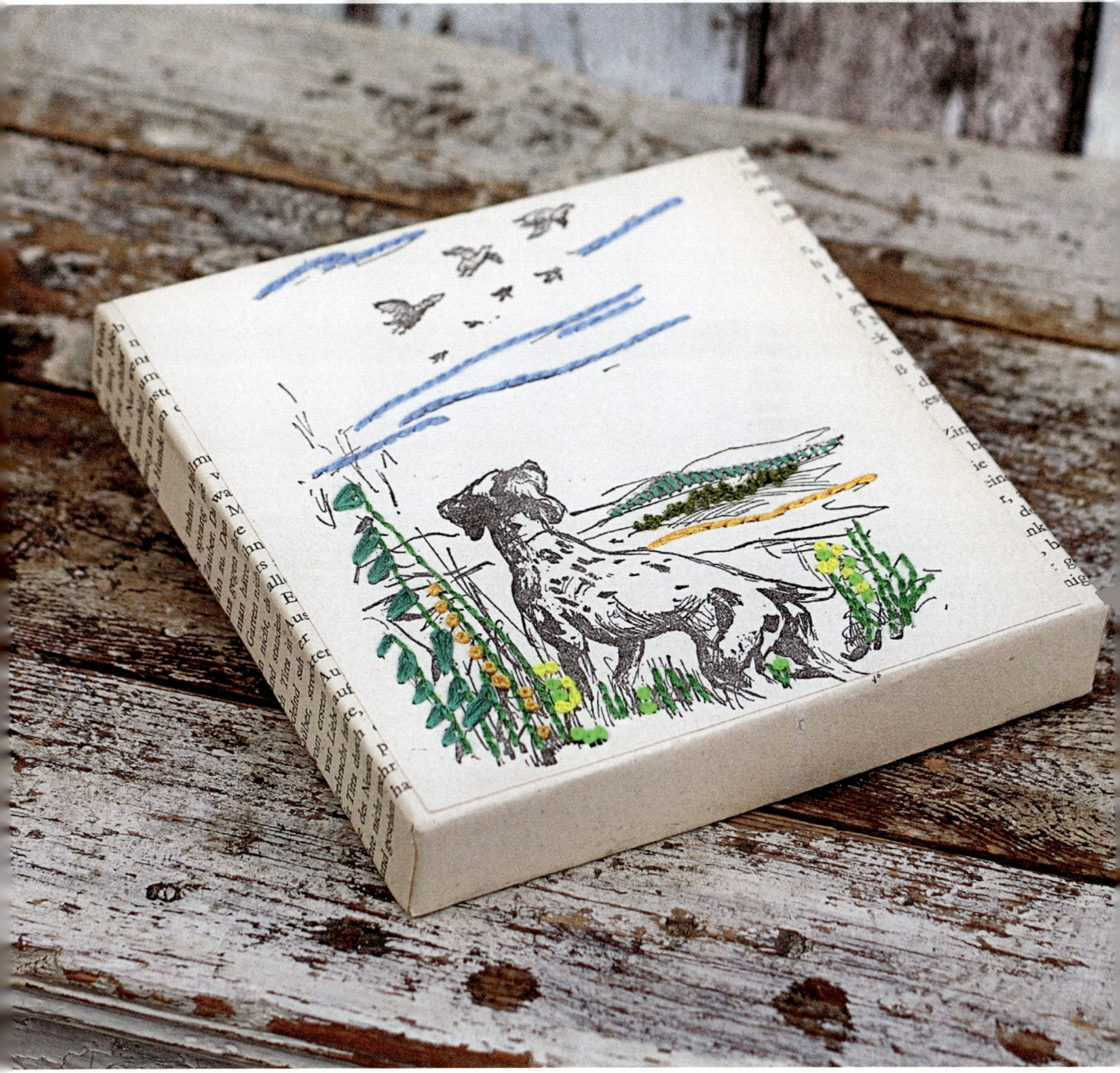

Geschenkschachteln

Materialien

- Buchseiten mit Illustrationen und Text
- leere Pralinenschachteln
- Pralinenpolster
- Kopierpapier
- Transparentpapier
- Stickgarn (Twist)
- Leim
- Bilderhaken

Werkzeuge

- Schere
- Bleistift
- Lineal
- Sticknadel
- Prickelnadel
- Pinsel
- weiche Unterlage

Siehe auch

- Seite 11: Prickelnadel
- Seite 12: Leim
- Seite 17 ff.: Stiche

So wird's gemacht:

Schachtel mit Deckel

1. Die Schachtel mit Buchseiten entsprechend der Anleitung auf Seite 67 beziehen. Dabei auf dem Deckel die Illustration platzieren. Falls erforderlich, mehrere Buchseiten verwenden.

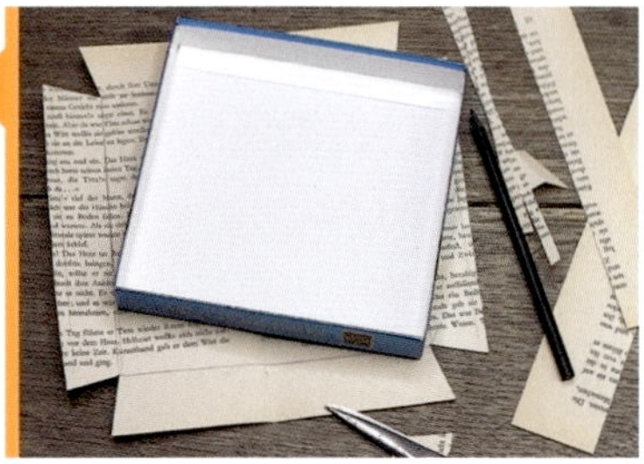

2. Entscheiden Sie, welche Linien der Illustration Sie nachsticken möchten, und wählen Sie die passenden Farben und Stiche. Transparentpapier leistet dabei gute Dienste.

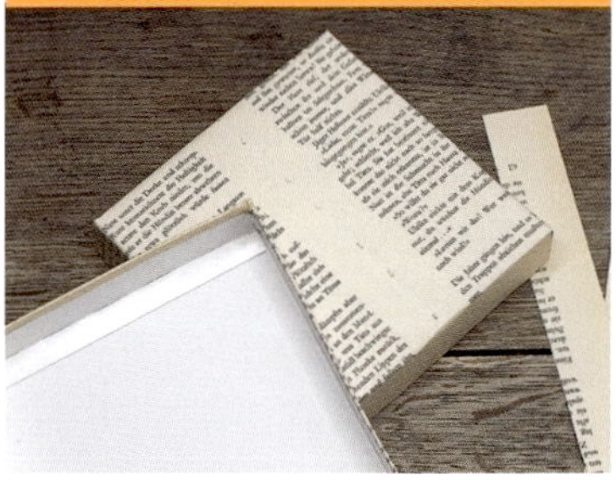

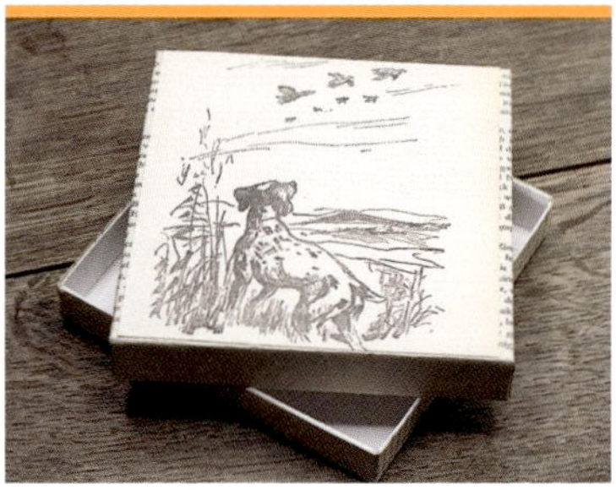

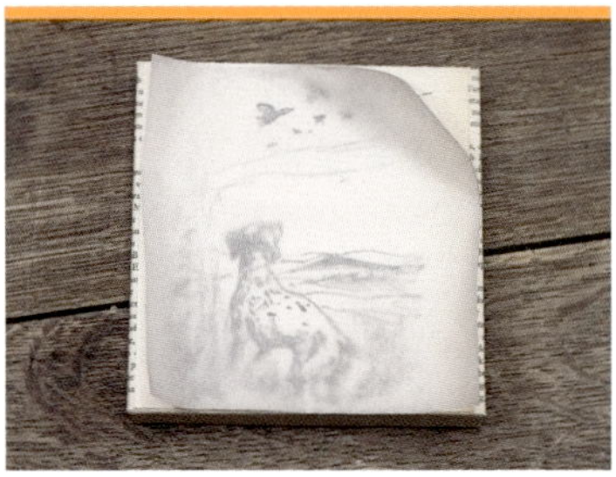

Tipp:

- Die Pralinen wieder in die Schachtel legen und verschenken.

3. Motiv für Motiv mit der Prickelnadel die Einstichlöcher vorstechen und sticken. Arbeiten Sie sich sukzessive voran.

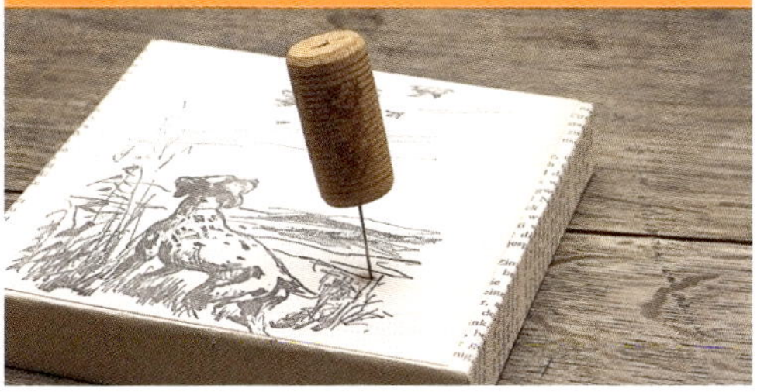

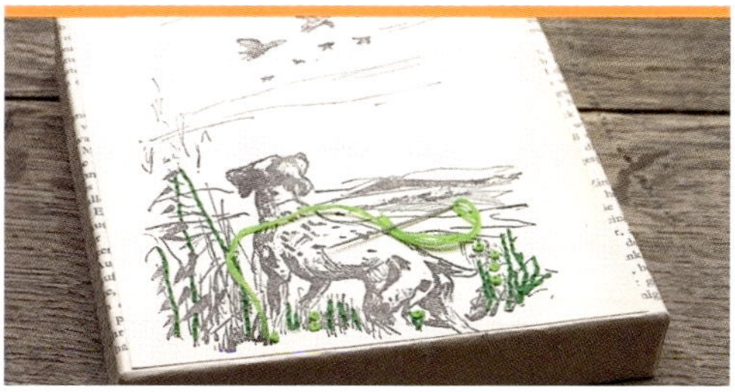

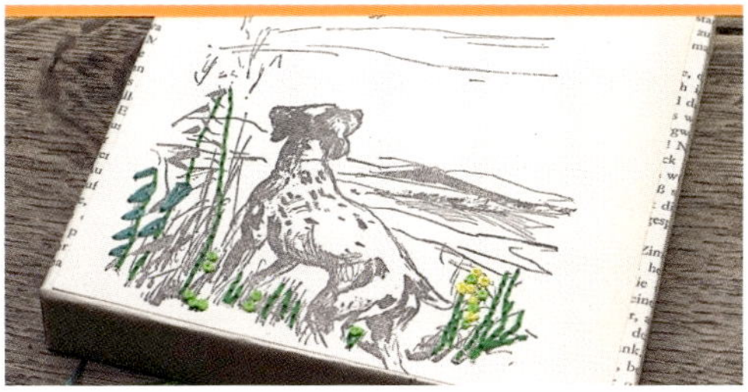

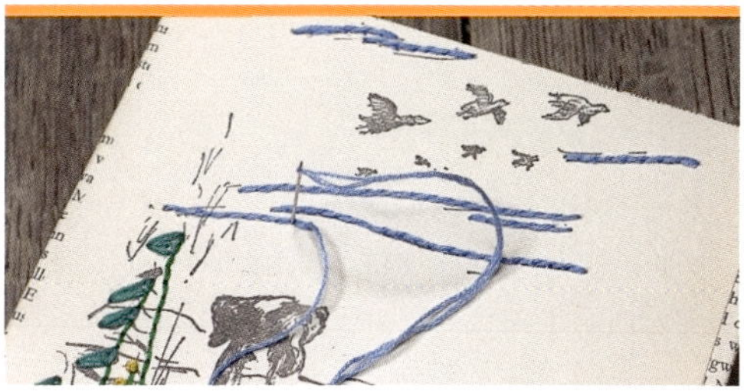

4. Um die Rückseite der Stickerei zu verdecken, das zur Schachtel gehörende Pralinenpolster (oder eine andere Abdeckung) aufkleben.

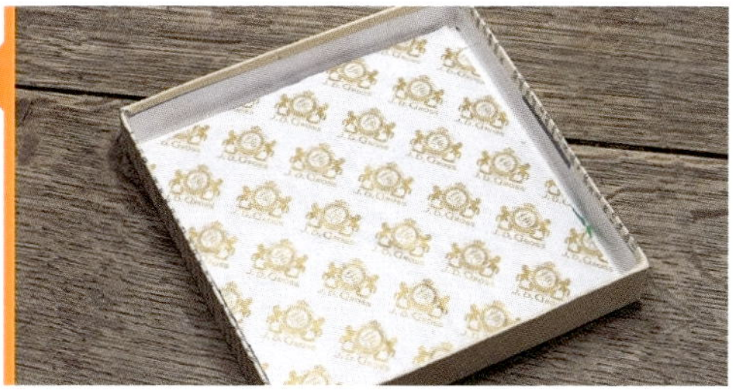

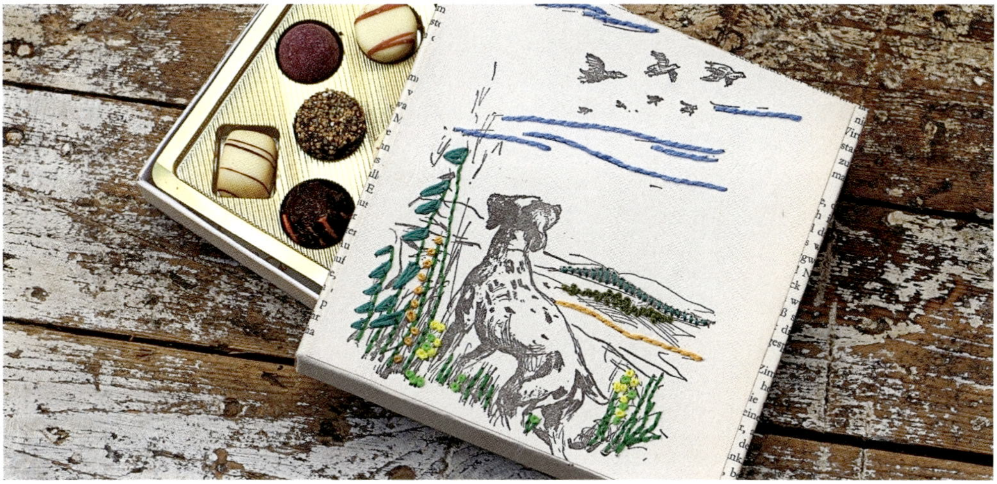

Günther Schwab: *Kamerad Hund.* Tosa Verlag, Wien 1965

Schuber mit Schublade

Das Stickmotiv ziert hier das Innere der Schublade.

1. Den Schuber mit einer Buchseite beziehen.

a. Aus einer Buchseite ein passendes Rechteck ausschneiden. Es muss lang genug sein, um es um den Schuber zu wickeln. Ein paar Millimeter Zugabe einplanen.

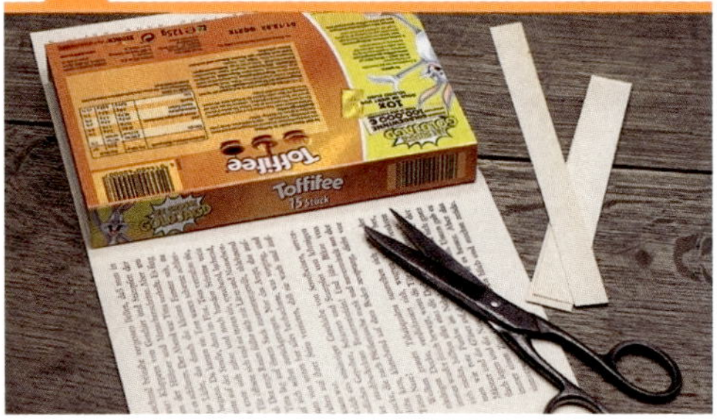

b. Buchseite und Schuber mit Leim bestreichen und den Schuber beziehen. Papierüberstände mit der Schere zurückschneiden.

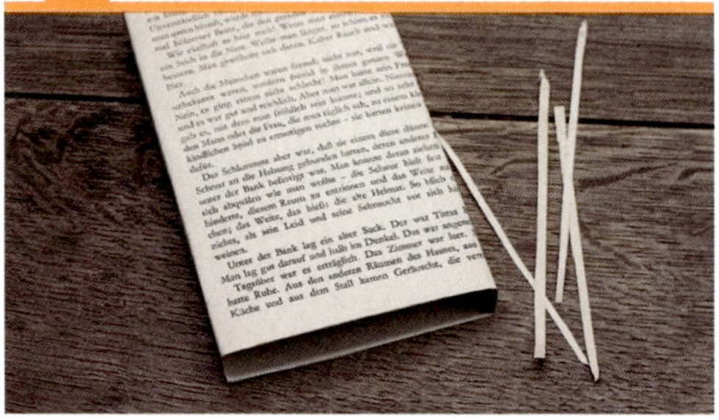

c. Die Schublade gemäß Anleitung auf Seite 67, Schritt 1 bis 5, beziehen.

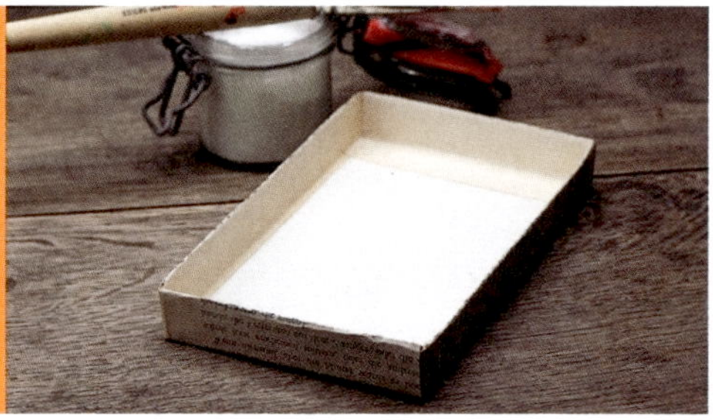

2. Eine Buchillustration auswählen und auf die passende Größe zuschneiden (= Größe des Schubladenbodens + 4 Ränder). Kopierpapier in der Größe des Schachtelbodens punktuell mit wenig Klebstoff auf die Rückseite der Illustration kleben.

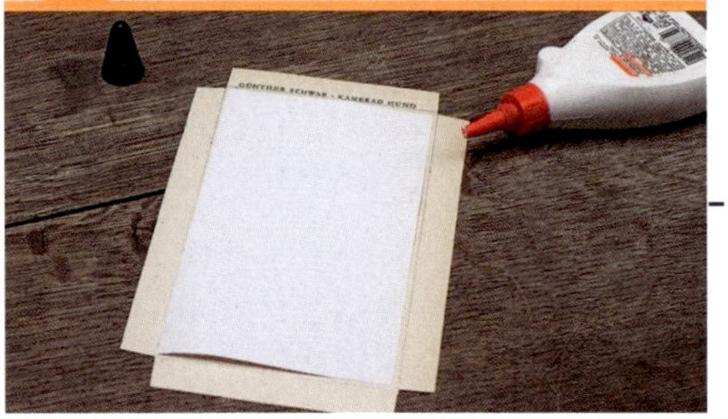

3. Entscheiden Sie, welche Linien der Illustration Sie nachsticken möchten, und wählen Sie die passenden Farben und Stiche. Transparentpapier leistet hier gute Dienste.

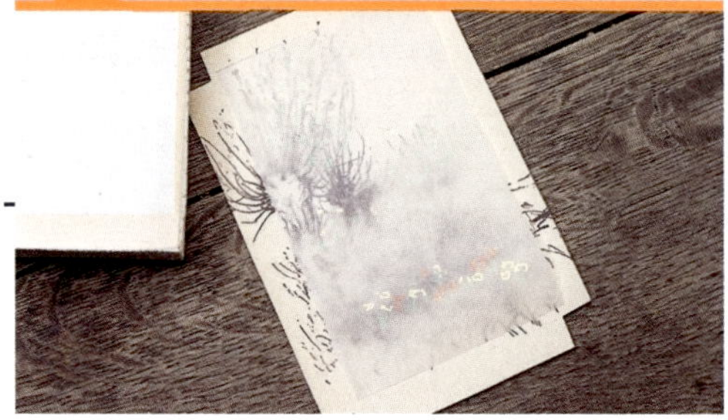

4. Motiv für Motiv Einstichlöcher vorstechen und sticken. Arbeiten Sie sich sukzessive voran.

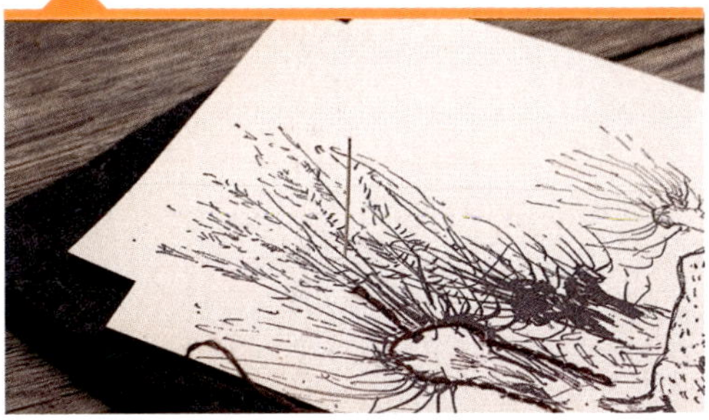

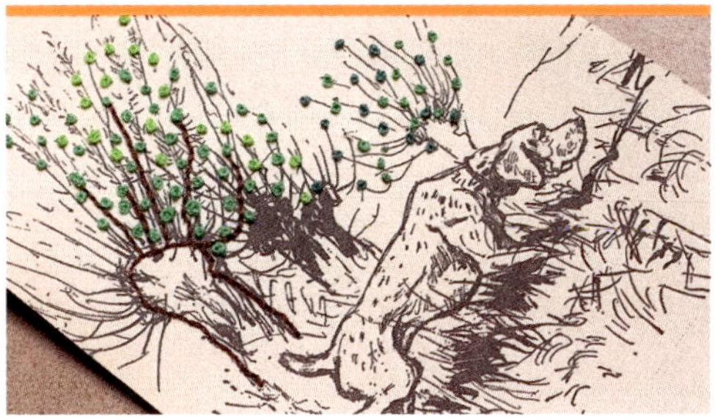

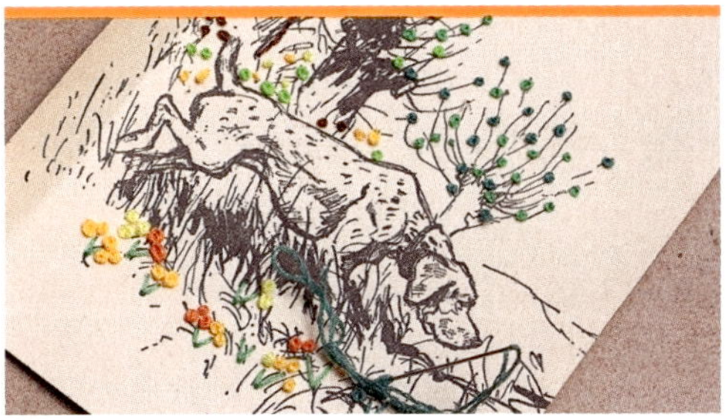

5. Die bestickte Illustration in die Schublade kleben.

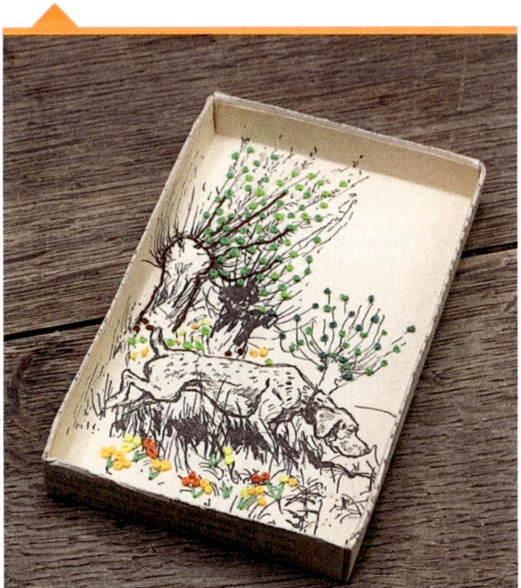

6. Wer mag, kann an der Rückseite der Schublade einen Bilderhaken anbringen und sein Werk an die Wand hängen.

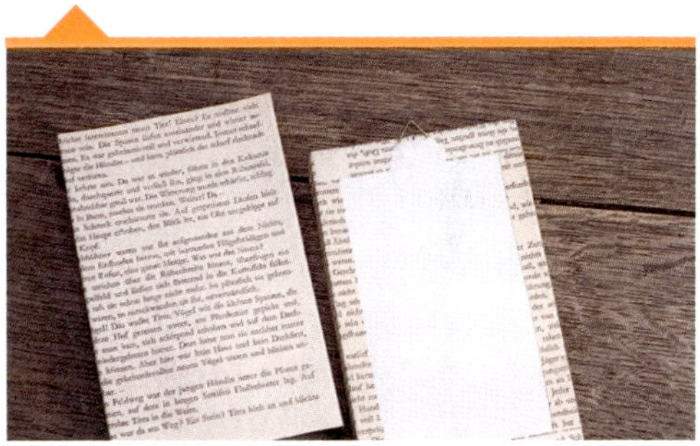

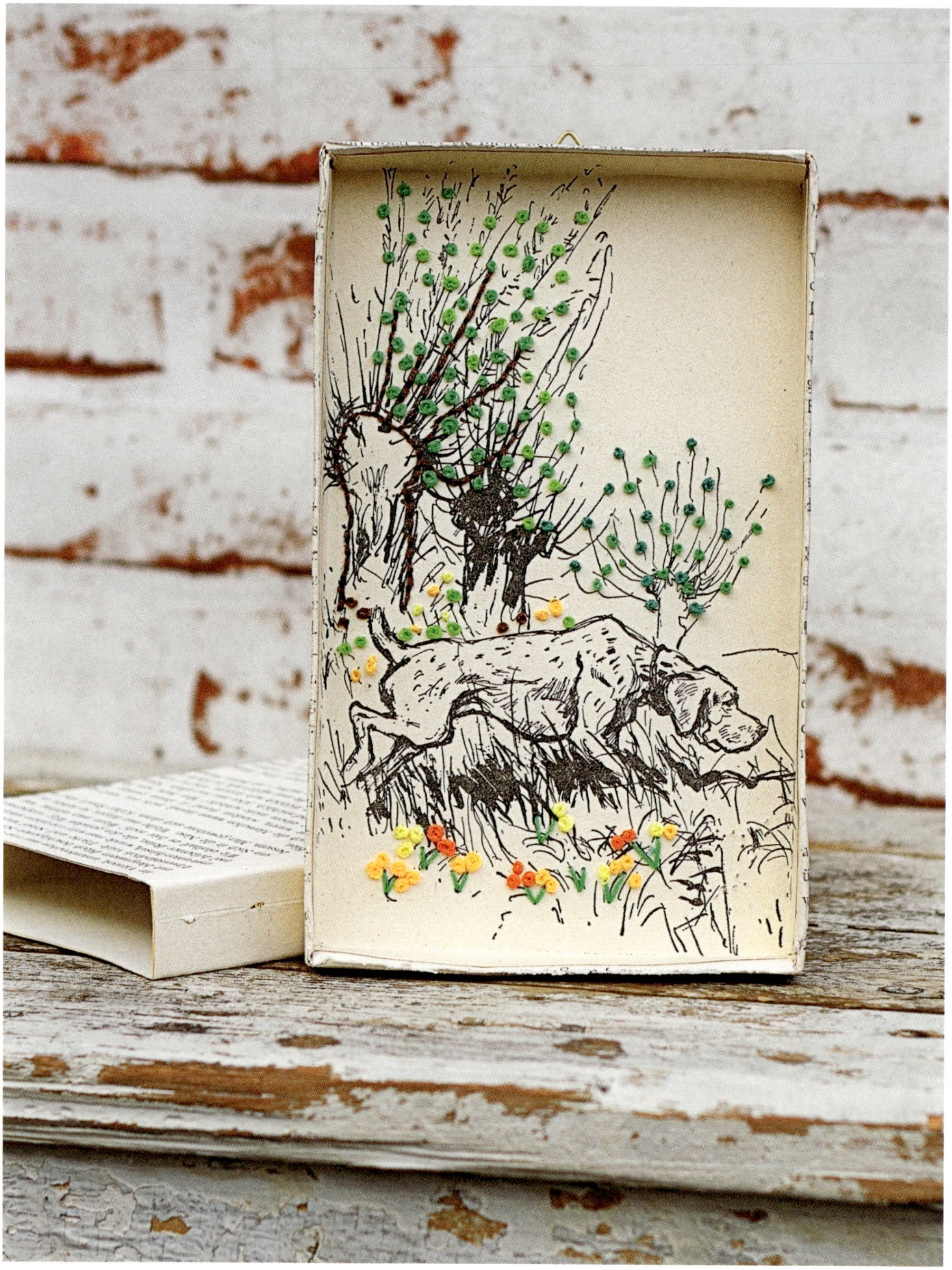

Eine Schachtel mit Buchseiten beziehen

1. Den Schachtelboden auf eine Buchseite legen und mit Bleistift die Konturen nachzeichnen.

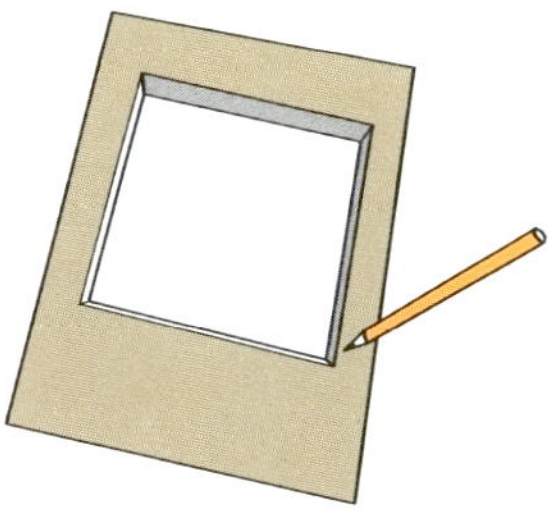

2. Die Höhe der Seitenwände ausmessen und an allen 4 Seiten anzeichnen.

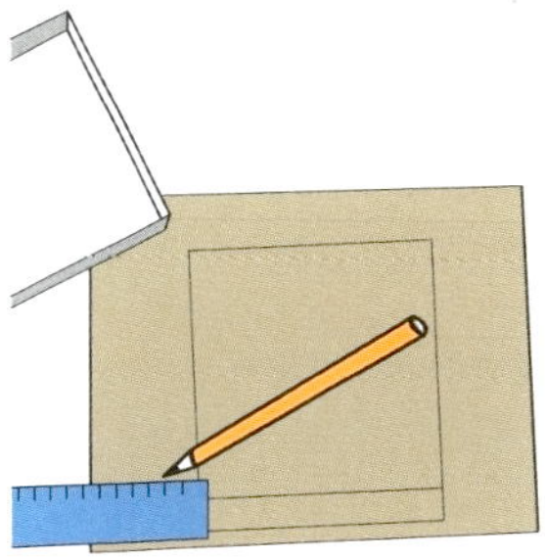

3. An 2 gegenüberliegenden Seiten jeweils rechts und links eine Zugabe für die Ecken anzeichnen.

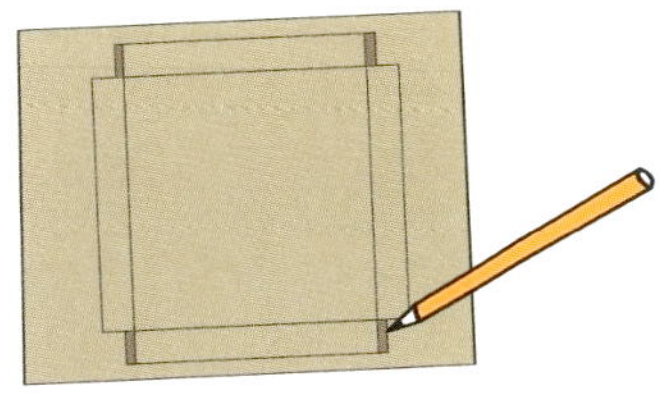

4. Den Bezug ausschneiden.

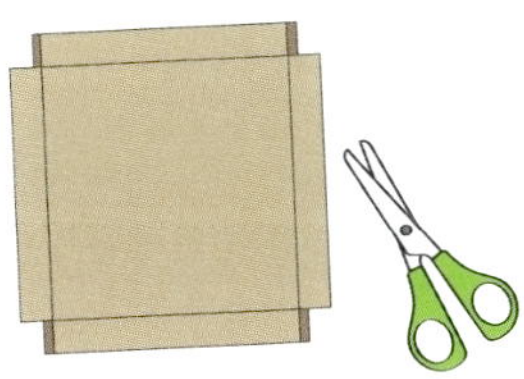

5. Die Außenseite von Schachtelboden und -seiten sowie die ausgeschnittene Buchseite mit Leim bestreichen und den Schachtelboden beziehen. Papierüberstände mit der Schere kürzen.

6. Den Deckel auf die gleiche Weise beziehen.

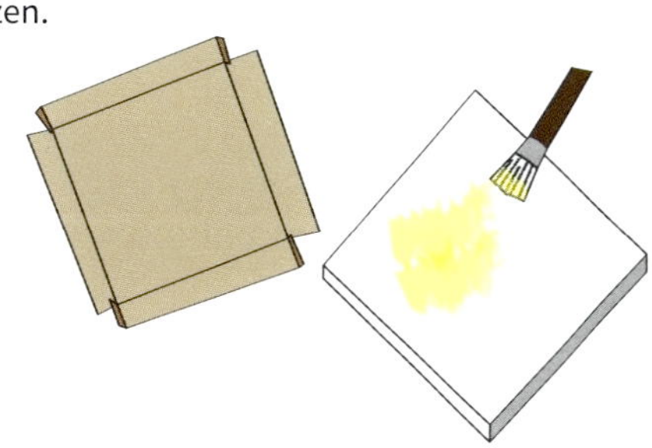

Hinweis:

- Sehr dünnes Bezugspapier kann über den Rand geschlagen und auf der Innenseite der Schachtel festgeklebt werden. Dickes Papier sollte bündig mit den Seitenkanten des Schachtelbodens abschließen, damit Boden und Deckel noch ineinanderpassen.

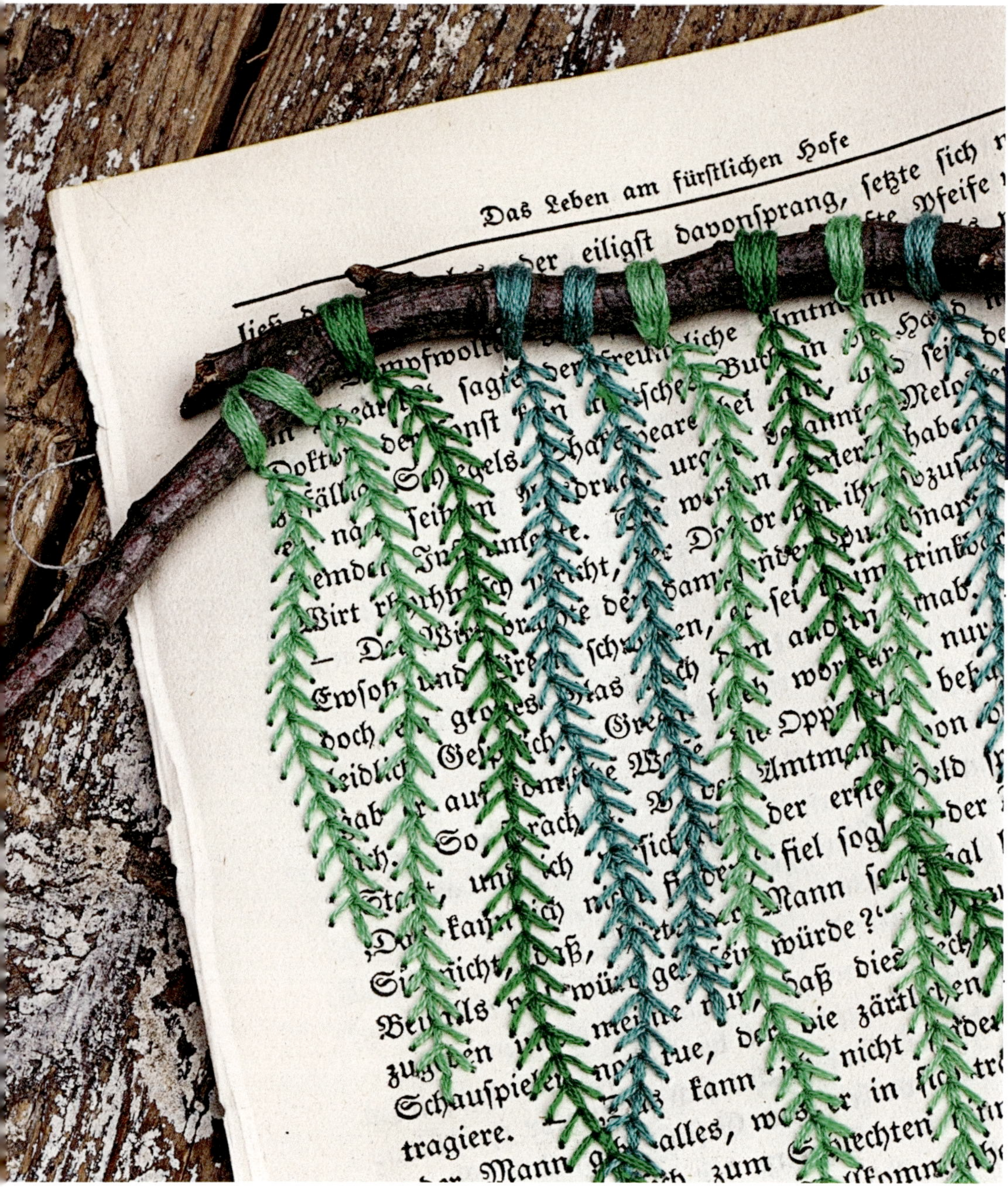

Dekoratives

Ihnen steht der Sinn nach ein wenig Veränderung? Das geht auch ohne großen Aufwand. Mit den Dekoobjekten aus diesem Kapitel können Sie in Ihrem Zuhause ganz neue Akzente setzen.

ICH BRAUCHE EINEN
28-STUNDEN-TAG!
DANN KANN ICH
STICKEN UND SCHLAFEN.

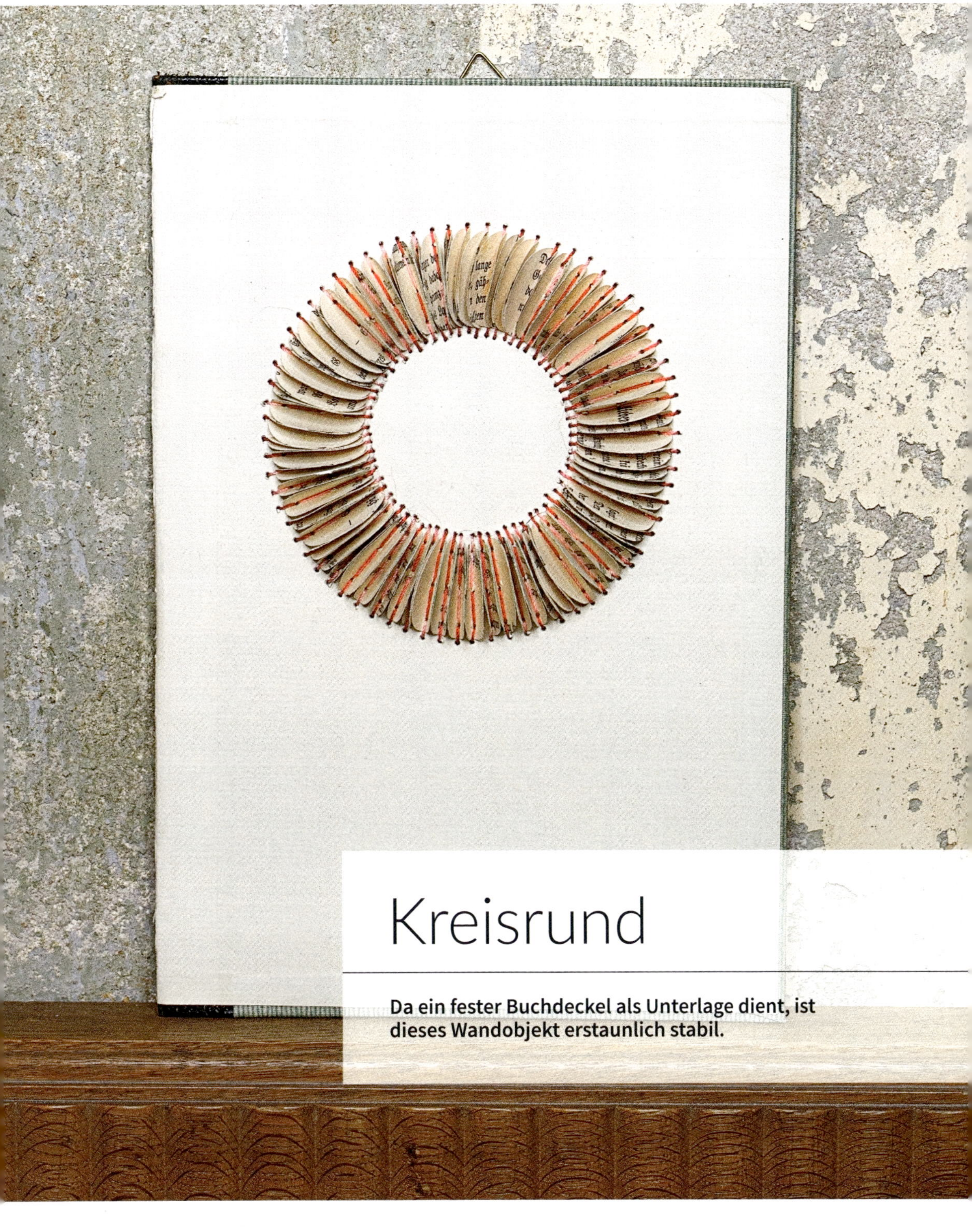

Kreisrund

Da ein fester Buchdeckel als Unterlage dient, ist dieses Wandobjekt erstaunlich stabil.

Kreisrund

Materialien

- Buchseiten
- Buchdeckel (Hardcover), mind. 15 cm breit und nicht zu dick
- Nähgarn
- ablösbares Klebeband

Werkzeuge

- Schere
- Sticknadel
- Prickelnadel
- weiche Unterlage

Vorlagen

- Seite 74: Kreis 2,5 cm ø
- Seite 152: Prickelvorlage

Siehe auch

- Seite 11: Prickelnadel
- Seite 17: Vorstich

Sie können die Papierelemente in jeder beliebigen Form zuschneiden, z.B. quadratisch, rechteckig, dreieckig, herzförmig oder oval.

So wird's gemacht:

1. 72 Papierkreise gemäß Vorlage aus Buchseiten ausschneiden, einmal mittig falten und wieder auffalten. Die Vorlage ebenfalls ausschneiden und falten.

2. Alle Papierkreise auf eine weiche Unterlage legen, die Vorlage auflegen und je 3 Löcher auf der Falzlinie vorstechen. Achten Sie dabei darauf, dass die Falze exakt aufeinanderliegen.

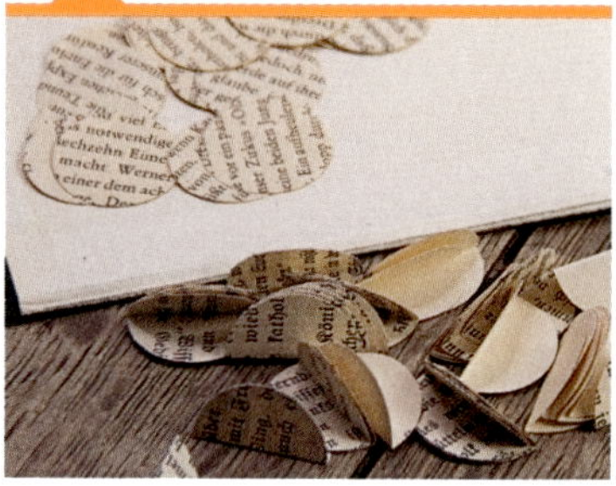

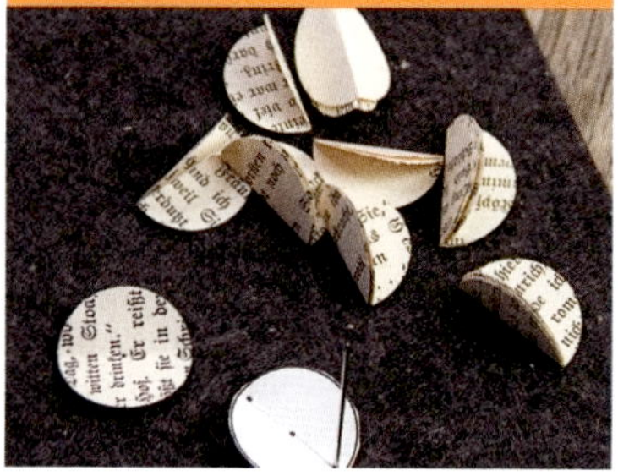

3. Die Prickelvorlage auf den Buchdeckel legen, ausrichten und mit ablösbarem Klebeband fixieren.

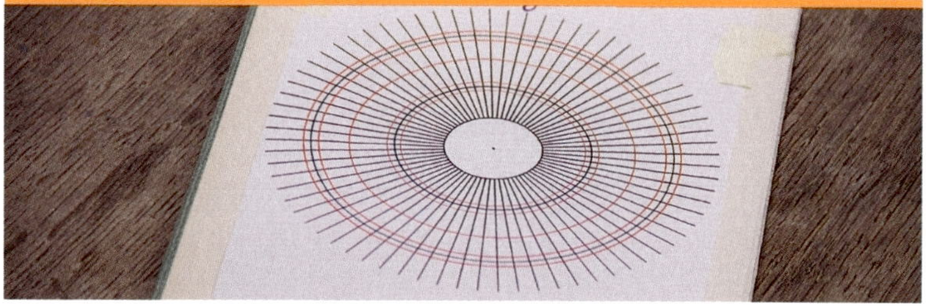

4. Mit der Prickelnadel an allen Punkten, an denen sich die roten Kreislinien mit den Radien kreuzen, Löcher vorstechen.

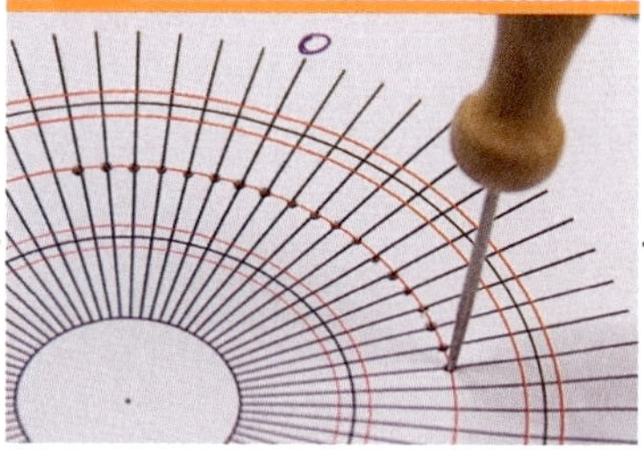

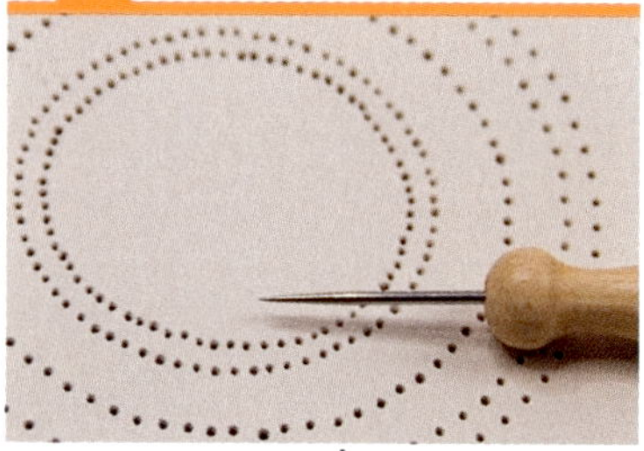

Tipp:

- Statt die Papierkreise per Hand auszuschneiden, können Sie auch einen passenden Stanzer verwenden.

5. Die Papierkreise mit Vorstichen aufnähen: von außen nach innen und dann von innen nach außen, bis alle Lücken geschlossen sind.

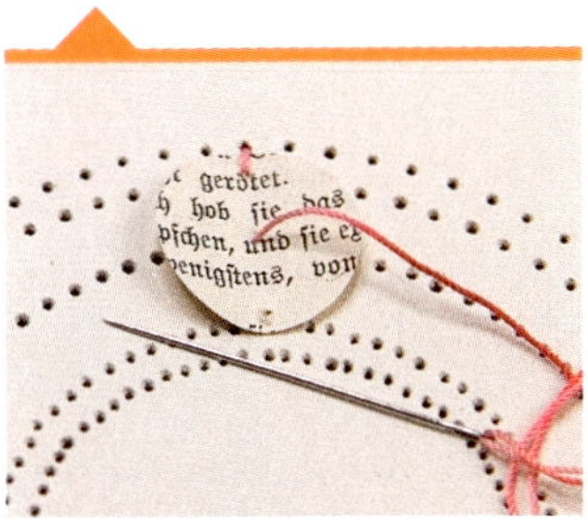

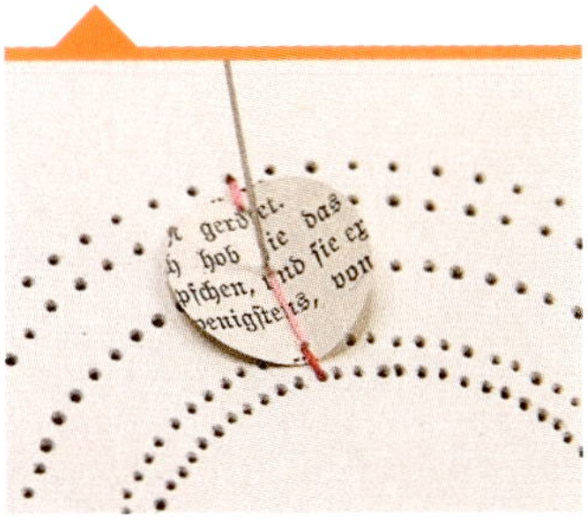

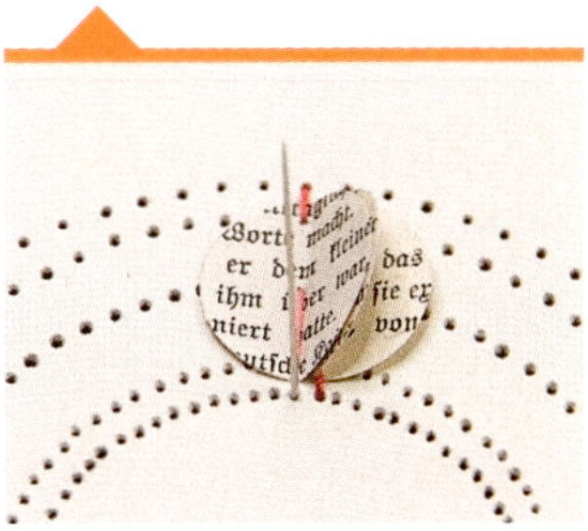

6. Auf diese Weise fortfahren, bis alle Papierkreise aufgenäht sind.

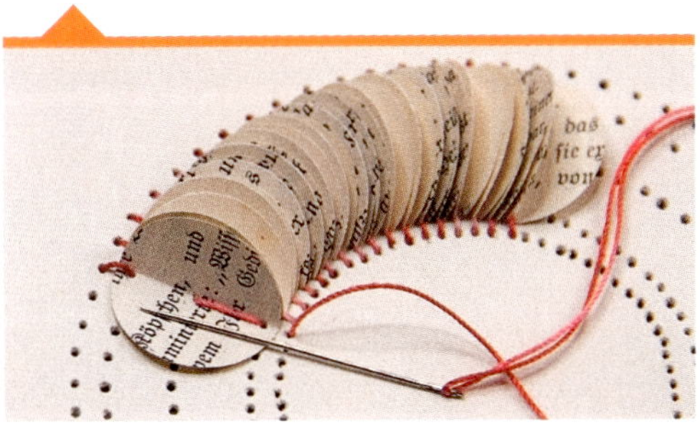

7. Die Fadenenden jeweils auf der Rückseite des Buchdeckels verknoten.

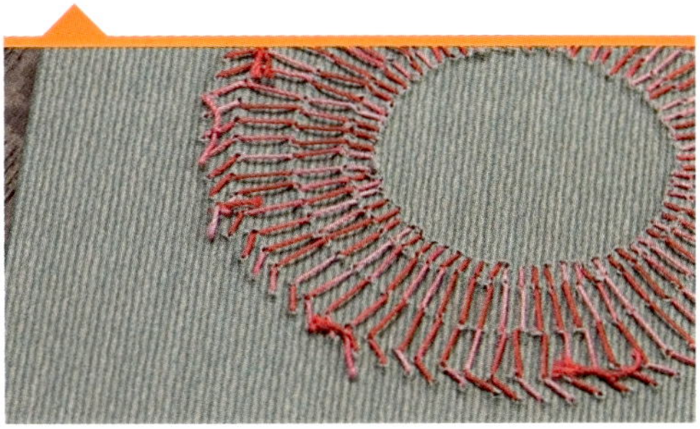

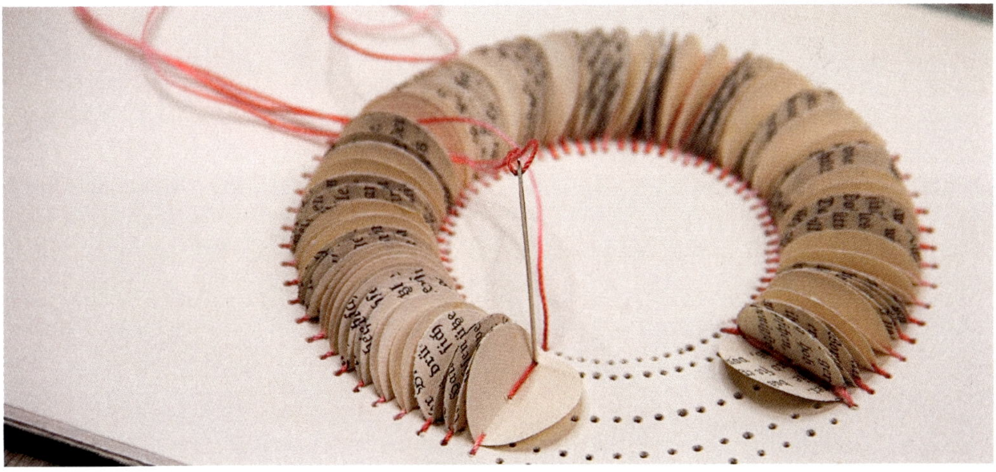

8. Mit einem Bilderhaken versehen, lässt sich das Kunstwerk aufhängen.

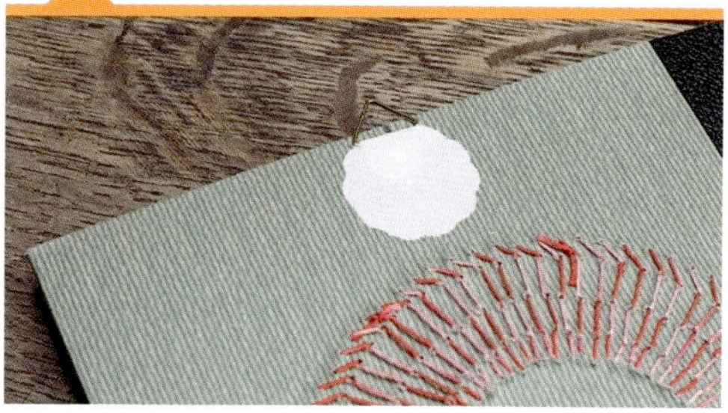

Vorlage Kreis
Originalgröße

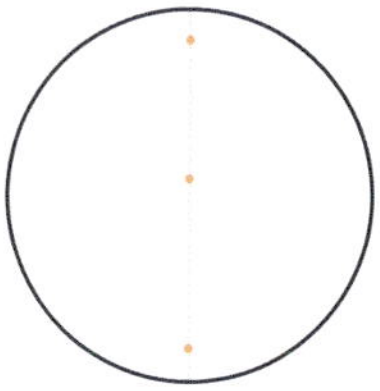

Auch als Collier sehen die aufgenähten Kreise sehr hübsch aus.

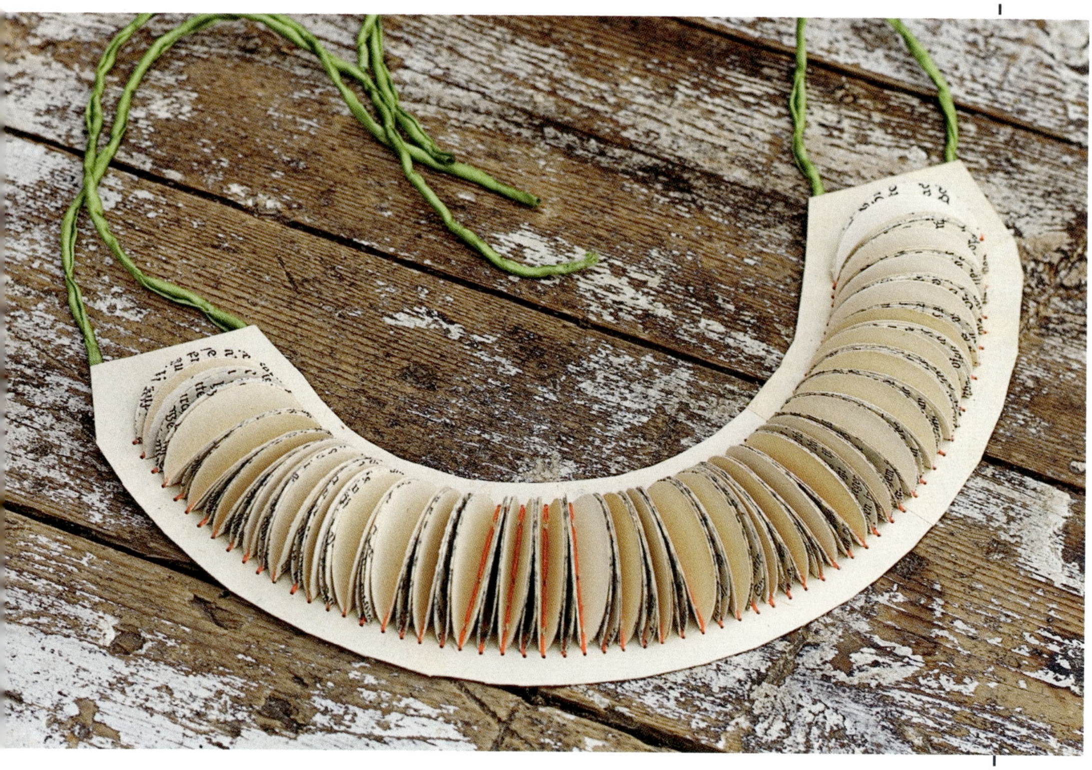

Papierknäuel

So ein Knäuel ist nicht nur dekorativ – die Papierstreifen können auch verdrillt und wie Garn verarbeitet werden.

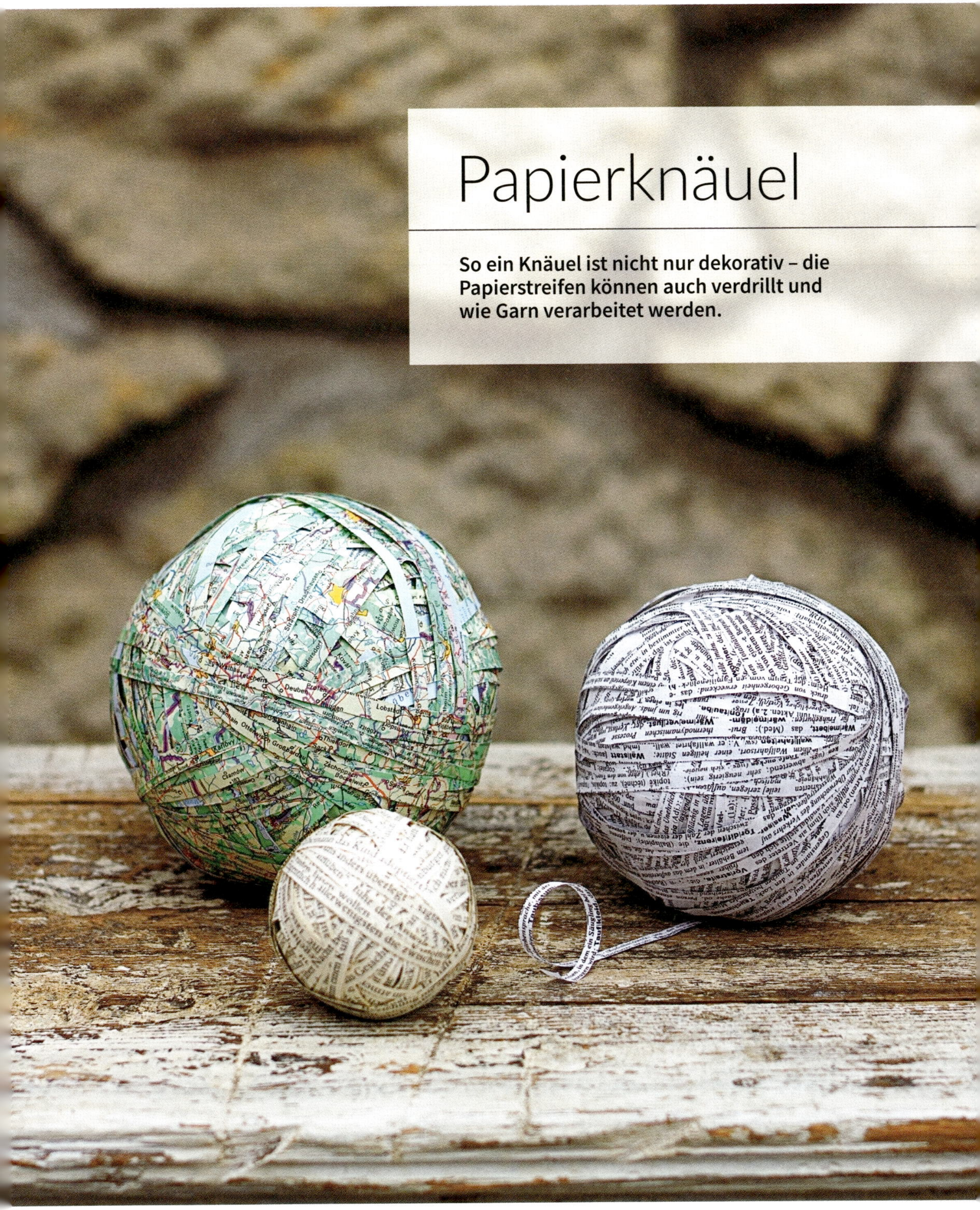

Papierknäuel

Materialien
+ Buchseiten
+ Leim

Werkzeug
+ Schere

Tipp:
> Wenn Sie zwei Exemplare des gleichen Buchtitels verwenden, können Sie die ungeraden und geraden Seiten so verkleben und aufwickeln, dass der Text fortläuft.

So wird's gemacht:

1. Die Buchseiten zu schmalen (1 bis 2 Zeilen breiten) Streifen schneiden.

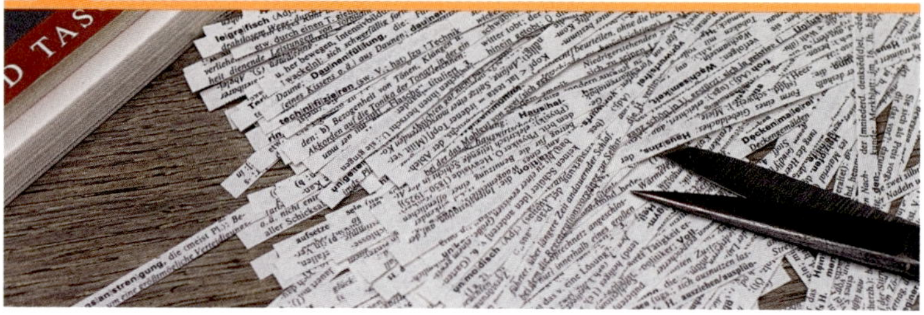

2. Die Streifen so aneinanderkleben, dass die Enden einander jeweils 3 mm überlappen.

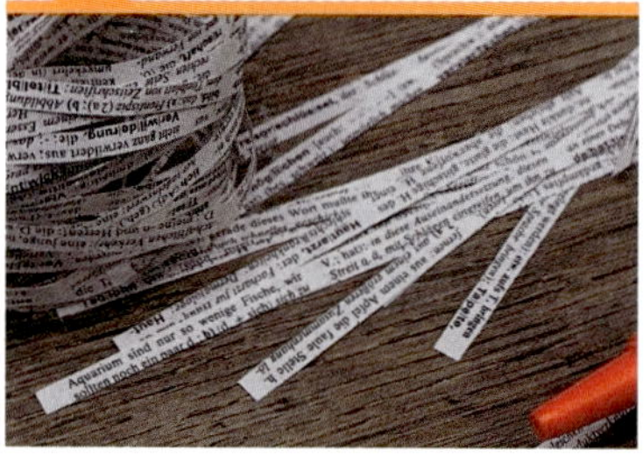

3. Ein Stück Papier zusammenknüllen und mit den aneinandergeklebten Streifen umwickeln.

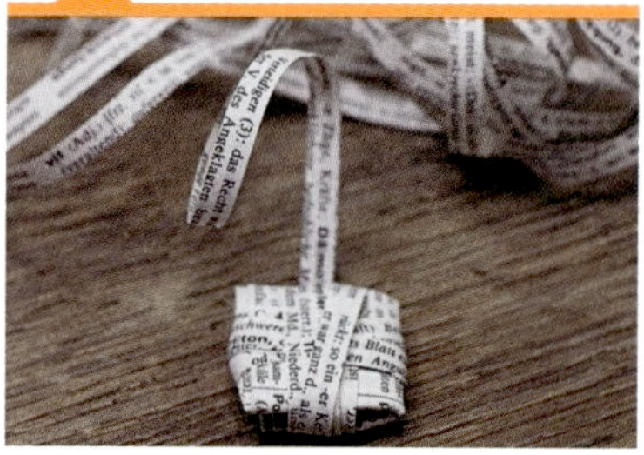

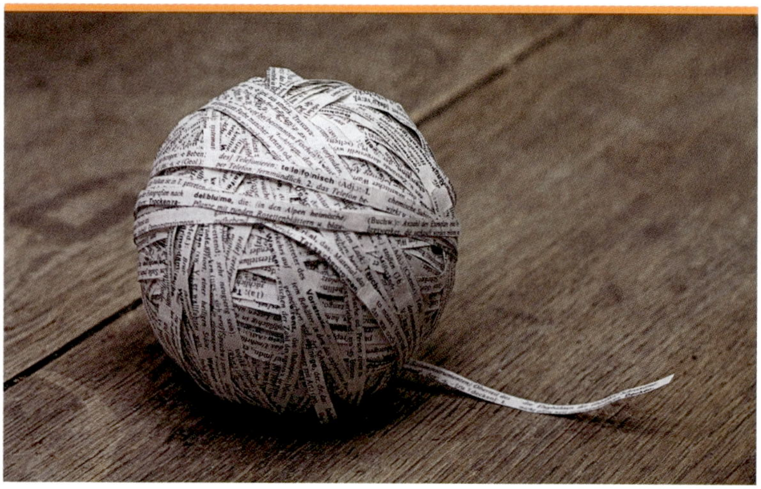

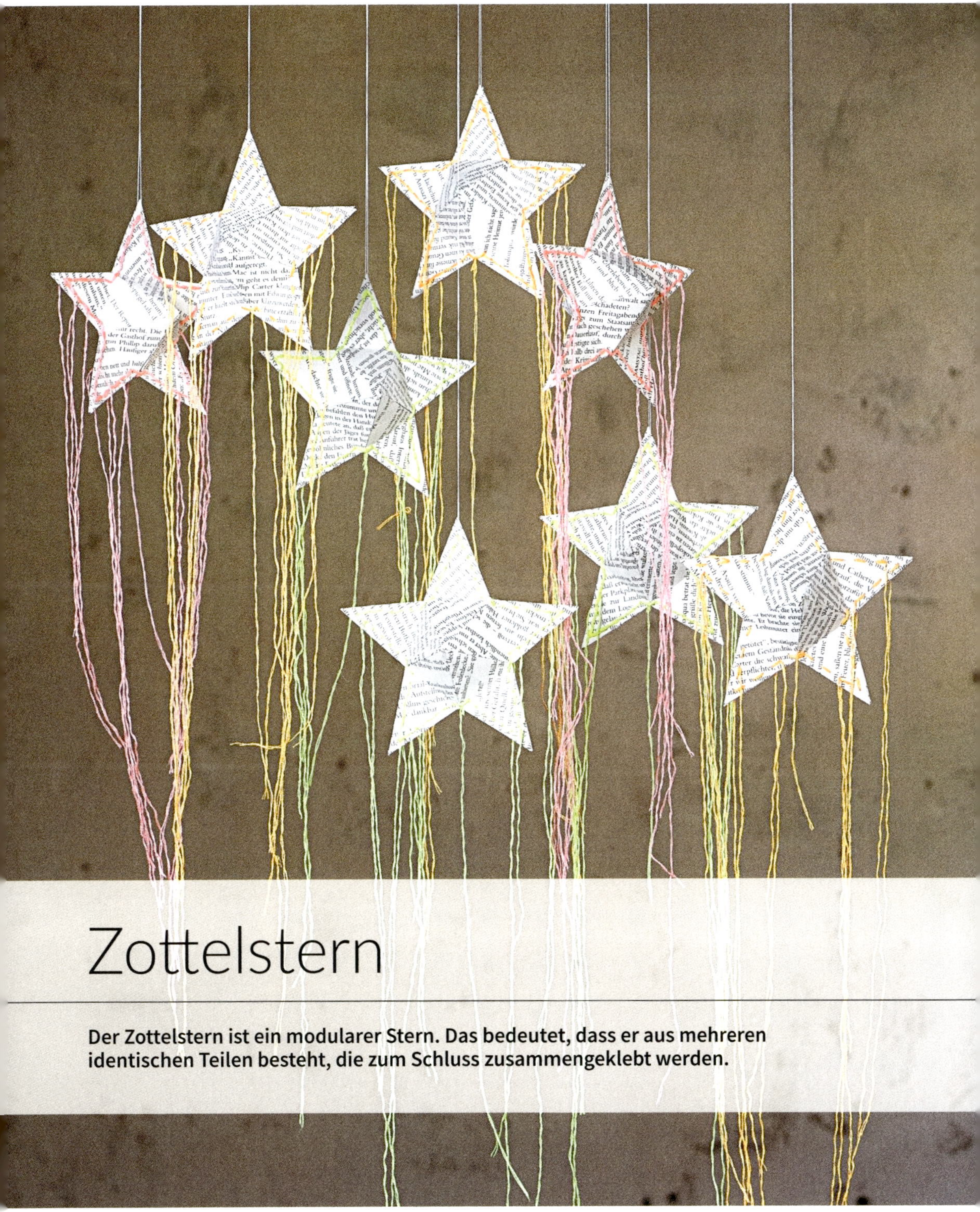

Zottelstern

Der Zottelstern ist ein modularer Stern. Das bedeutet, dass er aus mehreren identischen Teilen besteht, die zum Schluss zusammengeklebt werden.

Zottelstern

Materialien
- Buchseiten
- farbiges Näh- oder Stickgarn
- Klebstoff

Werkzeuge
- Bleistift
- Lineal
- Schere
- Sticknadel
- weiche Unterlage

Siehe auch

- Seite 17: Vorstich

Die Größe des Sterns hängt von der Größe der verwendeten Quadrate ab.

So wird's gemacht:

1. Zehn Papierquadrate schneiden.

Falten

2. Ein Quadrat diagonal falten und wieder aufklappen.

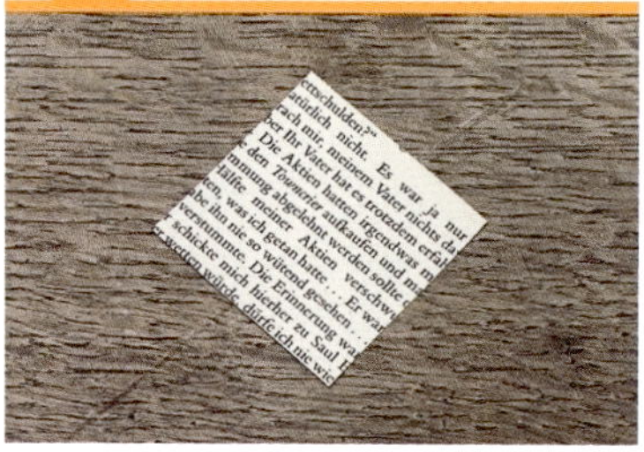

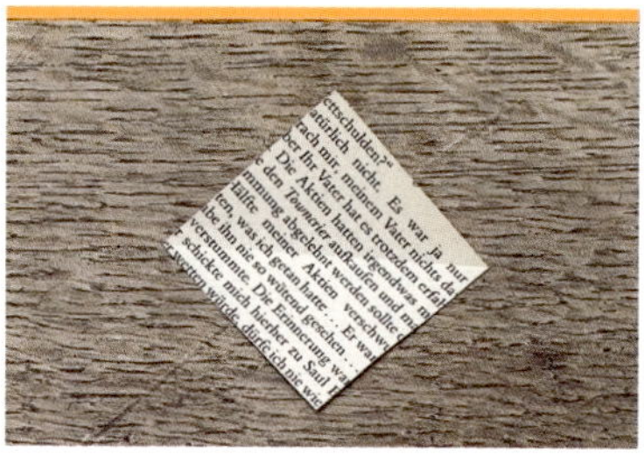

3. Die untere und obere Kante auf der linken Seite zur Diagonale falten.

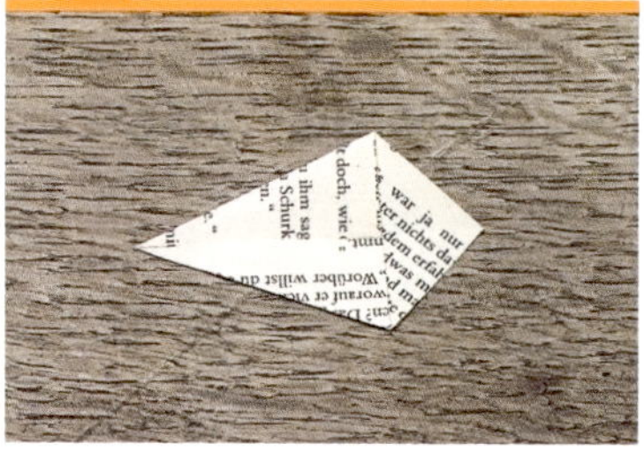

4. Die untere und obere Kante auf der rechten Seite überlappend zur Diagonale falten.

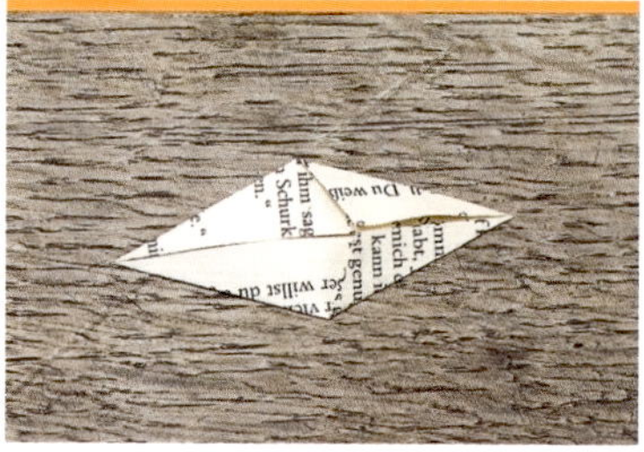

5. Den Rhombus so falten, dass die Spitzen aufeinander- und die offenen Kanten oben liegen, und wieder aufklappen.

6. 9 weitere Module auf die gleiche Weise falten. Achten Sie dabei darauf, dass die Schrift immer in die gleiche Richtung verläuft.

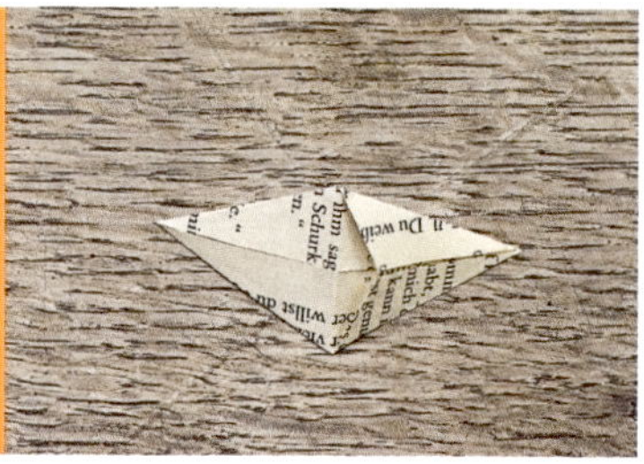

Kleben

7. 2 Module so nebeneinanderlegen, dass die eingefalteten Dreiecke nach oben zeigen.

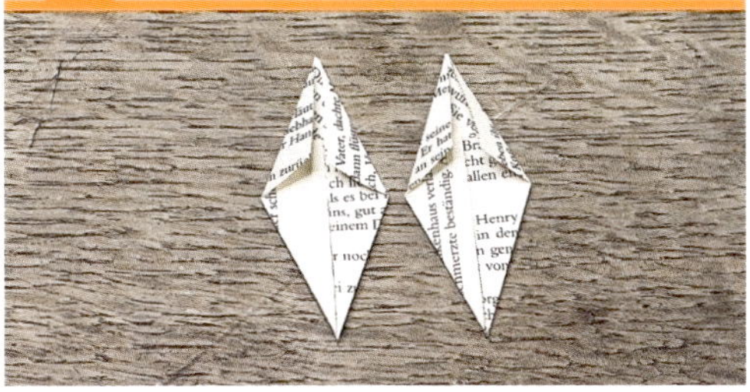

8. Das rechte Falzdreieck eines Moduls mit Klebstoff bestreichen und auf das linke obere Falzdreieck eines anderen Moduls kleben.

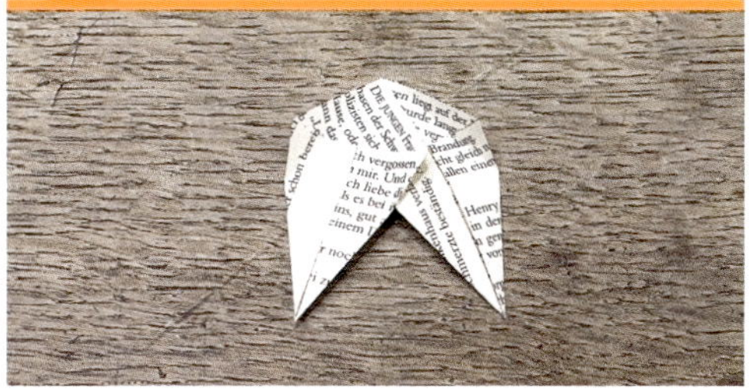

9. Von rechts ein weiteres Modul ankleben.

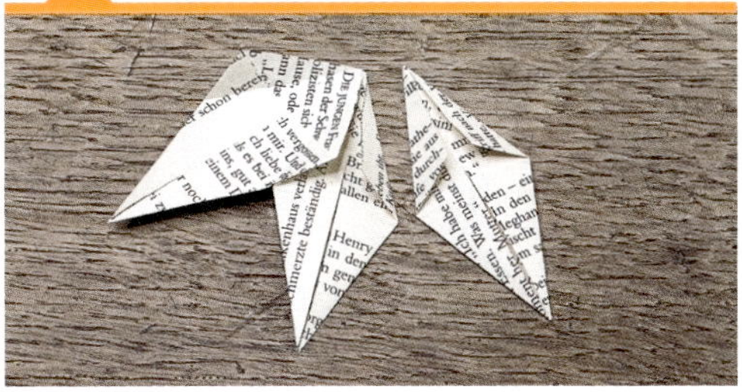

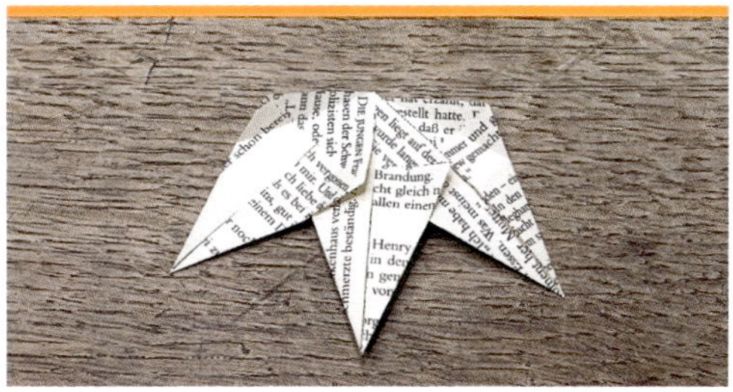

10. Auf diese Weise fortfahren, bis 5 Module verklebt sind.

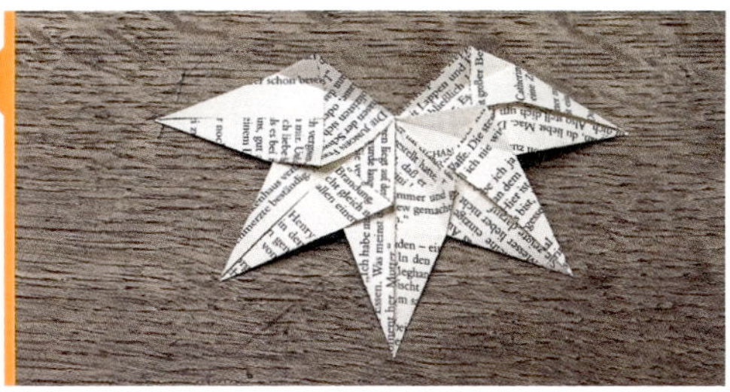

Tipp:

- Es lohnt sich, zum Schneiden der Quadrate eine Schablone aus Karton herzustellen.

11. Zum Schluss die beiden äußeren Falzdreiecke zusammenkleben. In der Mitte entsteht eine Pyramide.

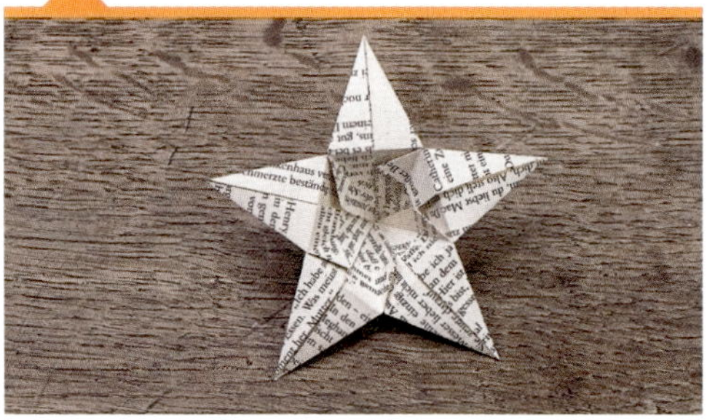

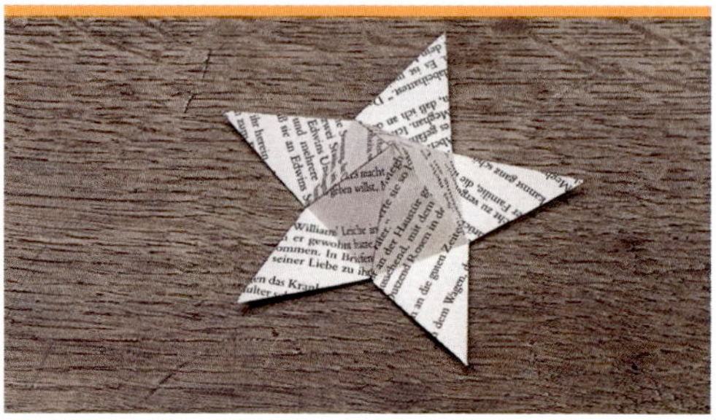

12. Weitere 5 Module miteinander verkleben, wie in Schritt 7 bis 11 beschrieben.

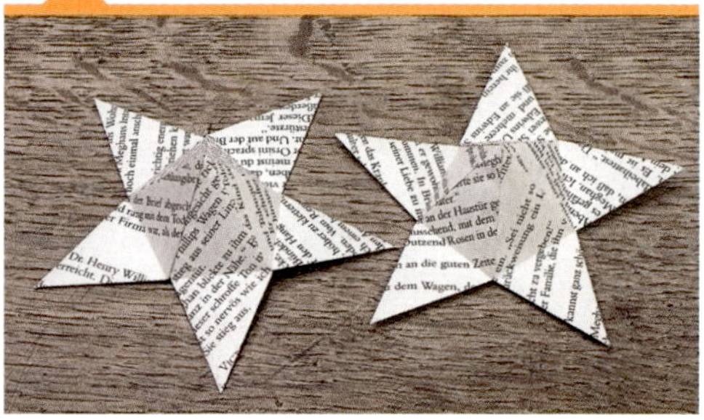

13. Den Stern zusammensetzen und die Zacken zusammenkleben. Dabei die Ränder auslassen, damit die Ziernähte leichter anzubringen sind.

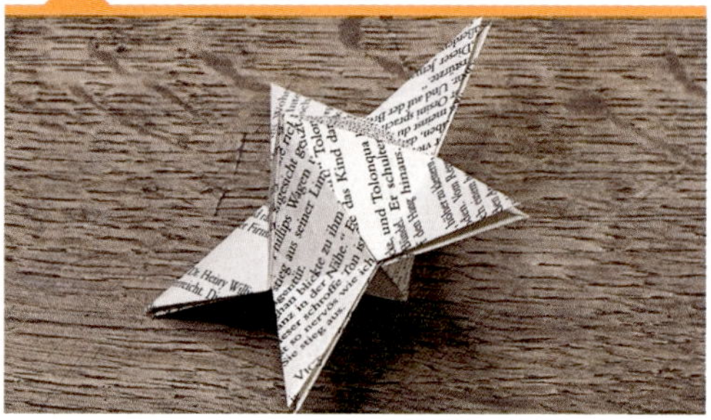

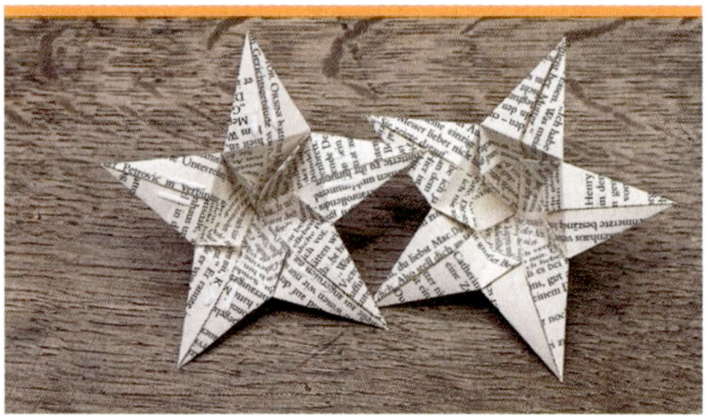

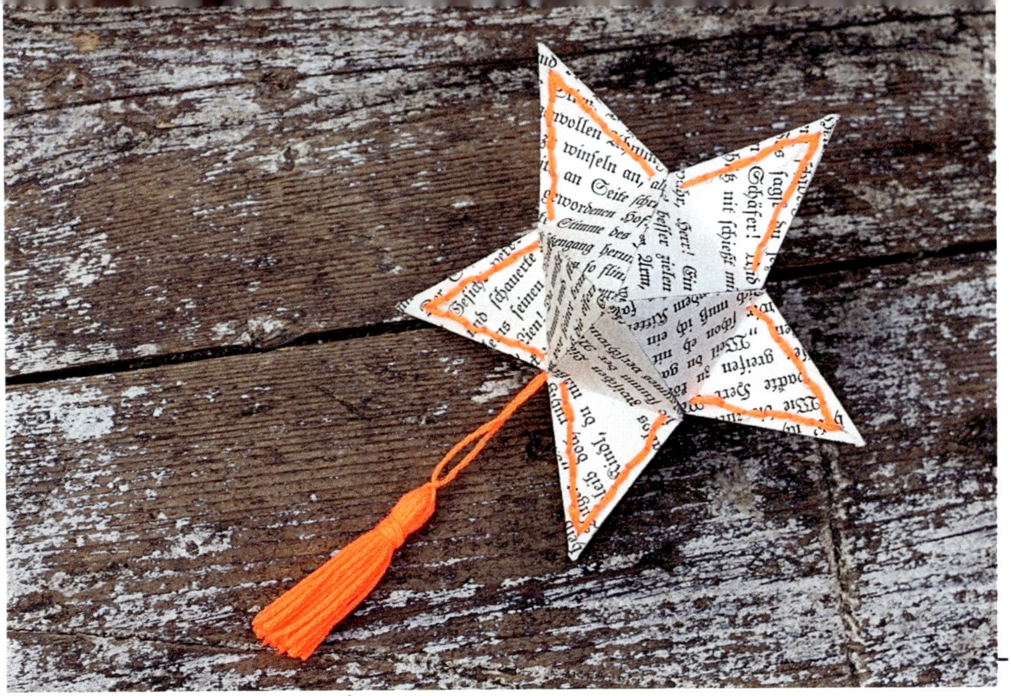

Statt Fäden herabhängen zu lassen, können Sie unten auch eine Quaste befestigen.

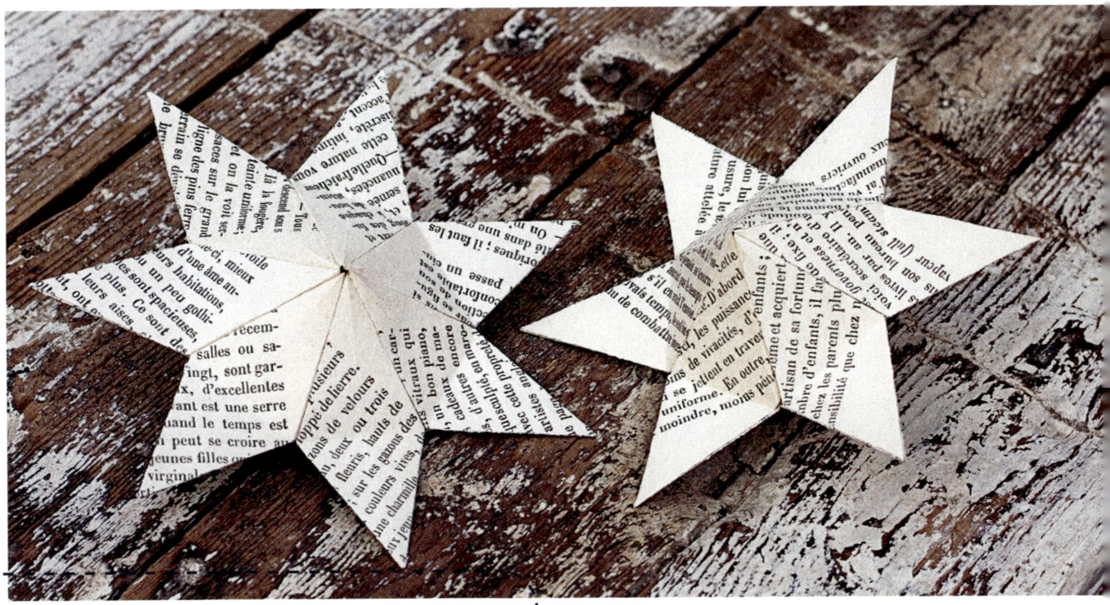

Mit 6 oder 7 Modulen werden die Sterne flacher.

Nähen

14. Die Zacken nacheinander auf eine weiche Unterlage legen und an den Kanten ca. alle 2 bis 3 mm ein Loch vorstechen.

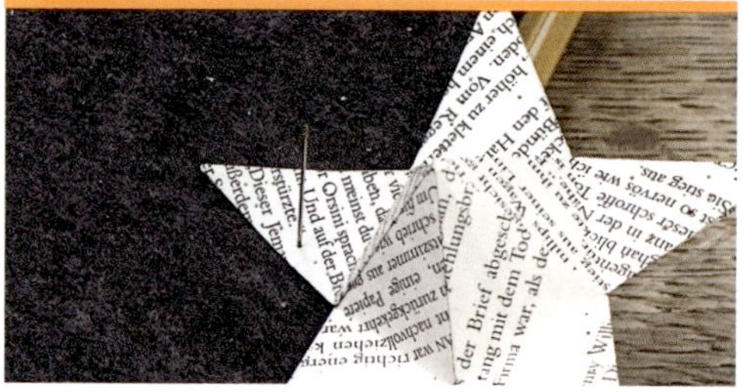

15. Die Zacken mit 6-fädigem Garn mit Vorstichen zusammennähen.

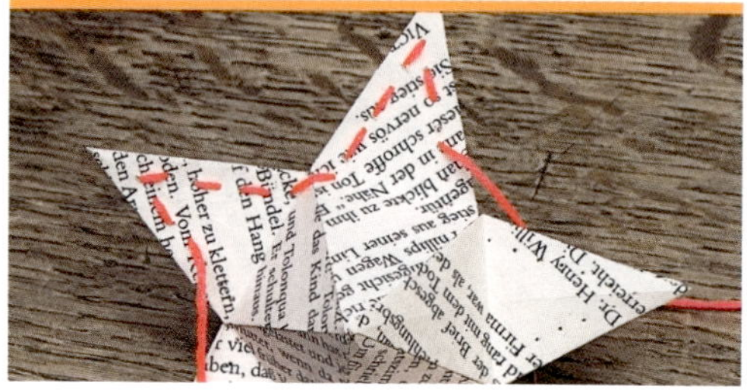

16. Die Nahtlücken durch versetzt ausgeführte Vorstiche schließen. Die Fadenenden in den Stern verziehen.

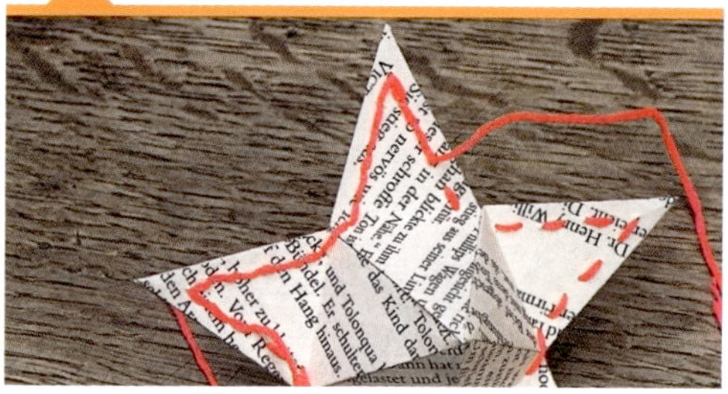

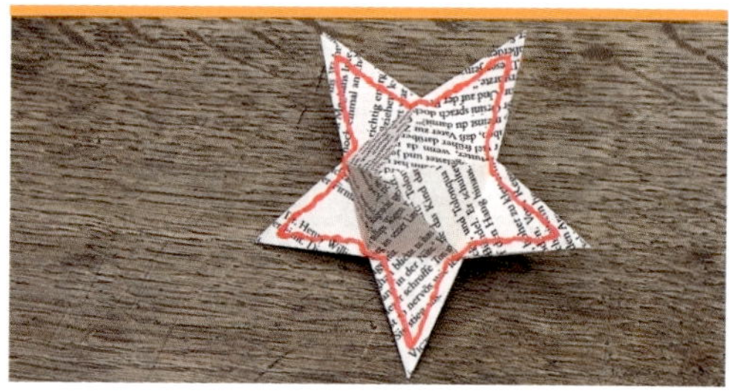

17. Einzelne Fäden in die Nahtlöcher einziehen, sodass der Stern seinen Hippie-Look erhält.

18. An einer Spitze oder zwischen zwei Zacken einen Faden zum Aufhängen anknoten.

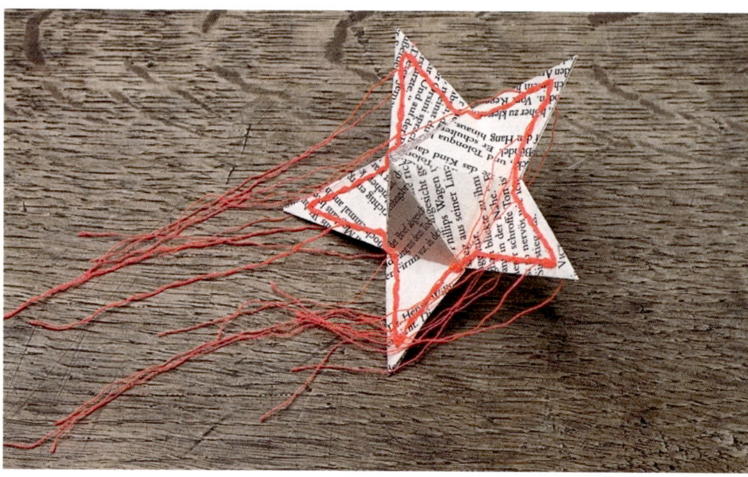

Tipp:

- Versierte Näher/-innen können die Ziernaht mit der Nähmaschine steppen.

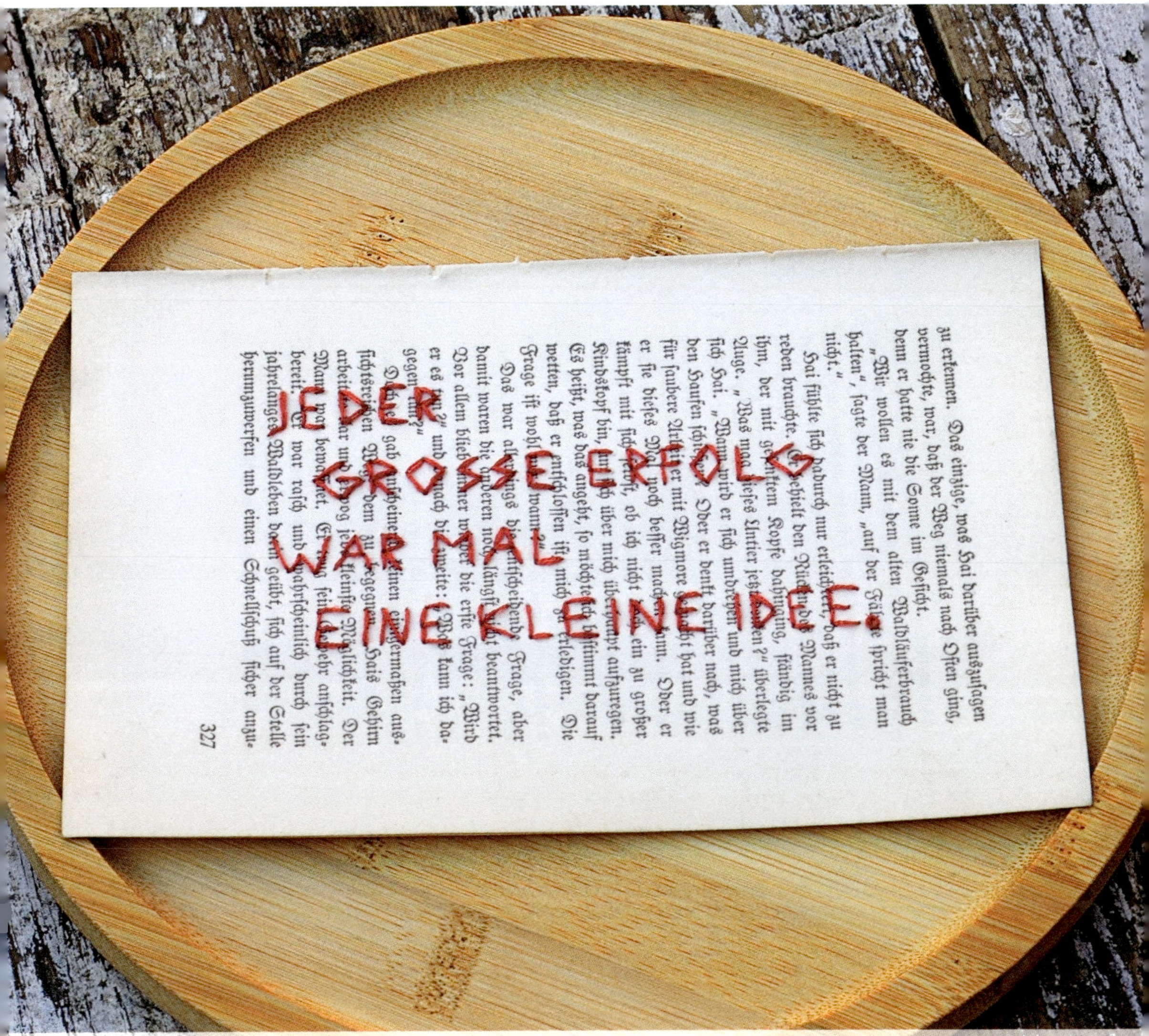

Zitate

Überraschen Sie Ihre Gäste mit Tischkarten aus alten Buchseiten, auf die Sie berühmte Zitate sticken. Sie können sicher sein, dass sich ein anregendes Tischgespräch entwickelt. Jeder Gast kann sein Kärtchen anschließend mit nach Hause nehmen, rahmen und an die Wand hängen.

Zitate

Materialien
- Doppelseiten aus einem fadengehefteten Buch
- dünnes Stickgarn

Werkzeuge
- Schere
- Bleistift
- Papier, vorzugsweise kariert
- Sticknadel
- weiche Unterlage

Vorlagen

- Seite 86: Stickvorlage Zitat
- Seite 86: Stickvorlage Alphabet

Siehe auch

- Seite 17: Rückstich

Allgemeines

Da Stickstiche auf Papier nicht zu eng beieinander liegen dürfen, ist es ratsam, für das Sticken relativ kleiner Buchstaben eine Schrift zu verwenden, die möglichst wenige Einstichlöcher erfordert. Rundungen sind besonders schwierig zu sticken. Herkömmliche Computerschriften eignen sich deshalb nicht als Stickvorlage. Am besten schreiben Sie den Text freihändig – kariertes Papier ist dabei eine große Hilfe. Unbedingt auf genügend Abstand zwischen den Wörtern achten.

So wird's gemacht:

1. Kariertes Papier in der Größe der zu bestickenden Fläche zuschneiden und den Text mit dem Bleistift daraufschreiben.

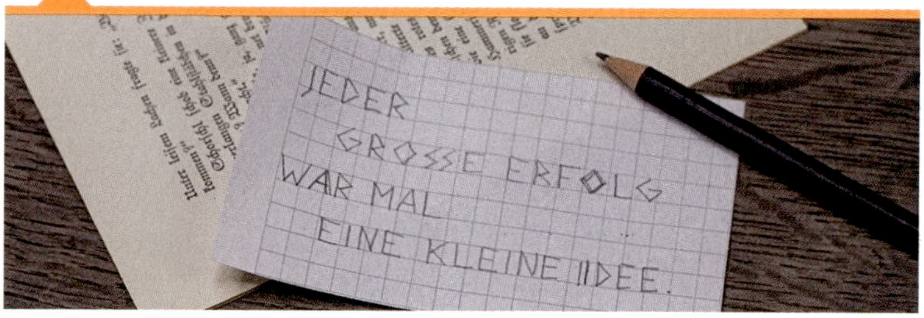

2. Eine doppelt gelegte Buchseite auf eine weiche Unterlage legen und die Stickvorlage darauf ausrichten.

3. Mit der Sticknadel die Löcher für die Buchstaben vorstechen.

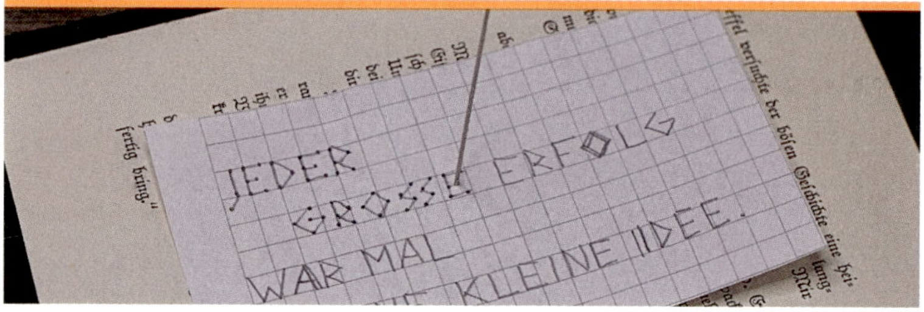

4. Den Text Buchstabe für Buchstabe mit Rückstichen sticken.

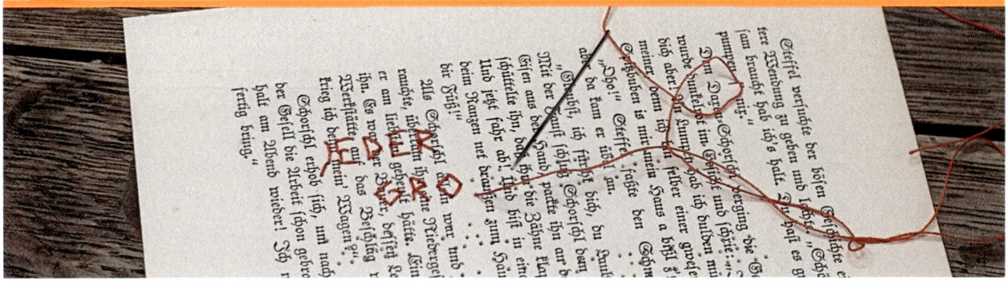

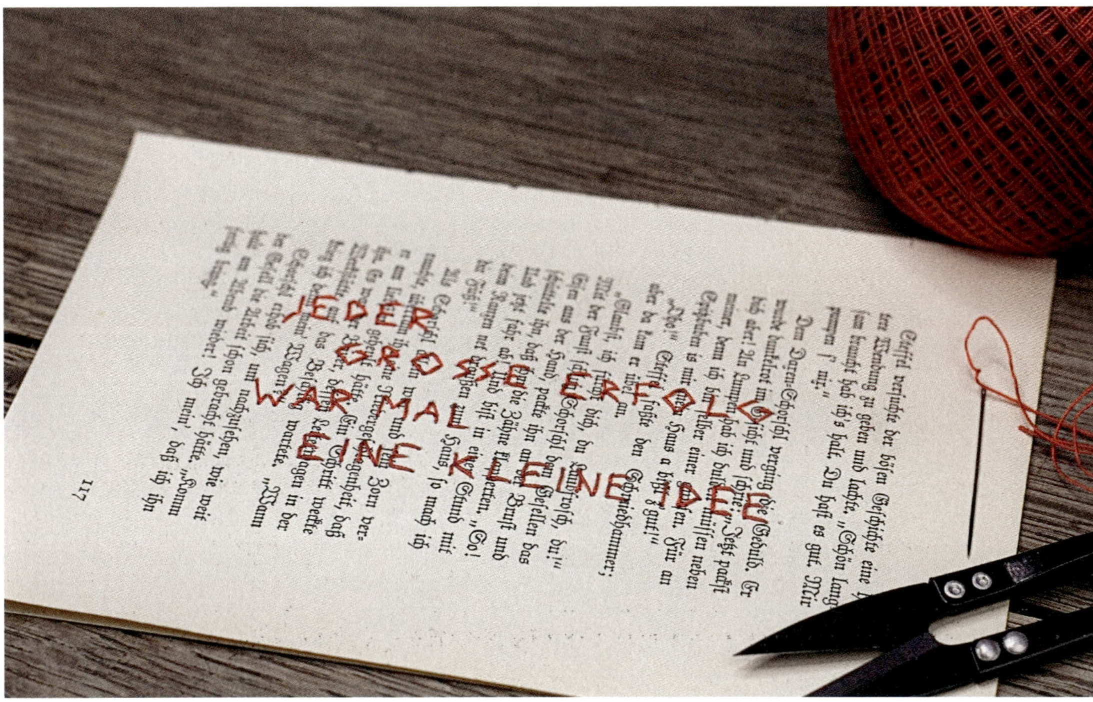

Stickvorlage Zitat
Stickvorlage Alphabet

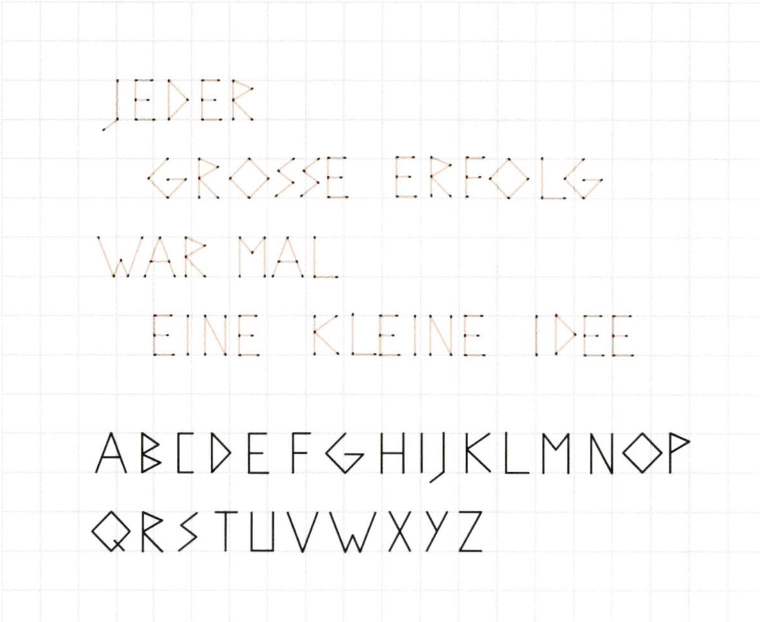

Wenn Sie die Buchseite vor dem Sticken mit verdünnter weißer Acrylfarbe bestreichen, hebt sich das Zitat besser ab. Der Text auf der Buchseite bleibt trotzdem lesbar.

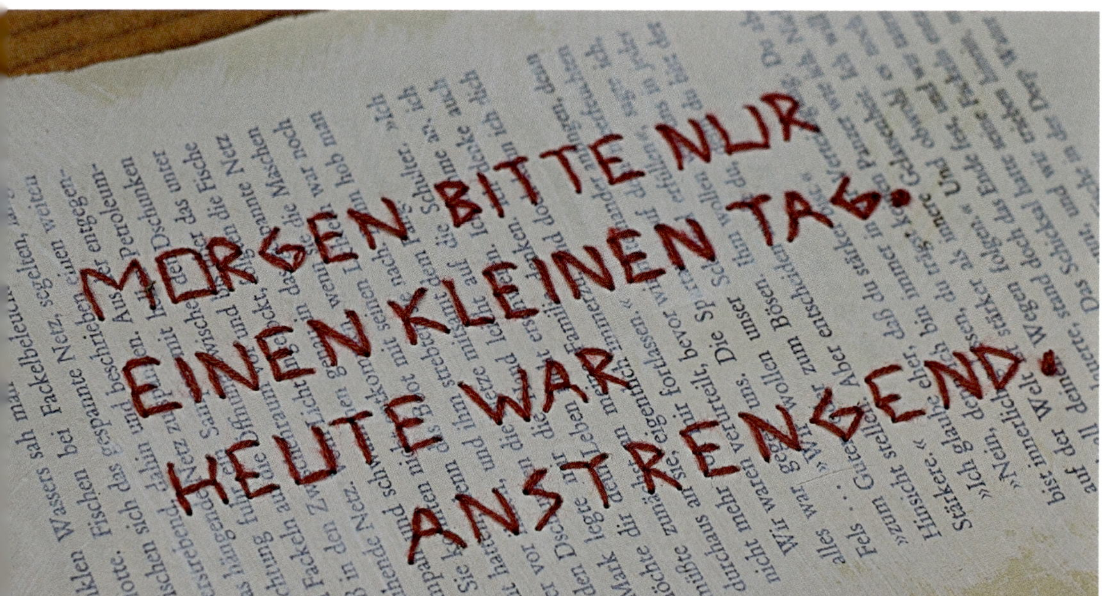

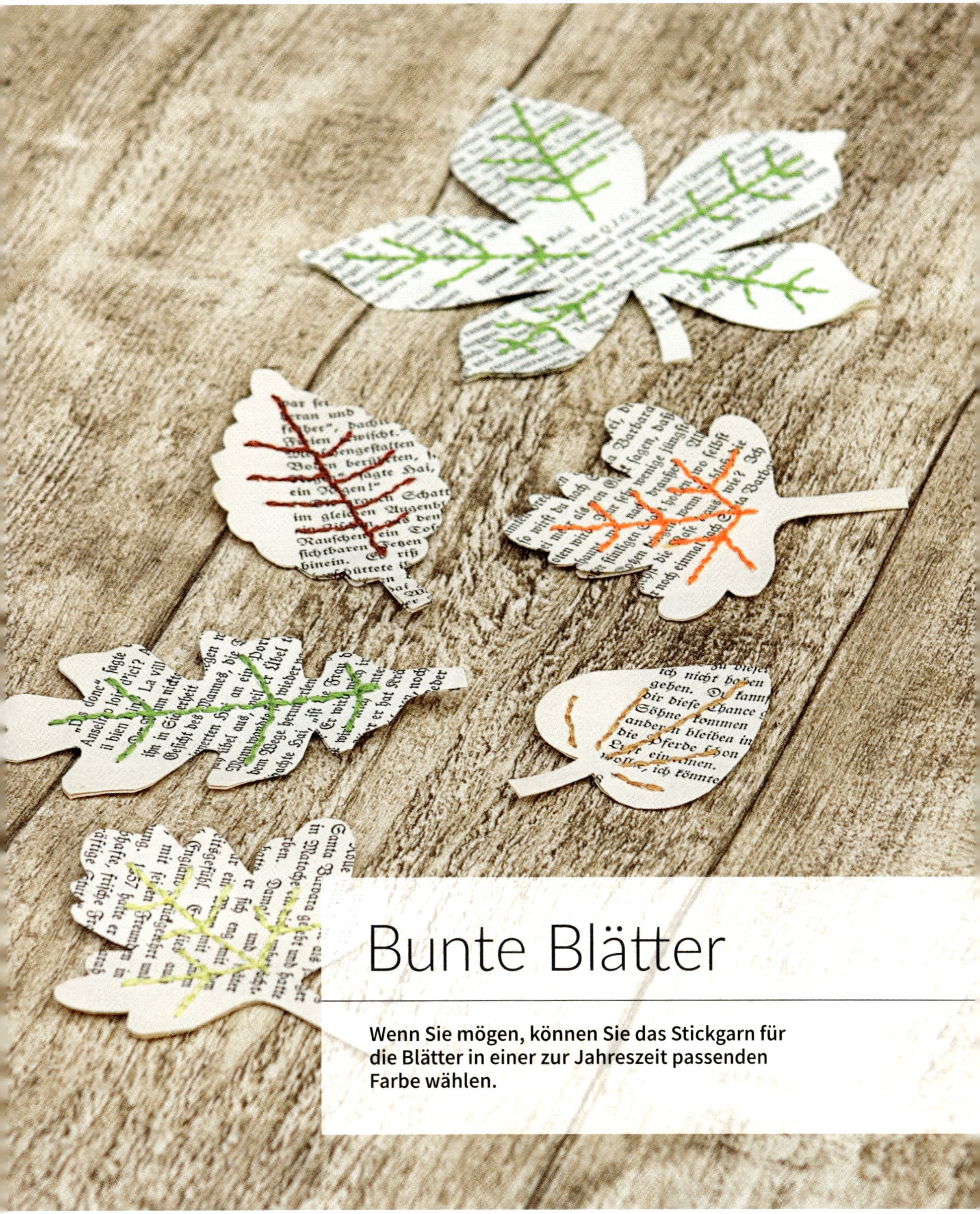

Bunte Blätter

Wenn Sie mögen, können Sie das Stickgarn für die Blätter in einer zur Jahreszeit passenden Farbe wählen.

Bunte Blätter

Materialien
- doppelte Buchseiten
- Stickgarn
- ablösbares Klebeband
- optional: Klebstoff

Werkzeuge
- Schere
- Sticknadel
- weiche Unterlage

Vorlagen
› Seite 92: Auswahl von Blättern

Siehe auch
› Seite 17: Vorstich
› Seite 18: Stielstich

So wird's gemacht:

Um Positiv und Negativ in einem Arbeitsgang zu erhalten, müssen Sie das Blatt mit dem Skalpell aus den Buchseiten herausschneiden. Das gelingt nur mit reichlich Übung. Wenn Sie eine Schere verwenden, benötigen Sie zwei ähnlich aussehende doppelte Buchseiten.

Positiv

1. Ein Blatt auf ein Stück Papier zeichnen, die Vorlage auf zwei aufeinanderliegenden Buchseiten ausrichten und mit ablösbarem Klebeband fixieren. Das Blatt durch alle Papierschichten hindurch entlang der Kontur ausschneiden.

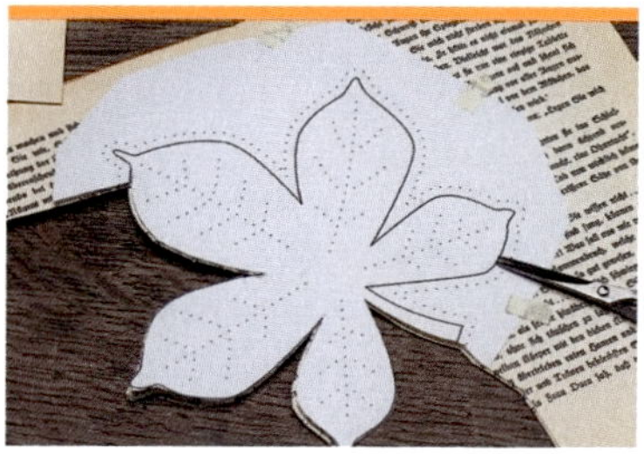

2. Die beiden übereinanderliegenden Buchseiten samt Vorlage auf eine weiche Unterlage legen und die Einstichlöcher für die Blattadern vorstechen.

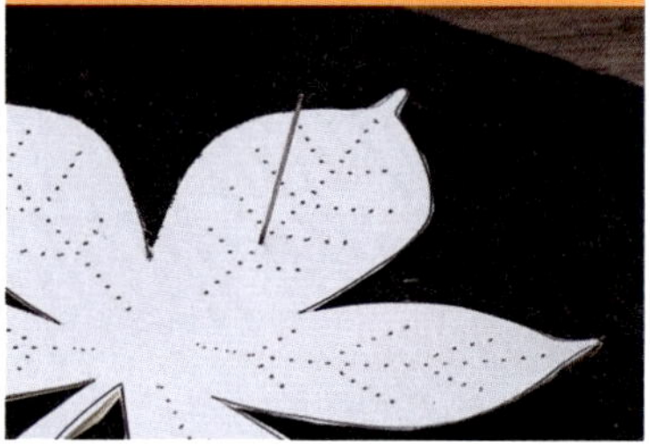

3. Die mittleren Blattadern mit 3 Fäden im Vorstich ausführen: zuerst von unten nach oben und dann versetzt zurücksticken, um die Lücken zu füllen.

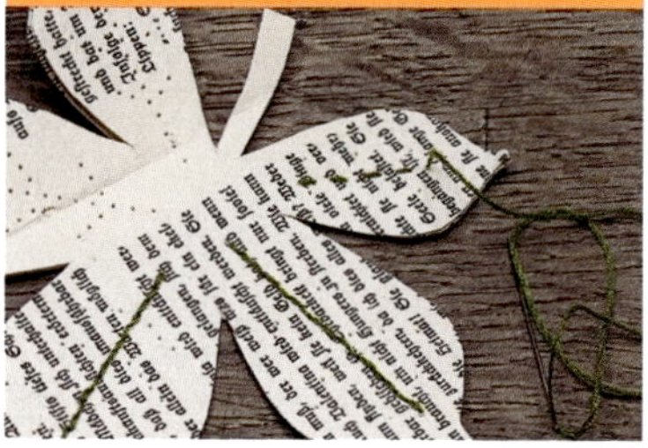

4. Die Fadenenden immer sofort zwischen die beiden Blätter ziehen.

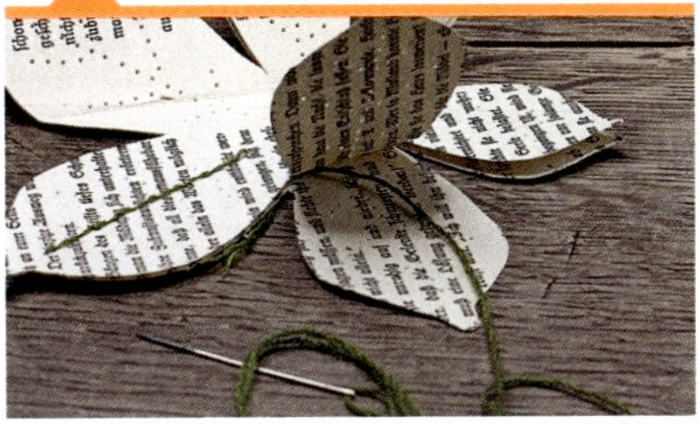

5. Die übrigen Blattadern auf die gleiche Weise sticken und die Fadenenden nach innen ziehen.

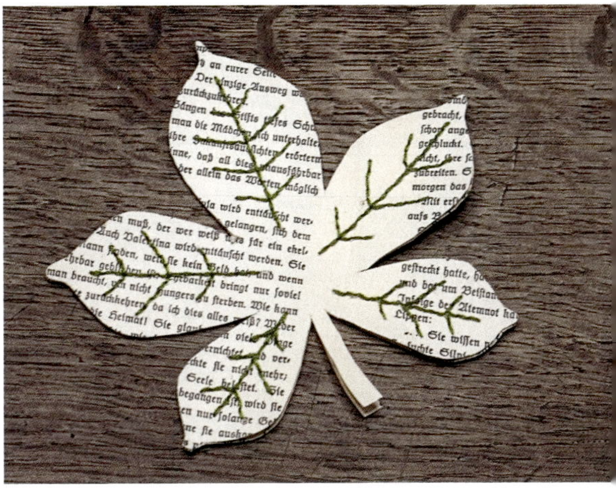

Tipp:

› Um das Blatt aufzuhängen, können Sie ein Stück Garn in den Stiel kleben.

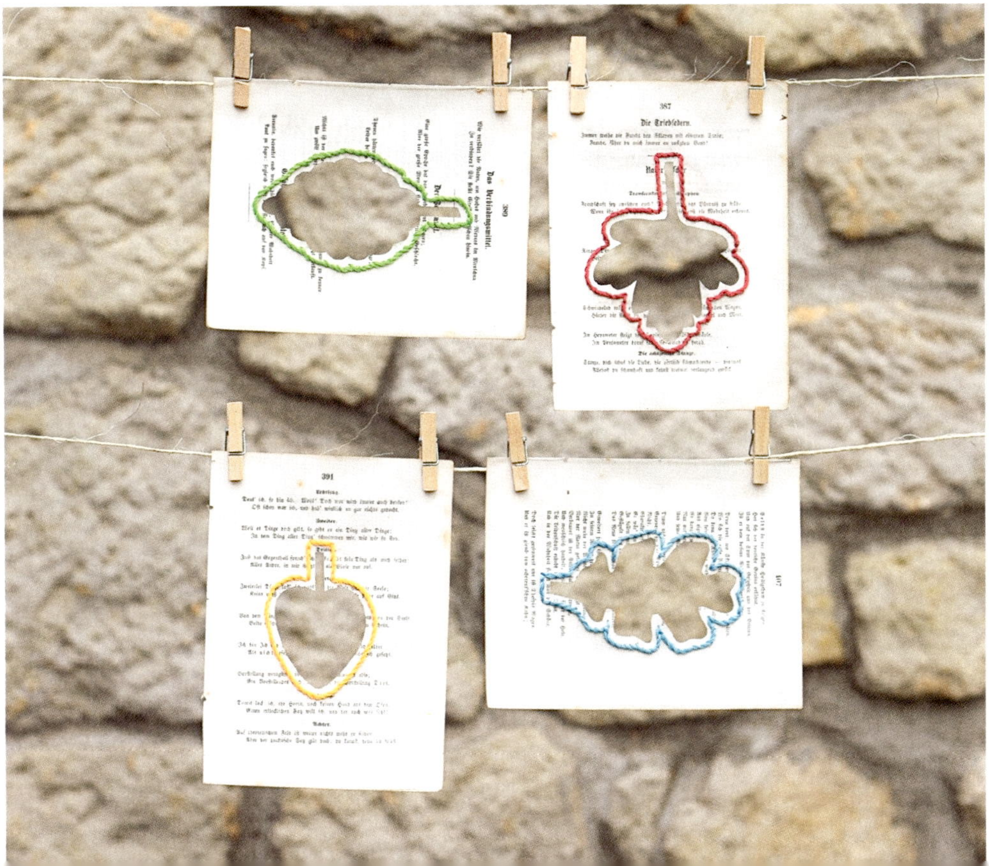

Negativ

6. Die Negativform, die beim Ausschneiden des Blatts entstanden ist, auf zwei doppelten (ggf. passend zurechtgeschnittenen) Buchseiten ausrichten und mit ablösbarem Klebeband fixieren. Das Blatt entlang der Kontur aus den Buchseiten schneiden. Die Klebestreifen noch nicht entfernen.

7. Die Buchseiten mit dem Blattnegativ samt Vorlage auf eine weiche Unterlage legen und die Einstichlöcher entlang der Kontur vorstechen.

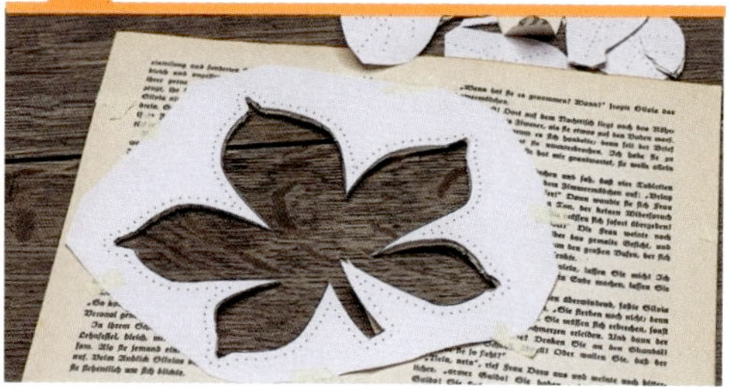

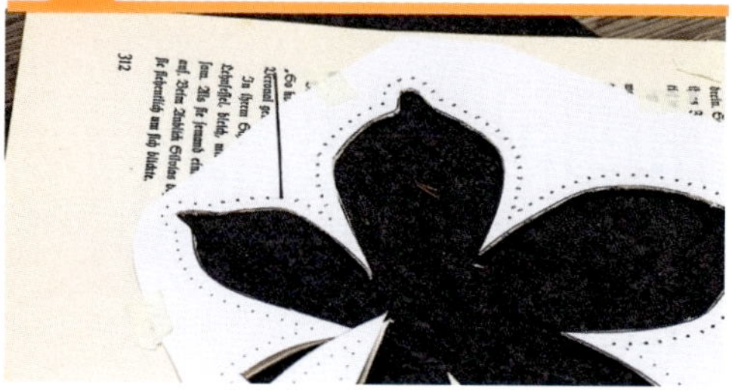

8. Das Negativ mit Stielstichen umsticken. Die Fadenenden zwischen die beiden Blätter ziehen. Die Vorlage beim Sticken nach und nach entfernen.

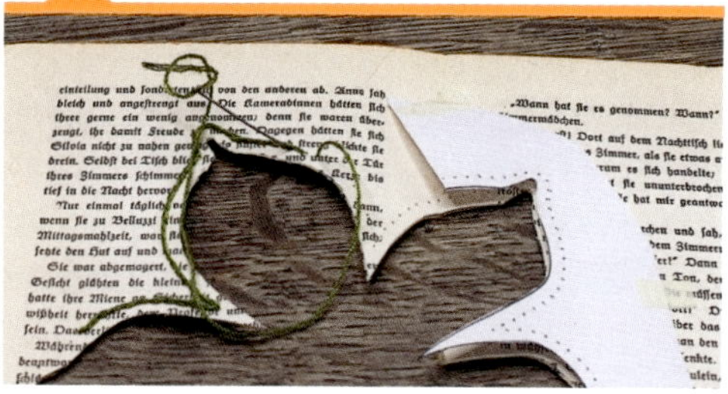

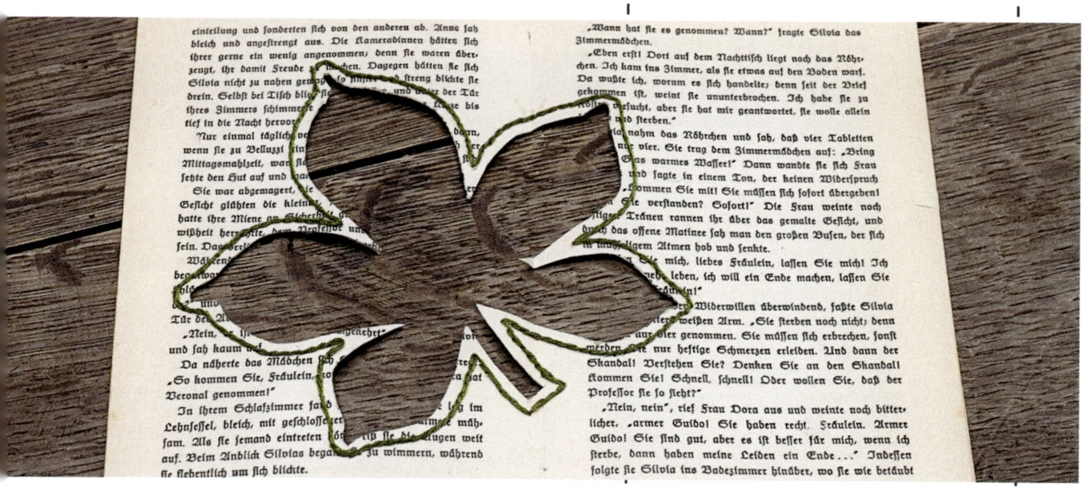

Spitze Winkel im Stielstich arbeiten:

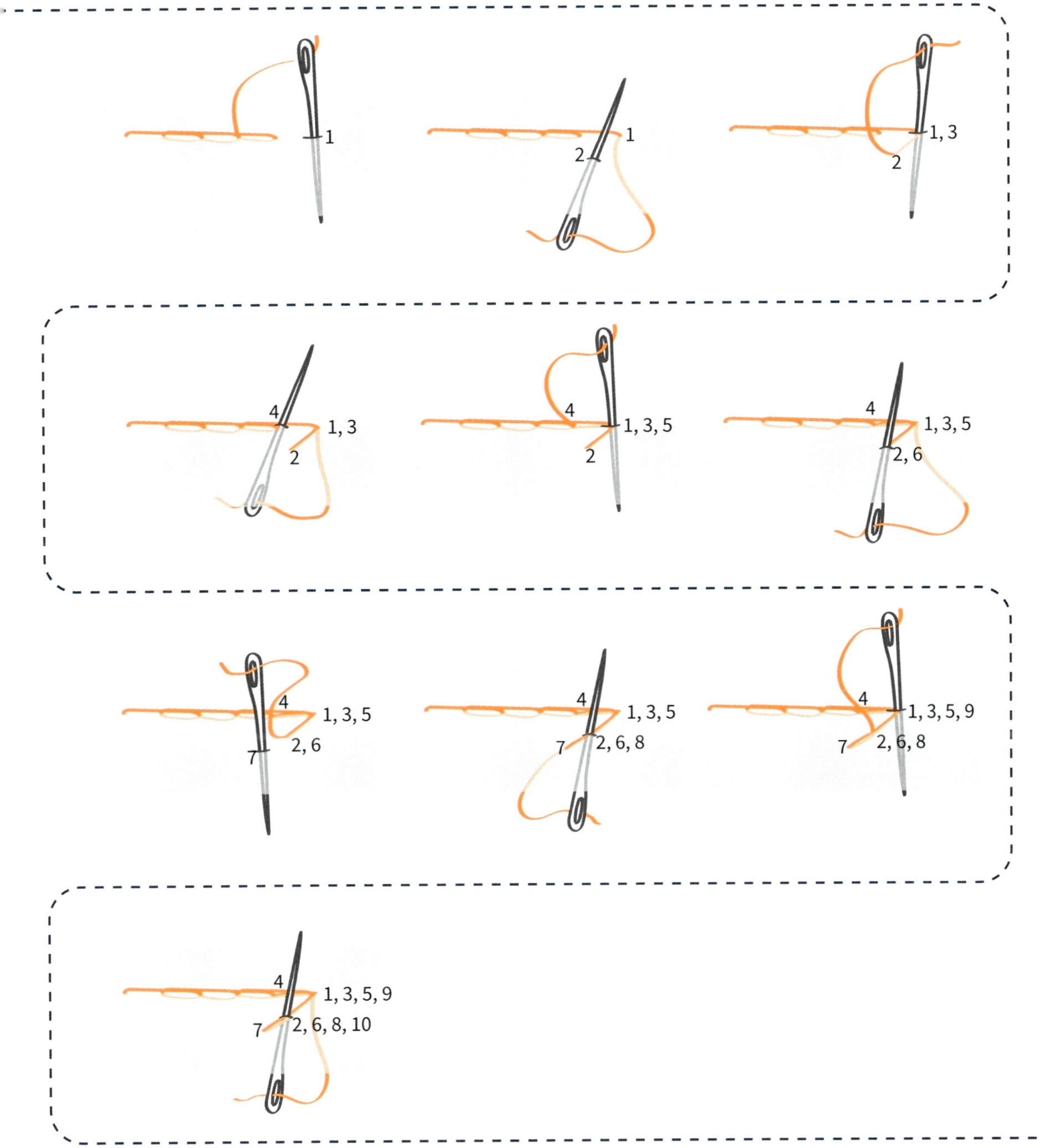

Vorlage Blätterauswahl

In doppelter Größe kopieren

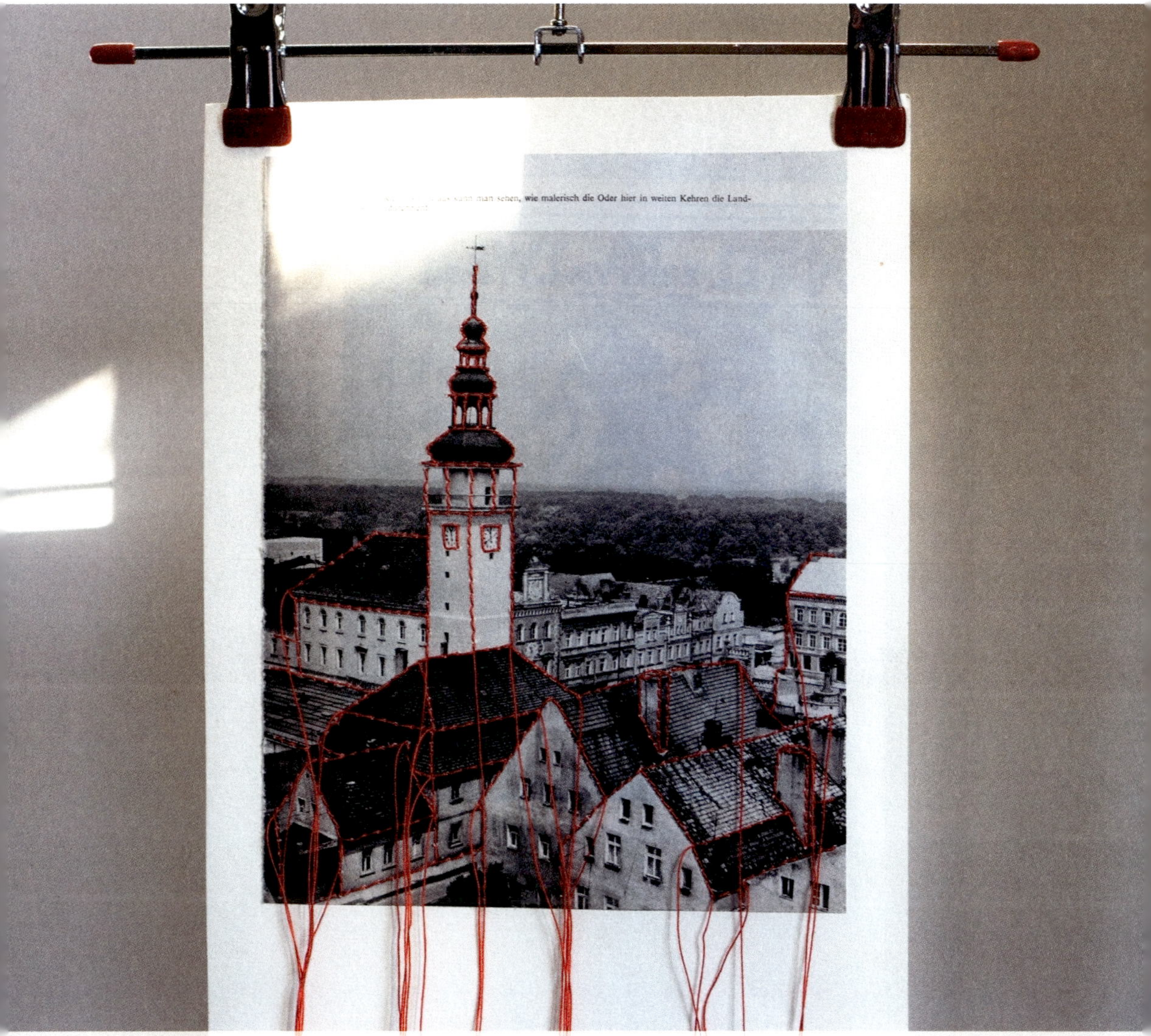

Dachlandschaft

Alte Fotobände mit Schwarzweißfotos von Gebäuden gibt es in den meisten Antiquariaten in großer Auswahl. Mit Stickgarn verschönert, wird jedes Bild zum Unikat.

Dachlandschaft

Materialien
- passendes Schwarzweißfoto aus einem Bildband
- dünnes Stickgarn oder Nähgarn
- Transparentpapier
- Trägerpapier, z.B. Ton- oder Skizzenpapier
- Leim

Werkzeuge
- Schere
- Bleistift
- Radierer
- Nadel
- weiche Unterlage

Siehe auch
> Seite 17: Rückstich

So wird's gemacht:

1. Foto und/oder festes Trägerpapier bei Bedarf auf die passende Größe zuschneiden.

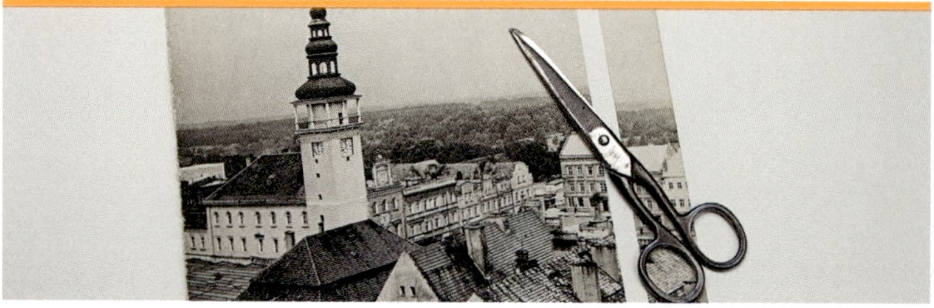

2. Transparentpapier auf das Foto legen und die Linien, die nachgestickt werden sollen, einzeichnen. Probieren Sie so lange, bis sich ein stimmiger Gesamteindruck ergibt, und gehen Sie nicht zu sehr ins Detail. Linien, die Ihnen nicht gefallen, können Sie wieder ausradieren.

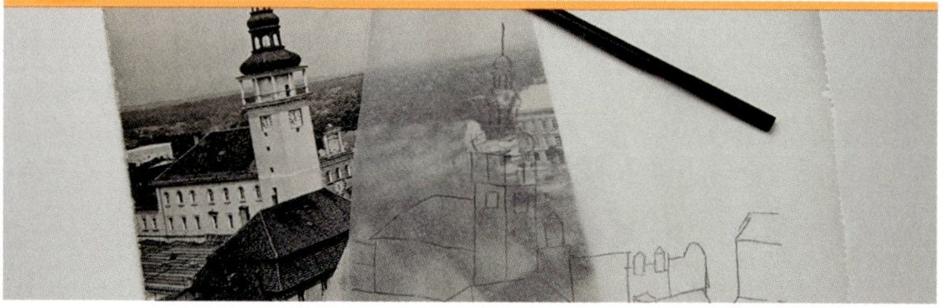

3. An vier Stellen sehr wenig Leim auf das Trägerpapier geben und das Foto aufkleben, damit es beim Sticken nicht verrutscht.

4. Das Bild samt Trägerpapier auf eine weiche Unterlage legen und die Löcher für die ersten Stiche vorstechen.

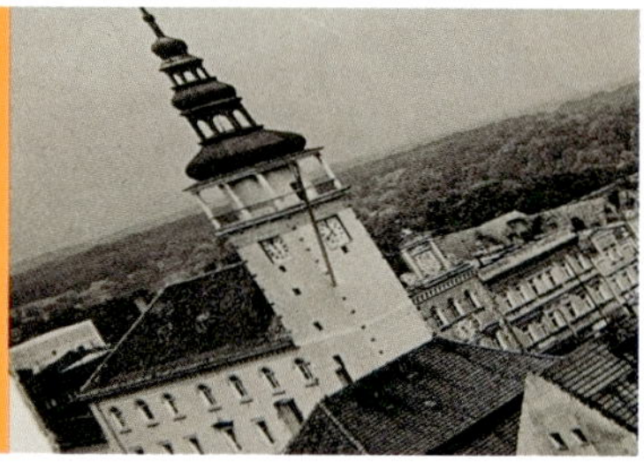

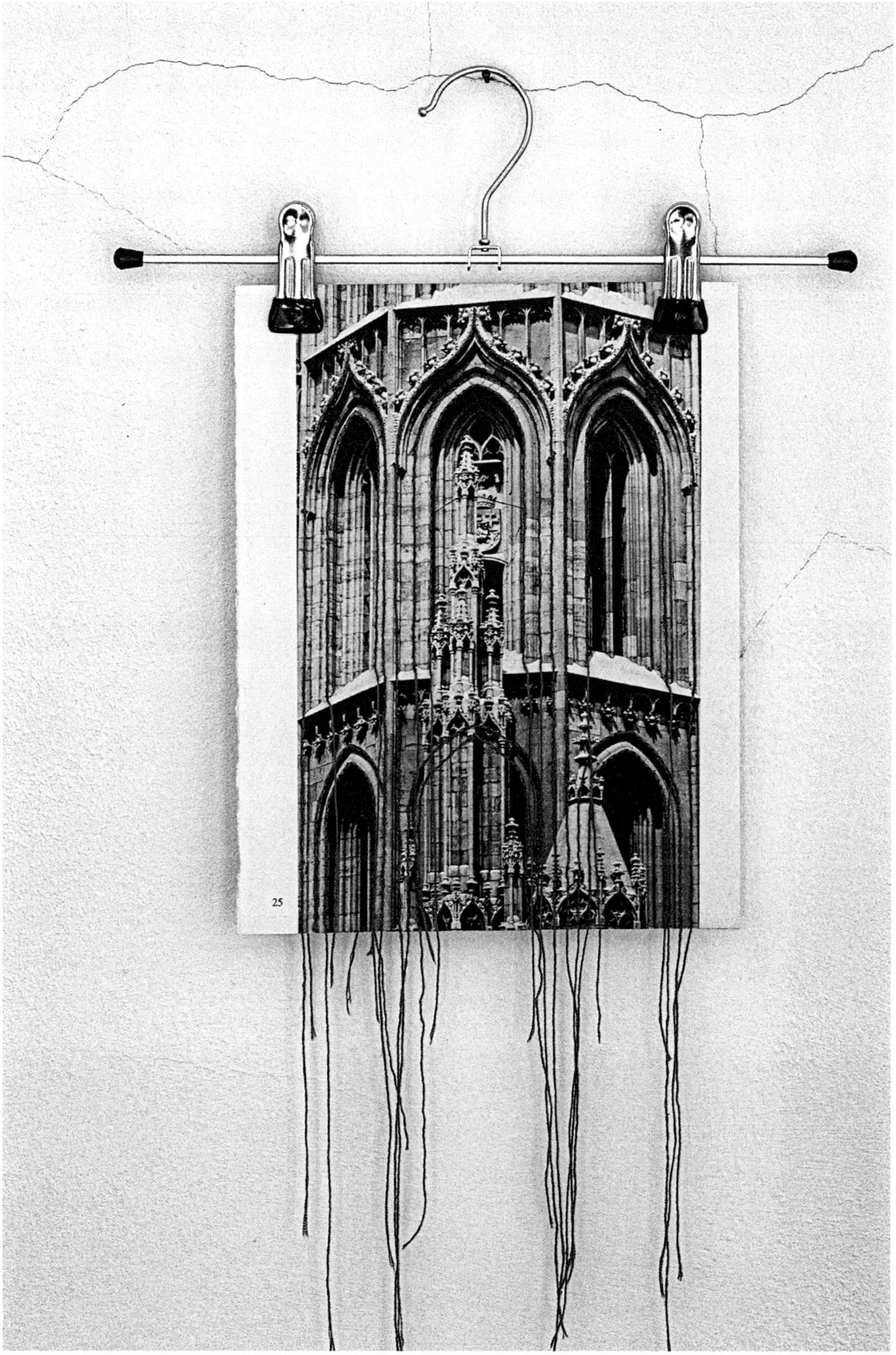
25

5. Die Linien mit Rückstichen sticken.

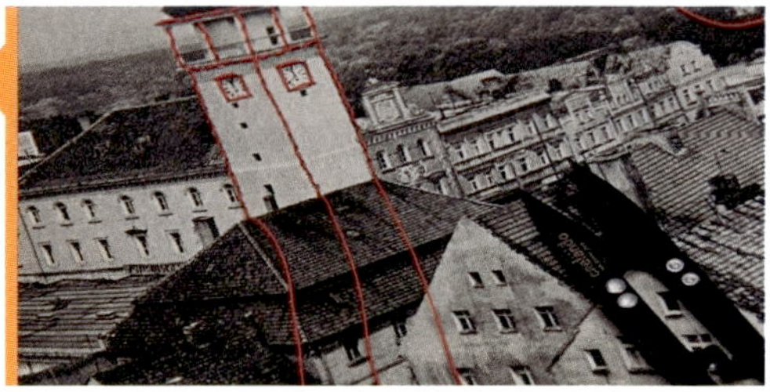

6. Sukzessive weitere Löcher vorstechen und weitersticken, bis das Bild fertig ist. Die Garnenden von den Dächern herabhängen lassen.

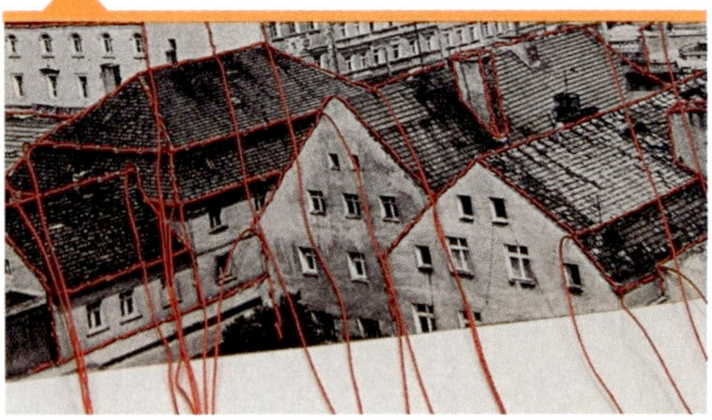

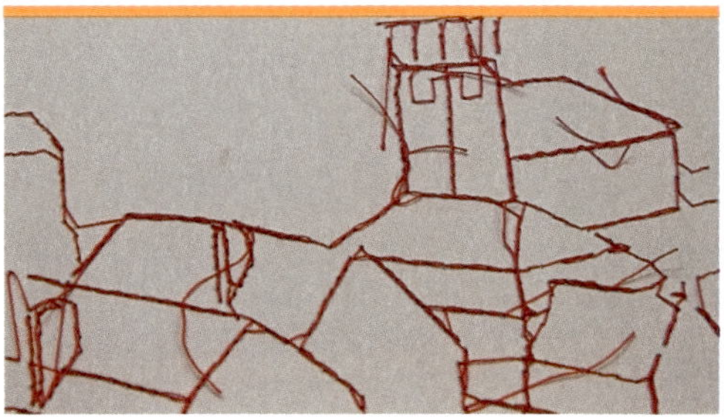

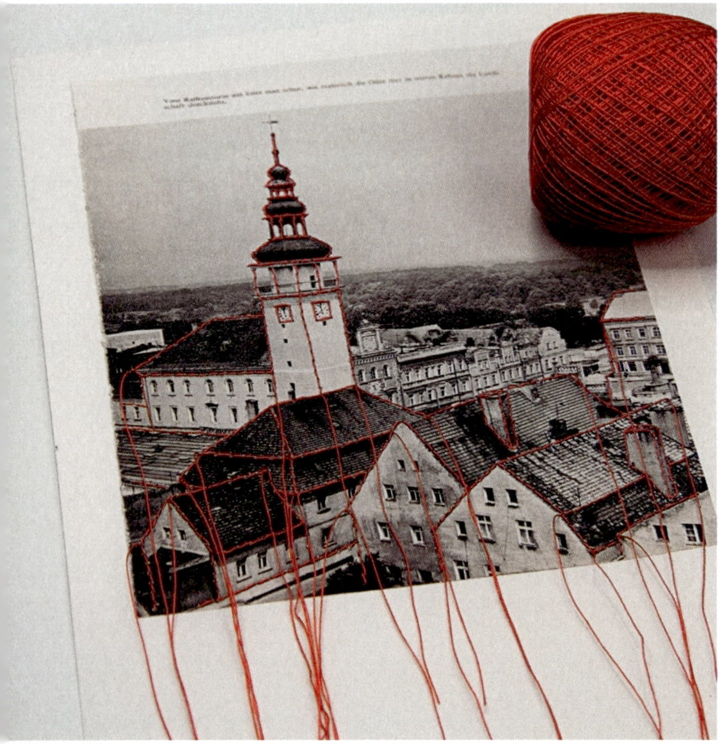

Jan Popłoński: *Die Oder.*
Verlag Interpress, Warschau 1977

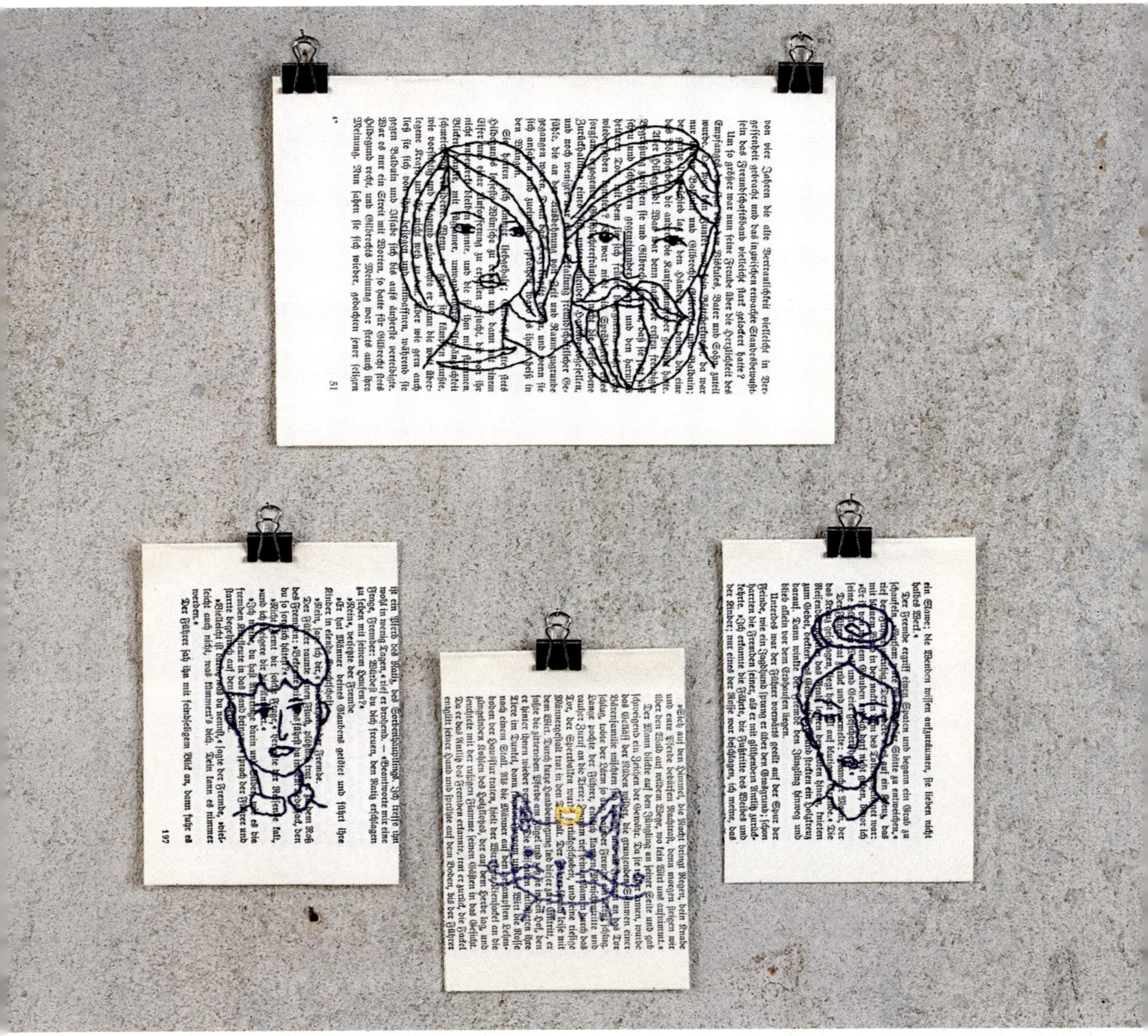

Familienporträts

Sie können hierfür auch eigene Vorlagen anfertigen. Einfach ein paar passende Fotos (z.B. aus illustrierten Büchern) kopieren, wunschgemäß verändern, vergrößern und draufllossticken.

Familienporträts

Materialien
- Buchseiten
- Stickgarn

Werkzeuge
- Schere
- Bleistift
- Sticknadel
- weiche Unterlage

Vorlagen
> Seite 100: Yvonne & Thomas, Jakob, Hannah, Pepe

Siehe auch
> Seite 17: Rückstich

So wird's gemacht:

1. Eine Vorlage, die zur gewählten Buchseite passt, kopieren oder ein stilisiertes Porträt auf ein Blatt Papier zeichnen.

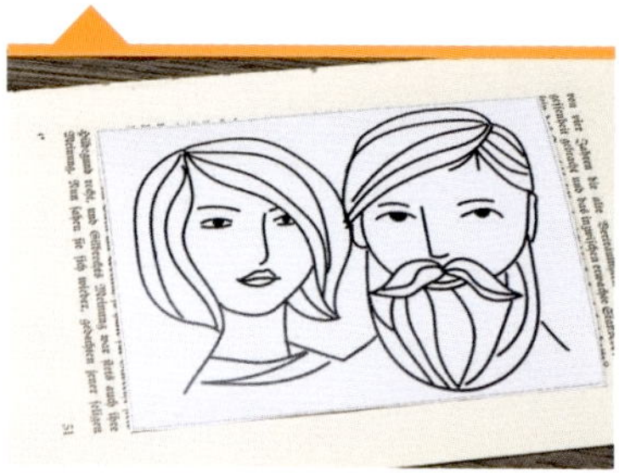

2. Die Buchseite samt Vorlage auf eine weiche Unterlage legen und im Abstand von 2 bis 3 mm Löcher vorstechen.

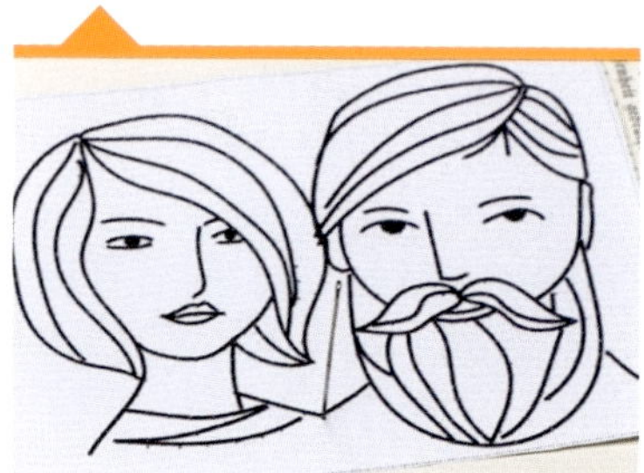

3. Das Porträt mit 2 Fäden mit Rückstichen sticken – als Erstes die Umrisse, damit das Gesicht erkennbar wird. Augen, Nase und Mund kommen zum Schluss.

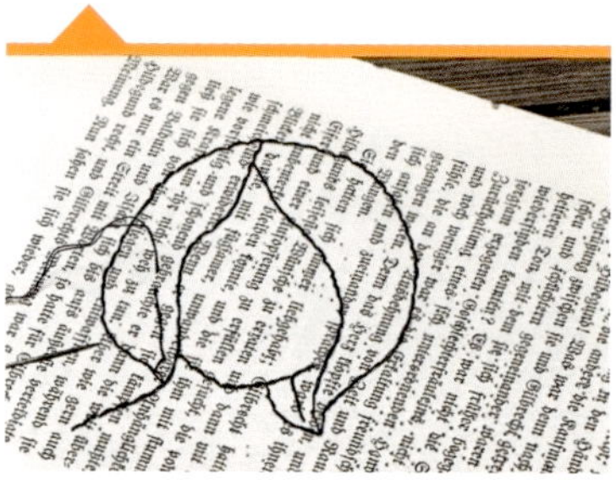

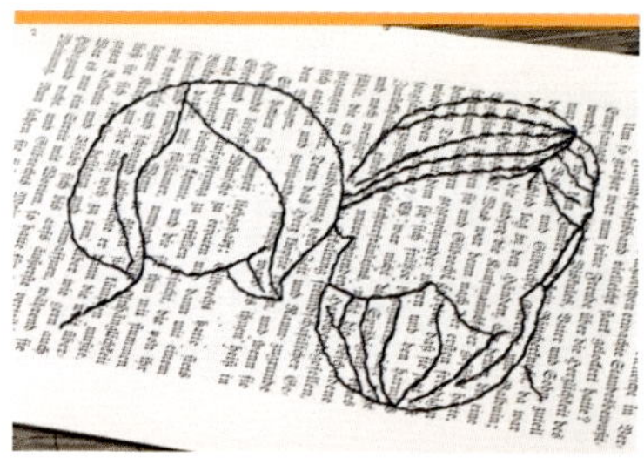

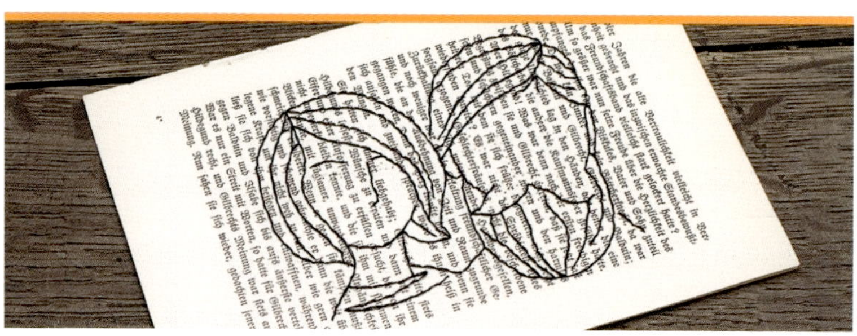

Tipp:
> Halten Sie das Papier vor eine Lichtquelle, dann sind die Einstichlöcher gut zu sehen.

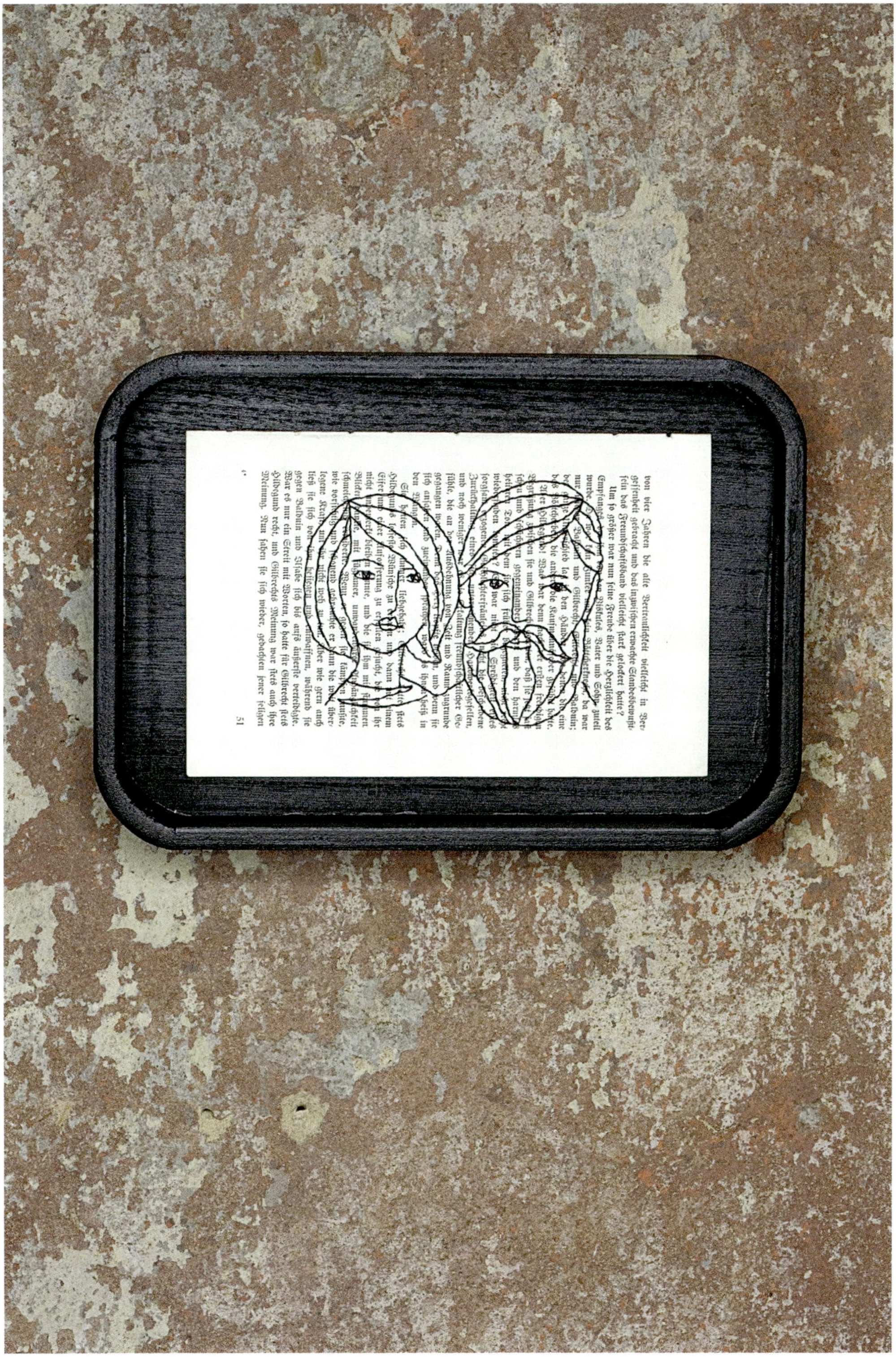

Vorlagen Familienporträts

Originalgröße

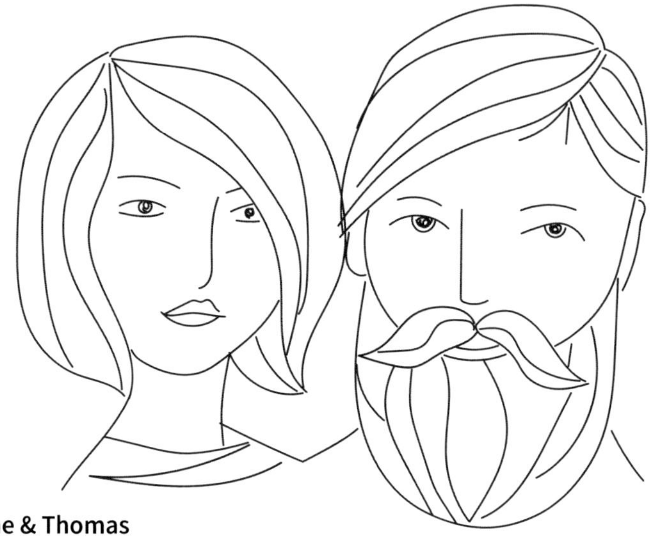

Yvonne & Thomas

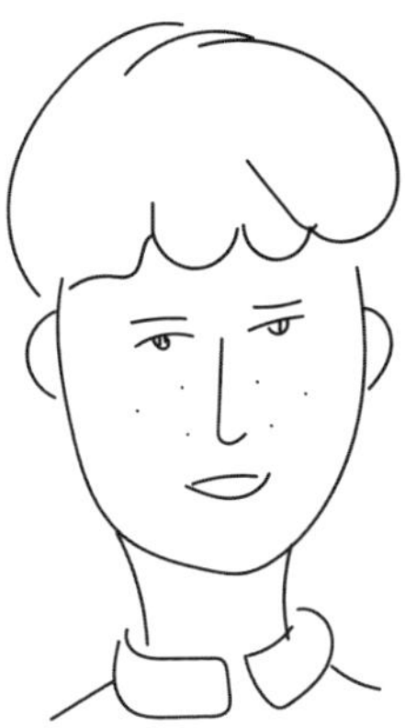

Jakob

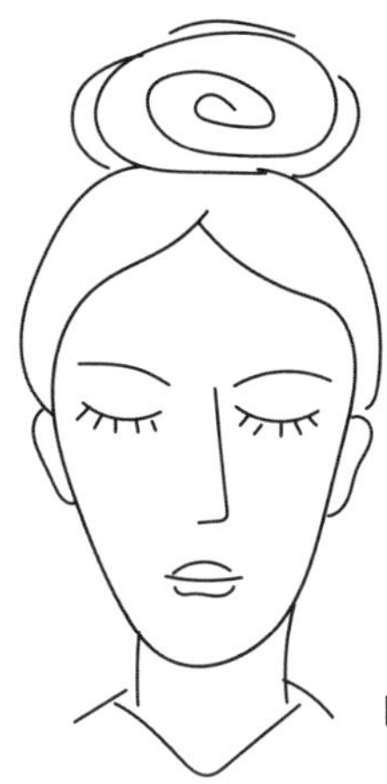

Hannah

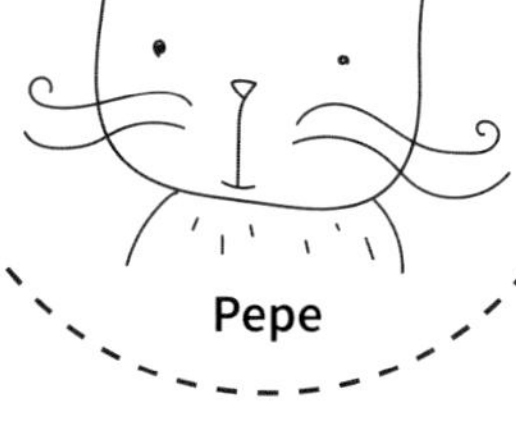

Pepe

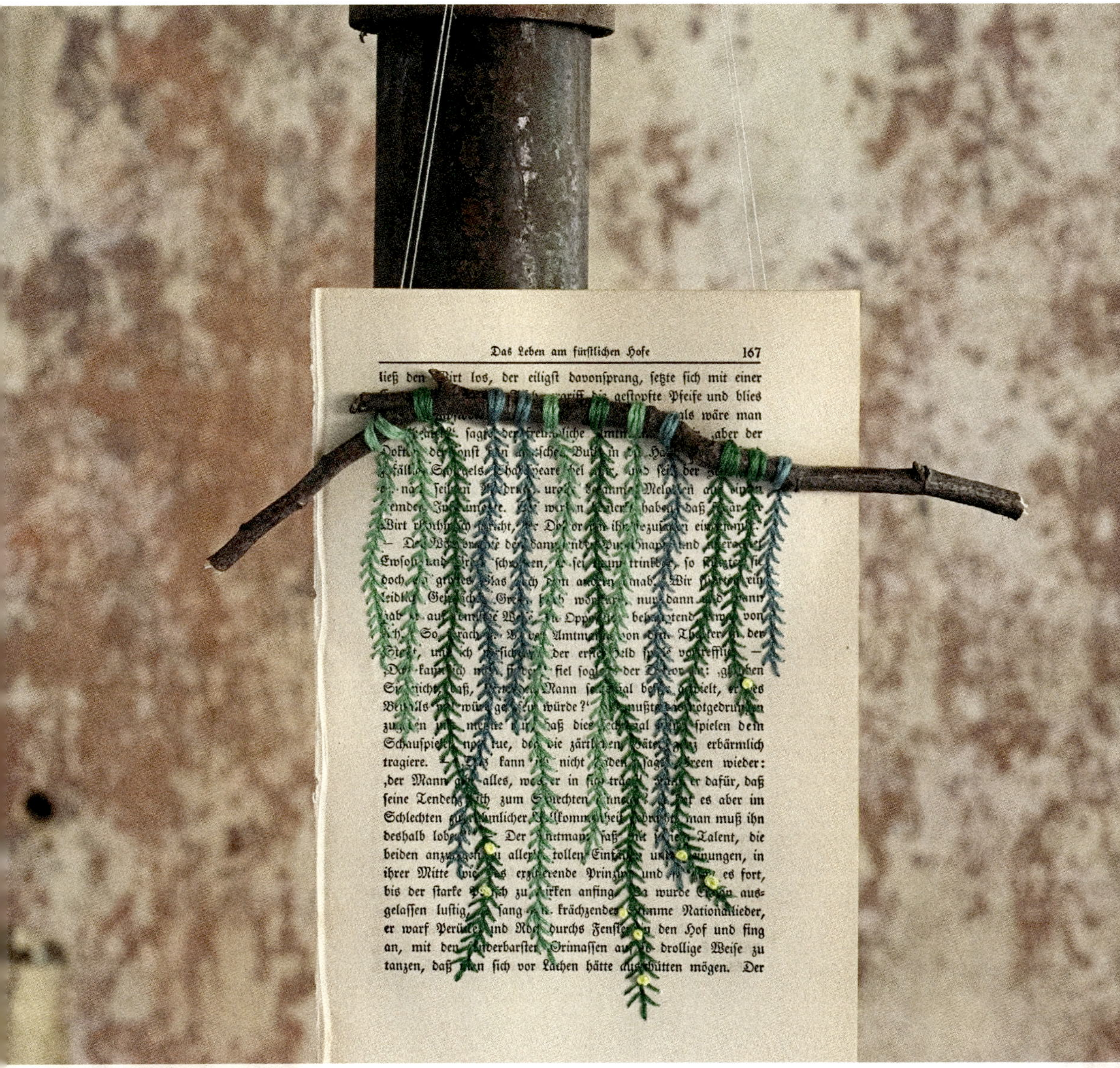

Wandbehang

Perfekt für Liebhaber/-innen von Zimmerpflanzen ohne grünen Daumen. Die Buchseite muss nicht an die Wand gehängt werden, sie kann auch von der Decke schweben.

Wandbehang

Materialien

- doppelte Buchseite
- Stickgarn (Twist)
- Kopierpapier
- dünner Ast
- Stoffband oder Volumenvlies, ca. 2,5 cm breit

Werkzeuge

- Schere
- Bleistift
- Sticknadel
- weiche Unterlage

Siehe auch

- Seite 17: Vorstich
- Seite 22: Spannstich

So wird's gemacht:

1. Die Doppelseite zusammengeklappt auf eine weiche Unterlage legen. Die Vorlage darauf ausrichten, den Ast positionieren und die Löcher im Abstand von ca. 3 mm vorstechen.

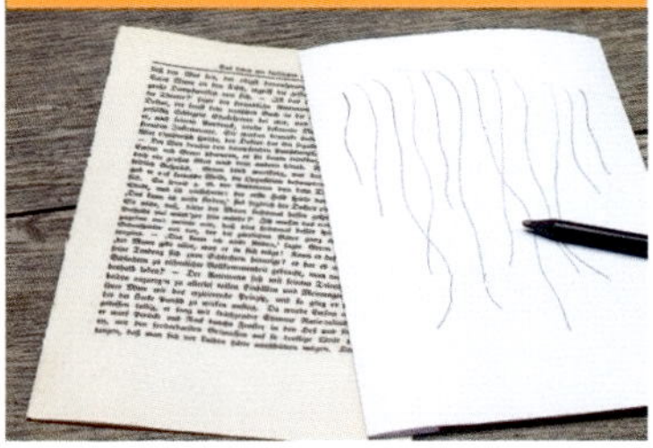

2. Die herabhängenden Zweige mit 4 Fäden im Vorstich arbeiten: zuerst von oben nach unten und dann versetzt zurücksticken, um die Lücken zu schließen.

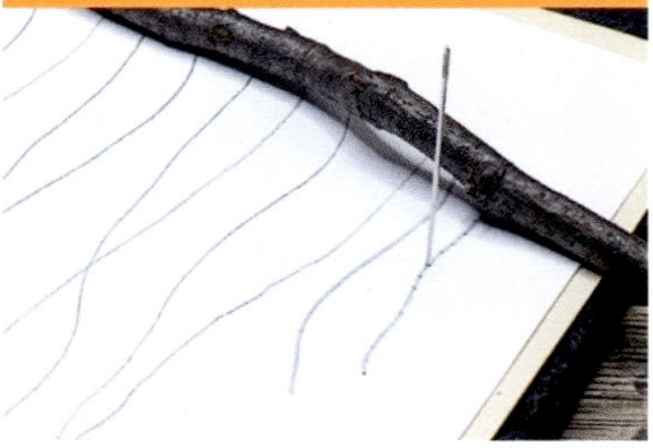

3. Für die Blätter neben den Einstichen für die Zweige jeweils rechts und links ein Loch vorstechen. Die Blätter mit 2-fädigem Garn im Spannstich sticken.

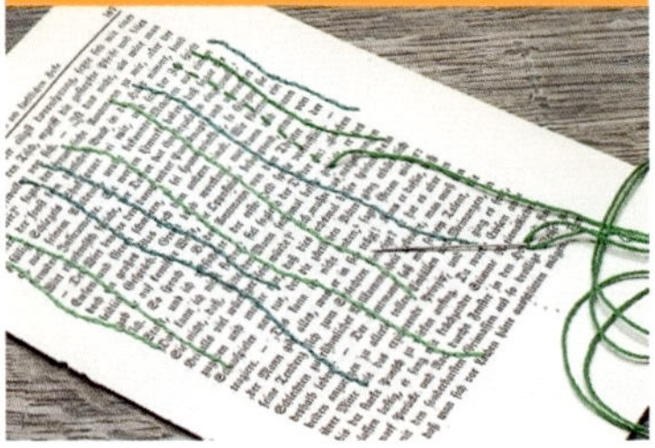

4. Alle Fadenenden vernähen.

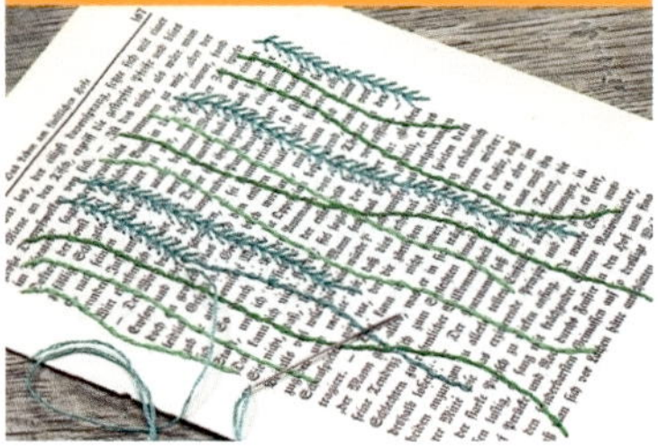

Tipp:

- Die Stickerei wirkt lebendiger, wenn Sie Garn in verschiedenen Grüntönen verarbeiten.

5. Wenn Sie möchten, können Sie mit 2 Fäden mit dem Knötchenstich ein paar Beeren an die Zweige sticken.

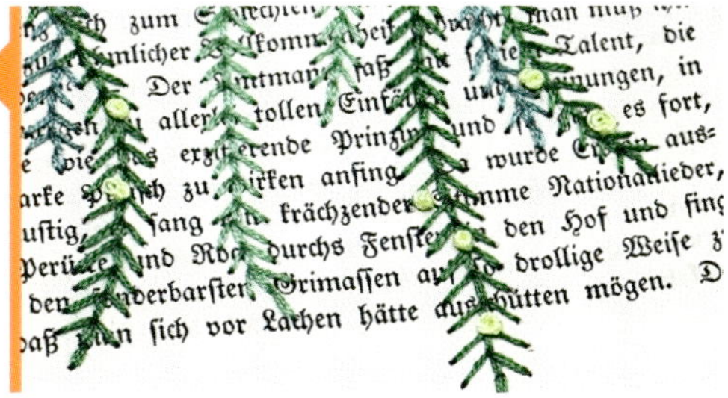

6. Den Ast positionieren und von hinten ein passendes Stoffband oder Volumenvlies zur Verstärkung des Papiers gegenlegen. Den Ast so mit Stickgarn fixieren, dass die Zweige daran festgewachsen erscheinen: Von hinten unter dem Ast ausstechen und dann von oben hinter dem Ast einstechen. 2- bis 3-mal wiederholen.

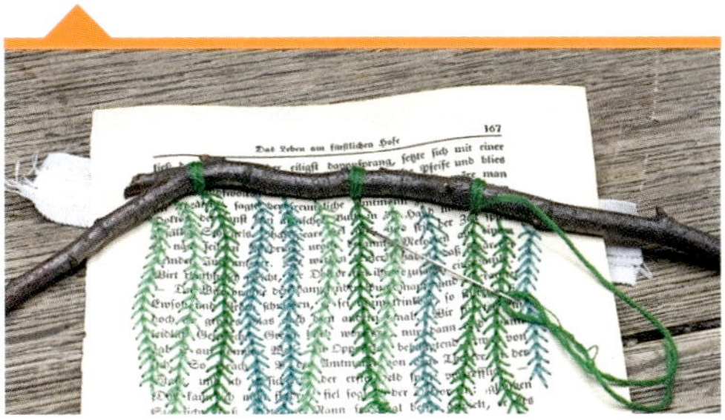

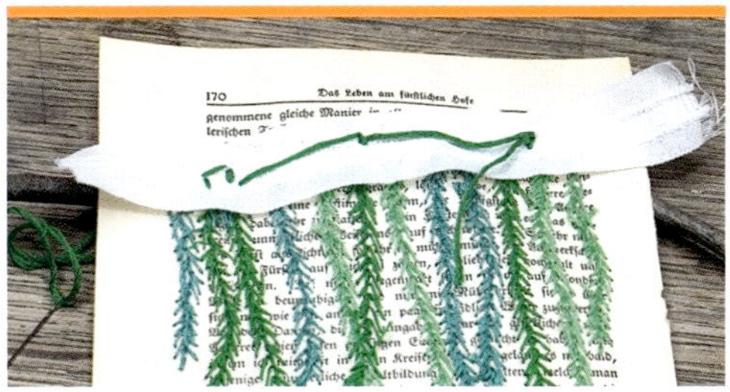

Vorlage freihändig übertragen und anpassen.

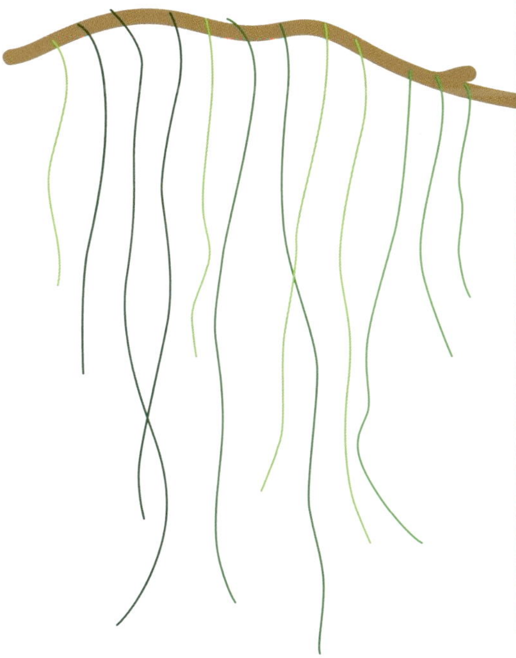

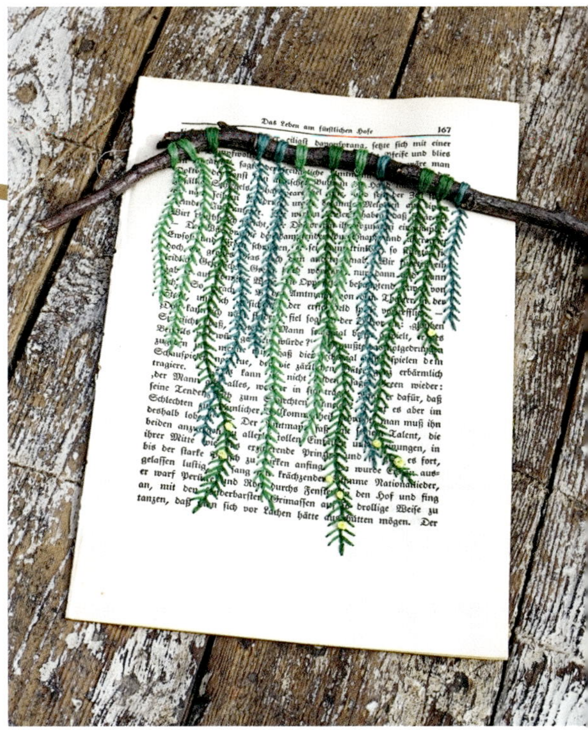

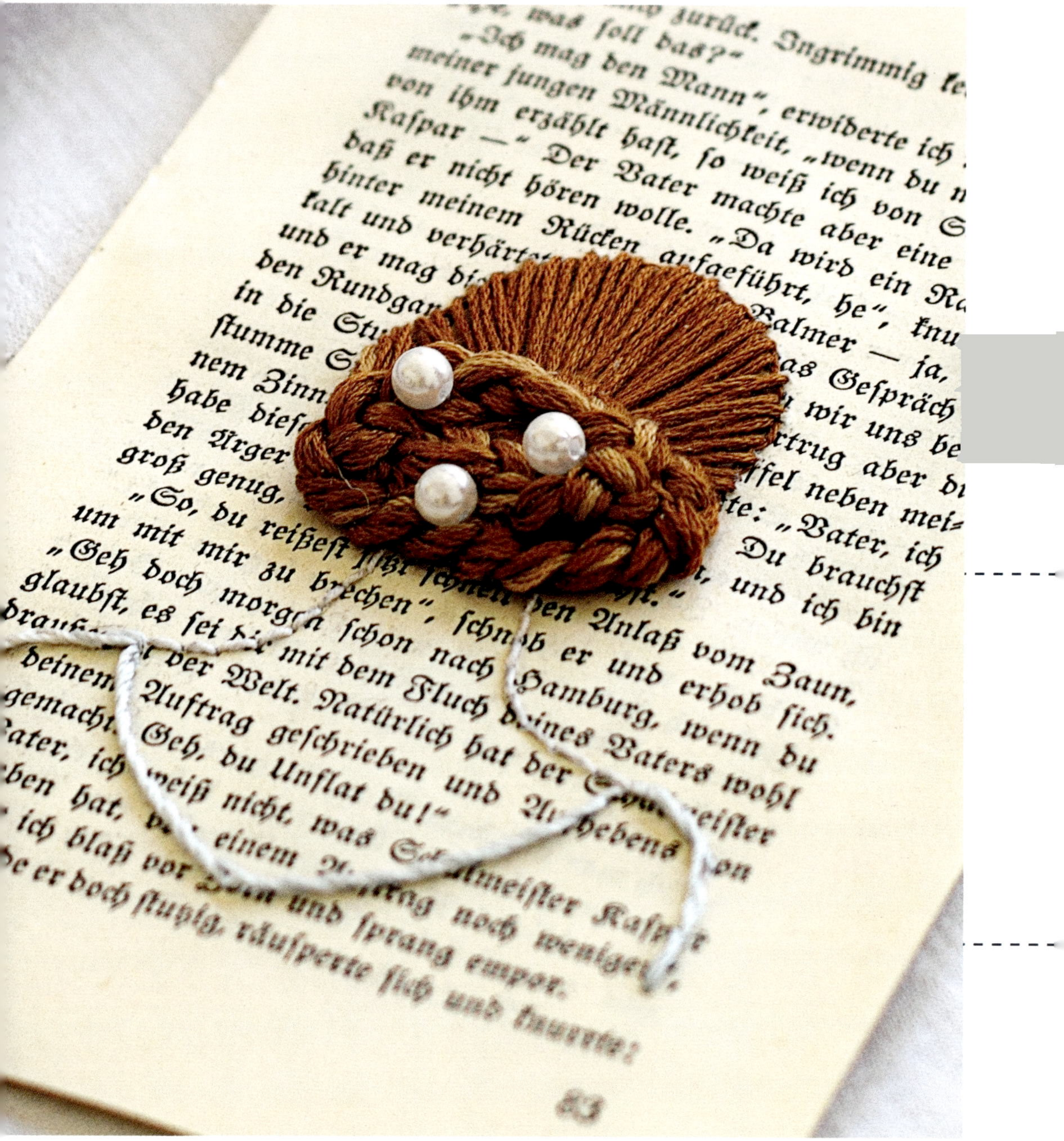

Verspieltes

Ungewöhnliche, verspielte Accessoires ziehen den Blick auf sich und bringen uns zum Lächeln. Als kleine Mitbringsel sind sie ideal.

WENN ICH GLEICHZEITIG
STICKEN UND LESEN
KÖNNTE, WÄRE MEIN
LEBEN PERFEKT.

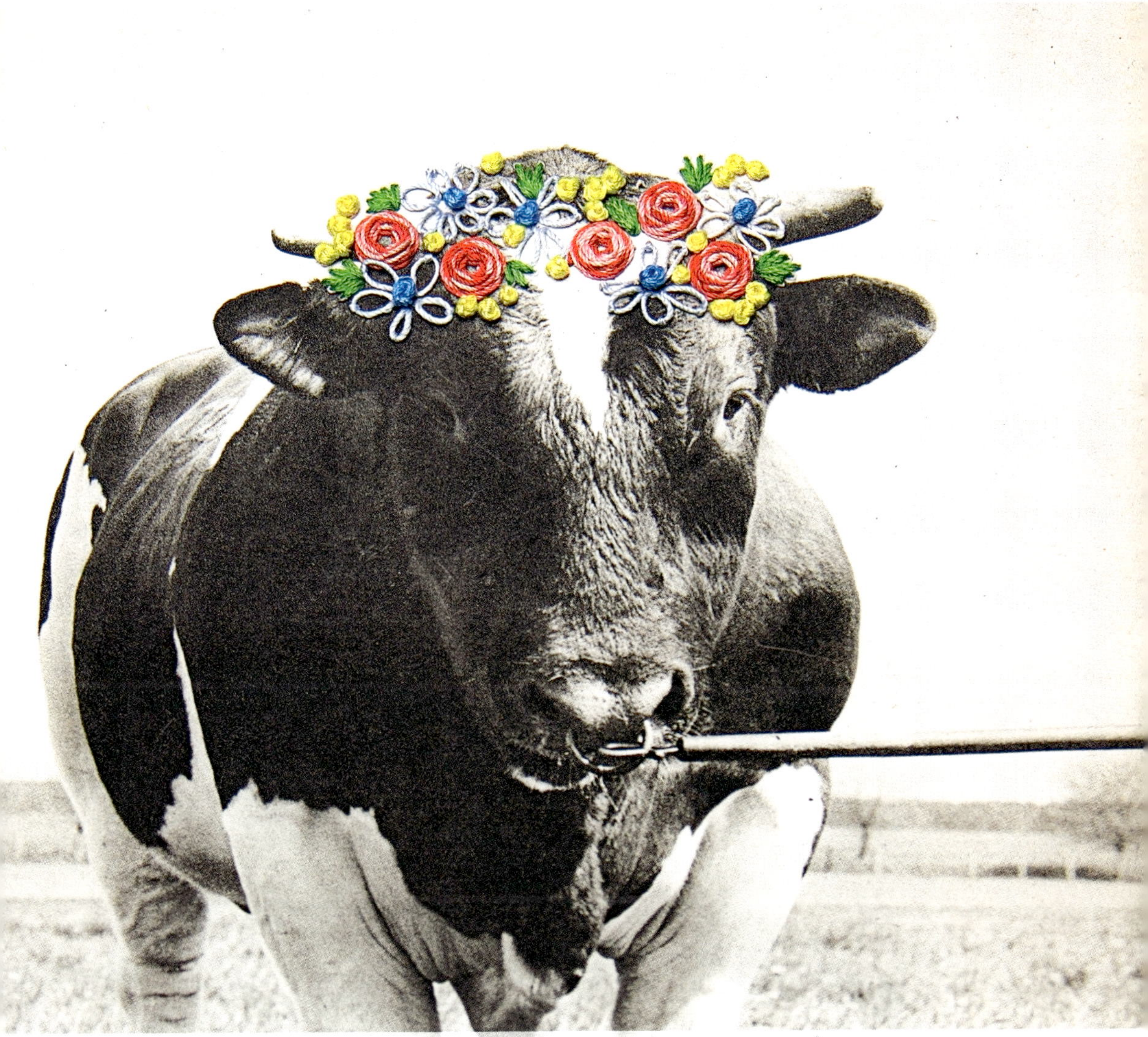

Blumen-Bulle

Dieser Blumenschmuck dient nur als Beispiel. Suchen Sie sich ein schönes Foto aus, lassen Sie sich inspirieren, und stimmen Sie Ihren Entwurf darauf ab.

Blumen-Bulle

Materialien
- passendes Schwarzweißfoto aus einem Bildband
- Stickgarn (Twist)
- Transparentpapier
- Kopierpapier
- ablösbares Klebeband

Werkzeuge
- Schere
- Bleistift
- Sticknadel
- weiche Unterlage

Siehe auch
› Seite 17 ff.: Stiche

So wird's gemacht:

1. Transparentpapier auf das Foto legen und den Blumenschmuck grob skizzieren. Überlegen Sie schon jetzt, welche Sticharten Sie verwenden möchten.

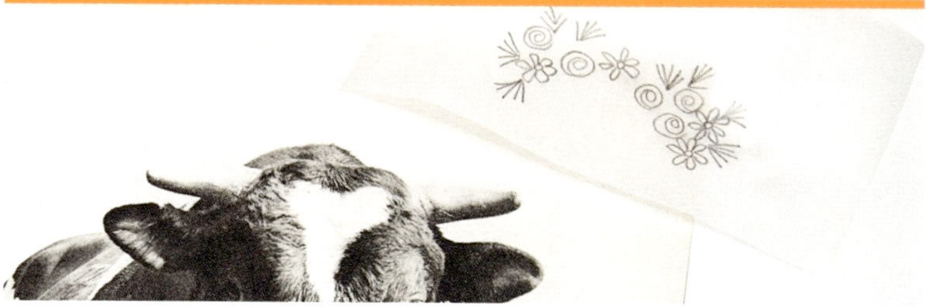

2. Kopierpapier zur Verstärkung unter das Foto legen und mit ablösbarem Klebeband fixieren.

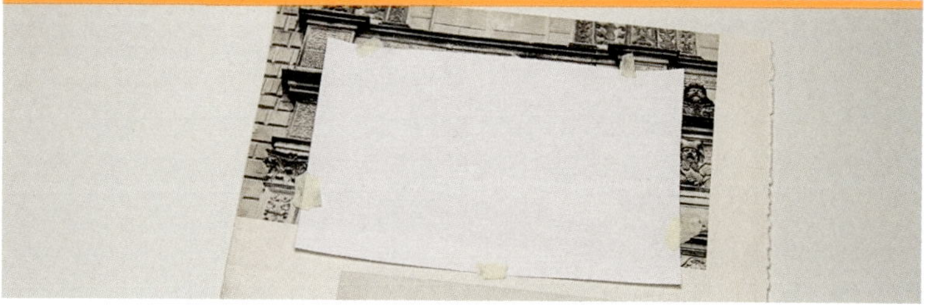

3. Die auffälligsten Blüten – hier sind es Rosen – zuerst sticken. Es ist ratsam, sich dafür eine eigene Vorlage anzufertigen. Das Foto auf eine weiche Unterlage legen und die Einstichlöcher vorstechen.

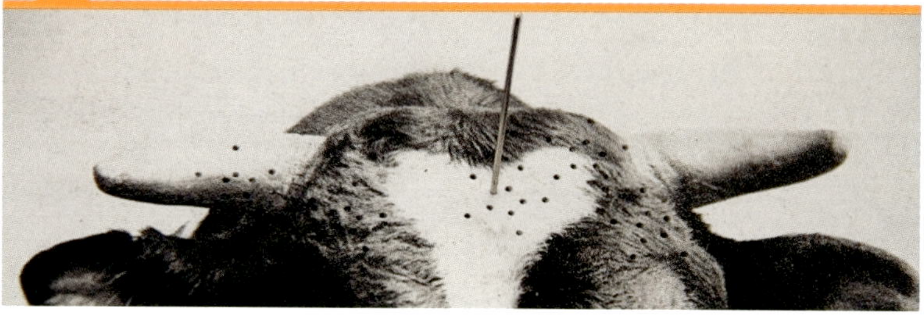

Tipp:
› Am lebendigsten wirkt das Motiv mit einer ungeraden Anzahl von Blüten.

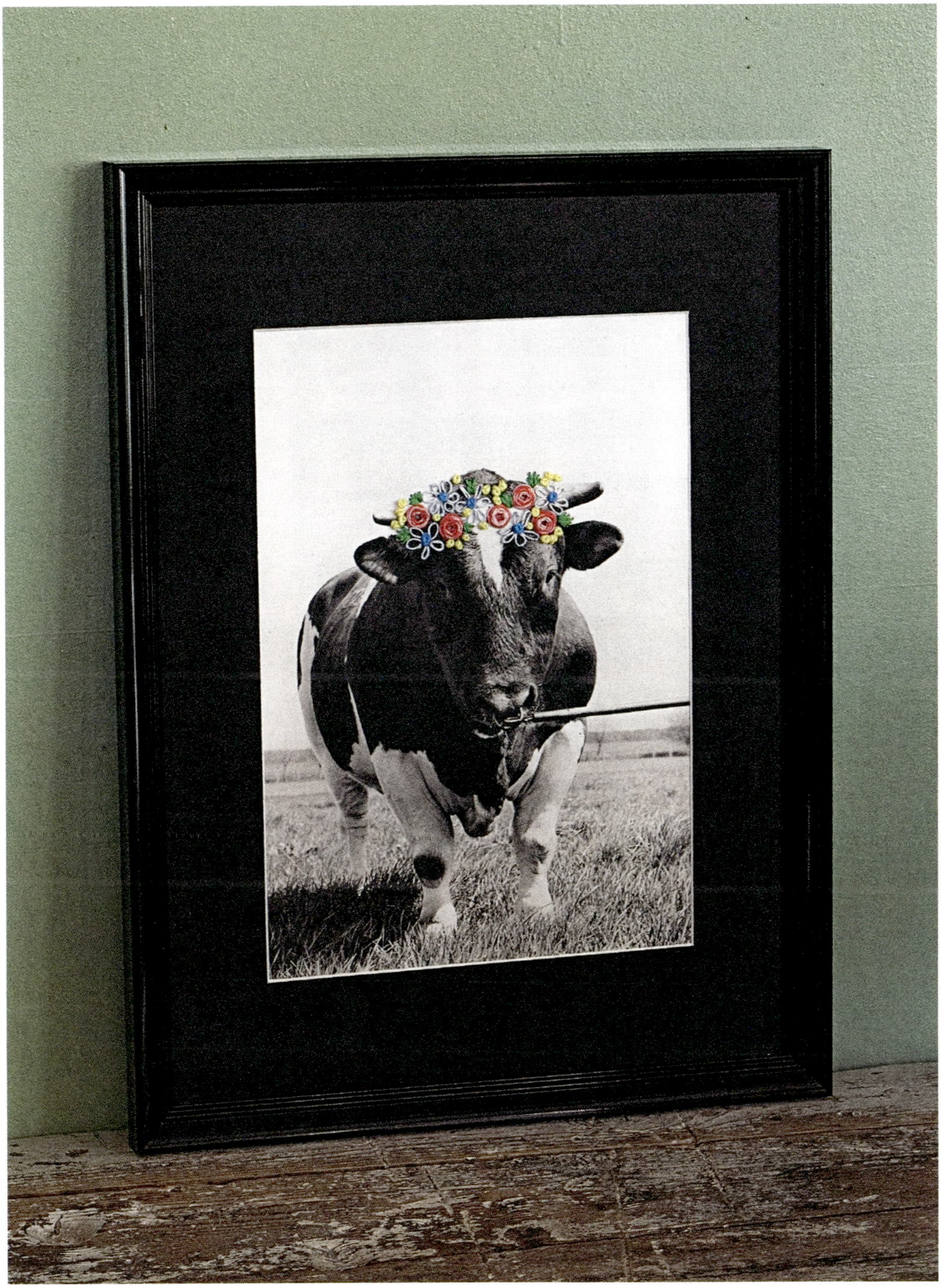

Jan Popłoński: *Die Oder.* Verlag Interpress, Warschau 1977

4. Die restlichen Blüten – hier sind es Margeriten – vorstechen und mit Garn in einer anderen Farbe sticken. Die Margeriten in der Mitte mit Knötchenstichen schmücken. Für das Blattgrün kleine Fächer aus 3 oder 5 Spannstichen vorstechen und sticken.

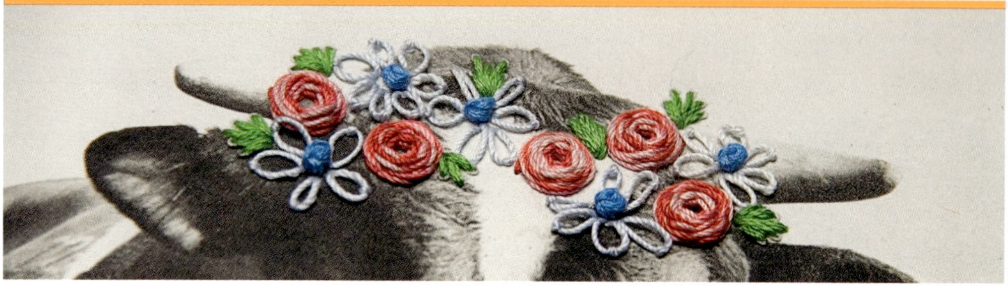

5. Bei Bedarf zum Schluss den Blütenschmuck mit Knötchenstichen schmücken. Auf das Vorstechen kann hier verzichtet werden.

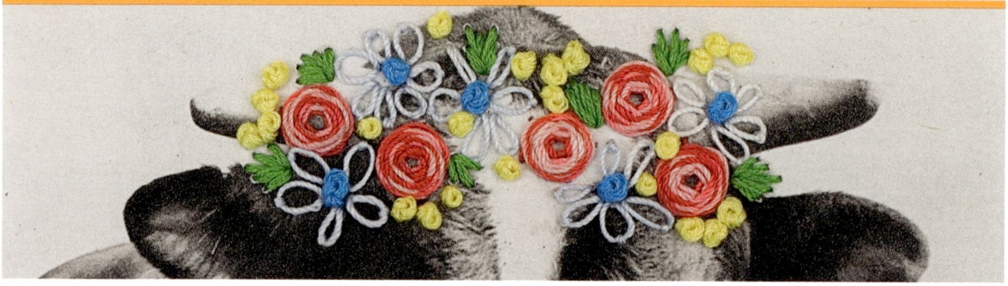

6. Das Kopierpapier auf der Rückseite bis zum Rand der Stickarbeit zurückschneiden.

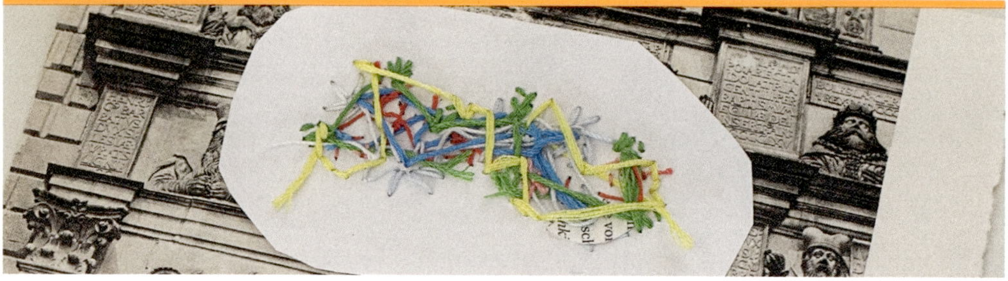

Schickes Schaf

Vielleicht haben Sie ja ein Buch zur Hand, in dem ein Schaf eine Rolle spielt. Eine Seite daraus wäre perfekt für diese Stickerei.

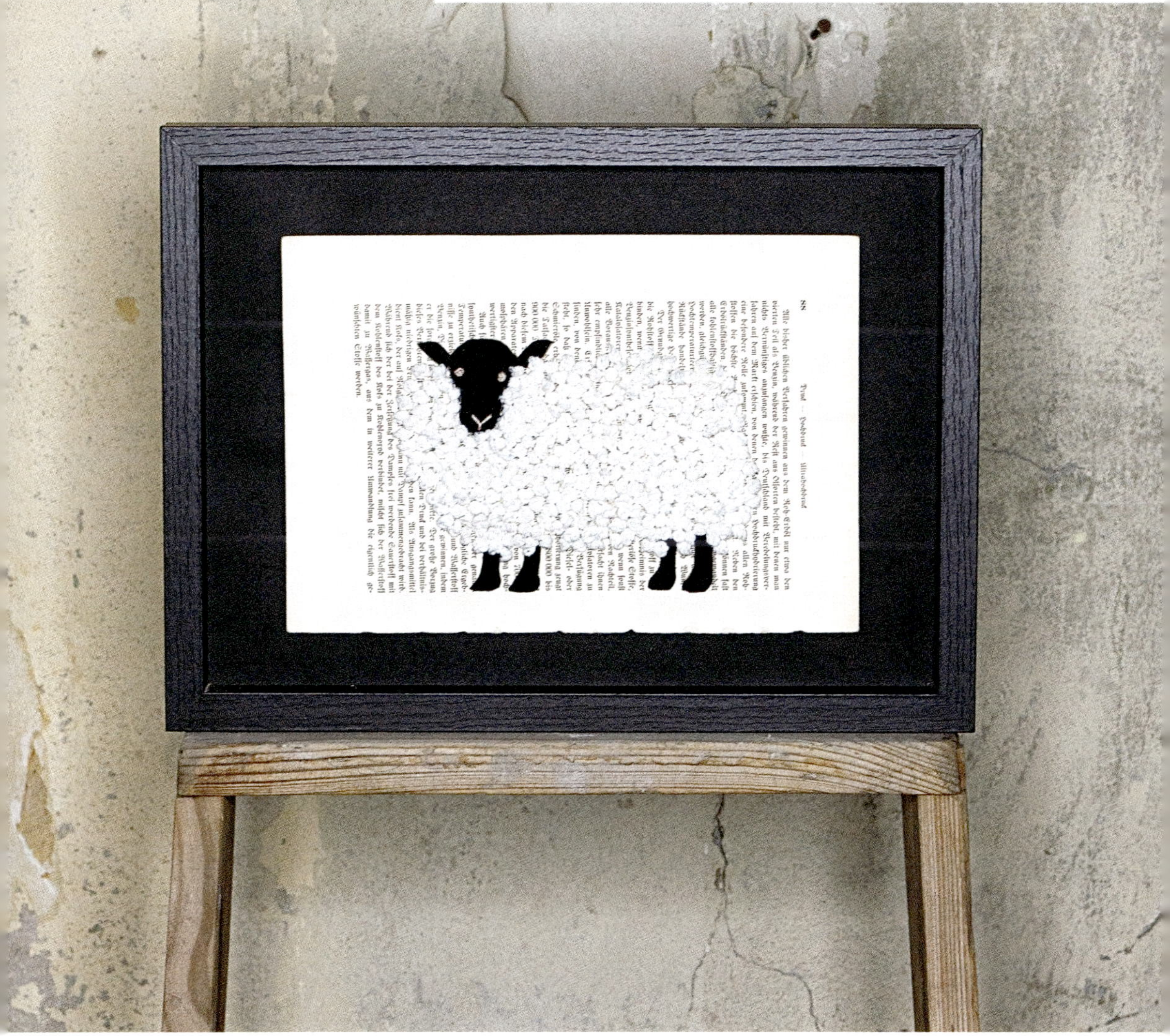

Schickes Schaf

Materialien
- Buchseite
- helles Stickgarn (Twist)
- weißes Topflappengarn oder weiße Wolle
- schwarzes Papier, Rest
- dünnes Volumenvlies oder dünner Stoffrest
- Transparentpapier oder Kopierpapier
- Leim

Werkzeuge
- Schere
- Bleistift
- spitze Nähnadel
- stumpfe Wollnadel
- weiche Unterlage

Vorlagen

- Seite 113: Schafe

Siehe auch

- Seite 20: Knötchenstich

So wird's gemacht:

1. Das Motiv auf Transparentpapier oder Kopierpapier übertragen.
2. Die Vorlage ausschneiden und dabei Kopf, Beine und Körper voneinander trennen. Kopf und Beine aus schwarzem Papier ausschneiden und auf die Buchseite kleben.

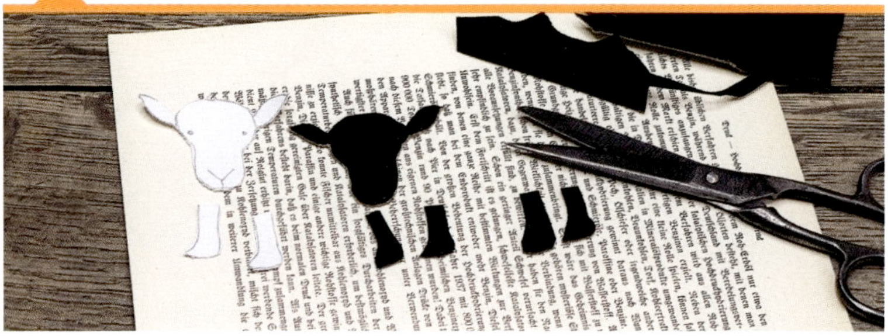

Tipp:
- Anstatt sie aufzukleben, können Sie Beine und Kopf auch mit einem schwarzen Filzstift auf die Buchseite malen.

3. Auf einer weichen Unterlage Augen und Nase des Schafs vorstechen und mit 2-fädigem Garn sticken.

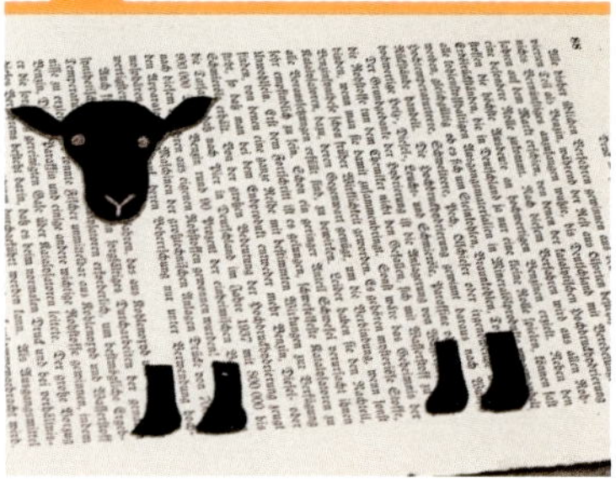

4. Den Schafskörper rundherum etwas zurückschneiden und den Umriss mit Bleistift auf die Buchseite übertragen.

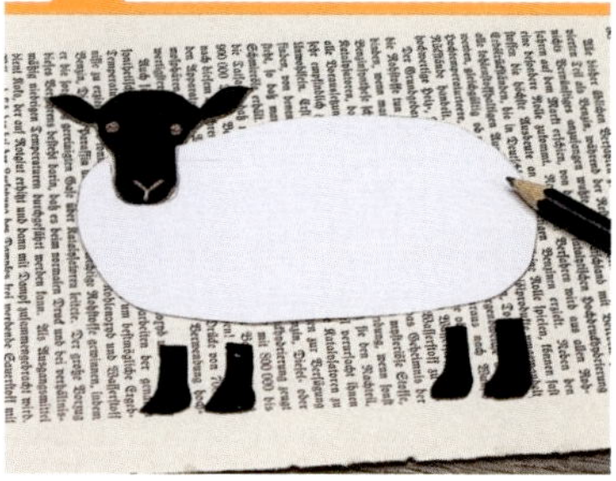

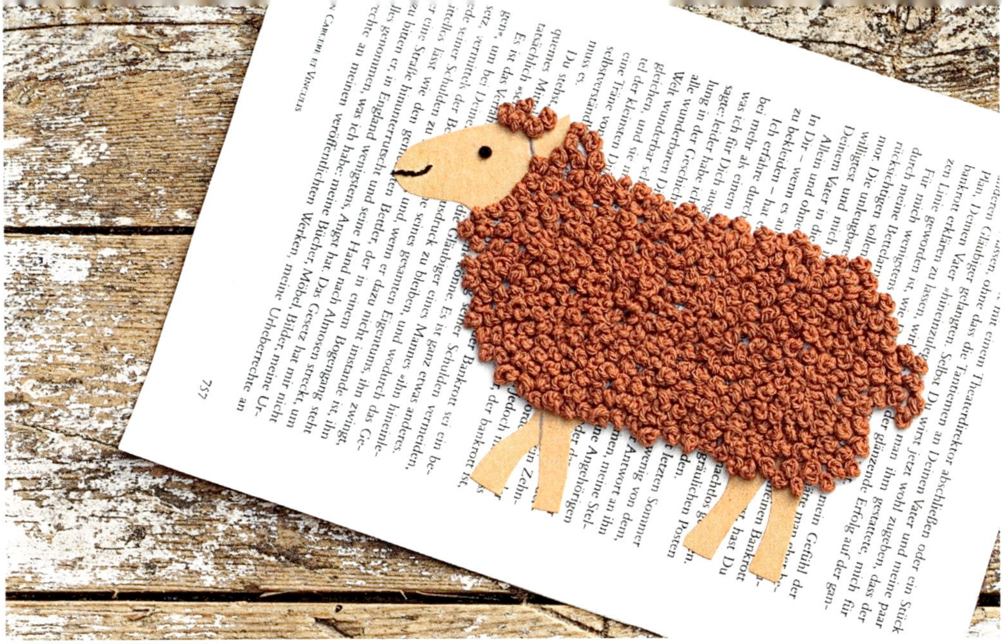

Vorlagen Schafe
Originalgröße

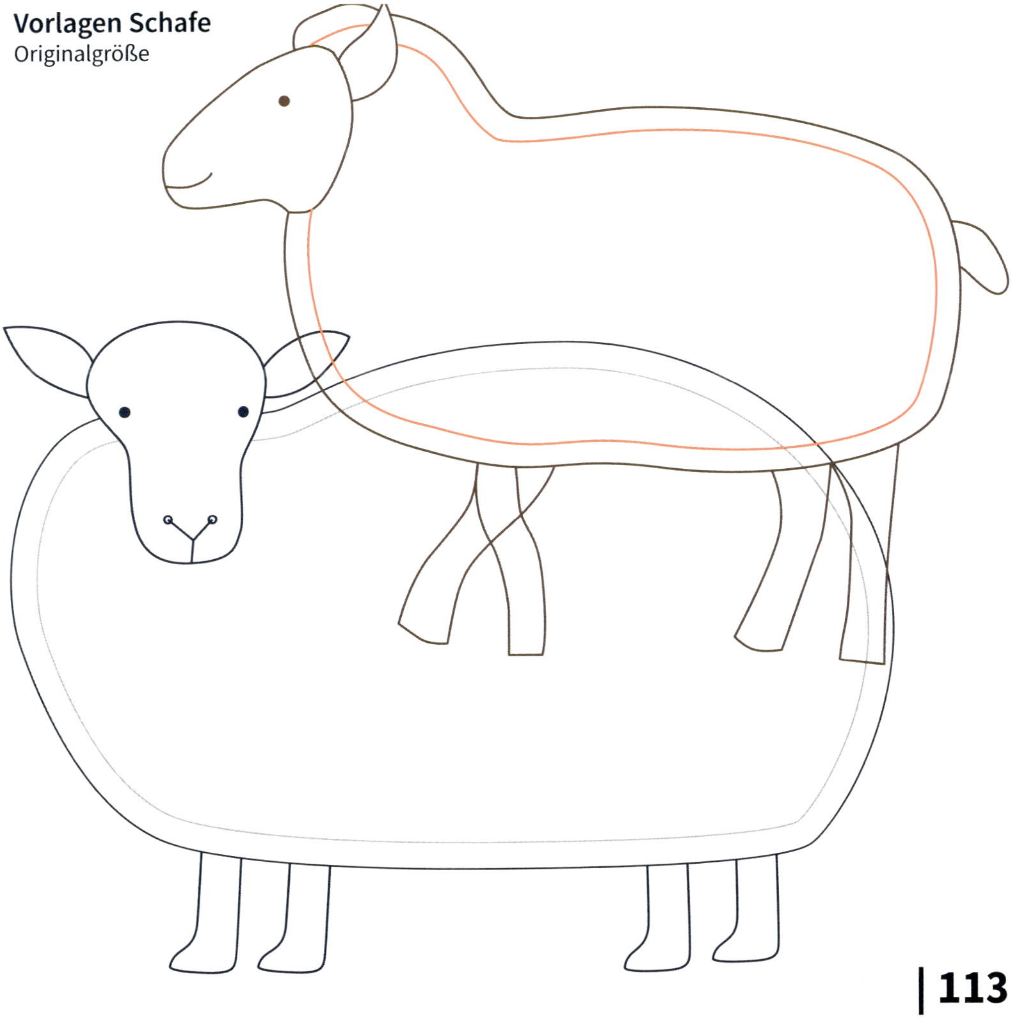

5. Zum Sticken ein passendes Stück Volumenvlies unter die Buchseite legen und den Schafskörper dicht an dicht mit Knötchenstichen füllen. Jeweils mit der spitzen Nadel ein Loch vorstechen und dann mit der stumpfen Nadel mit Wolle einen Knoten sticken. Für jeden Knoten den Faden 4-mal um die Nadel schlingen.
Sticken Sie zunächst die Kontur, und arbeiten Sie sich anschließend sukzessive nach innen vor. Zum Schluss am Rand noch ein paar Stiche ergänzen, bis das Schaf Ihnen gefällt.

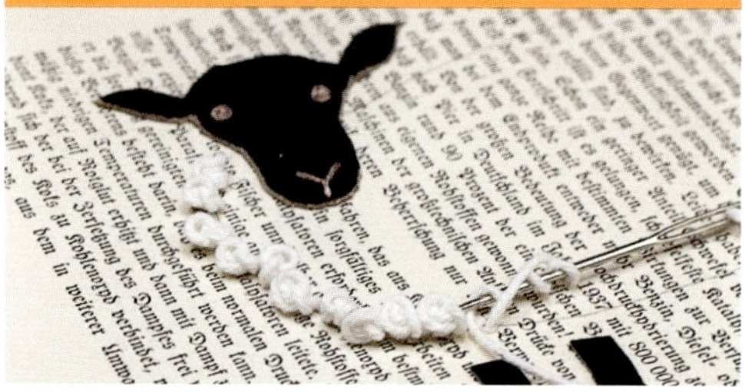

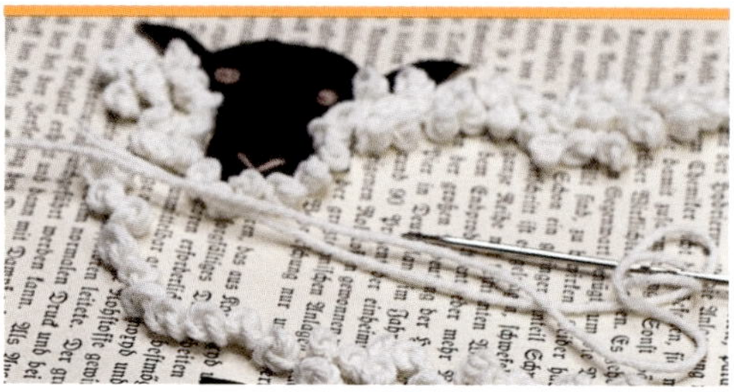

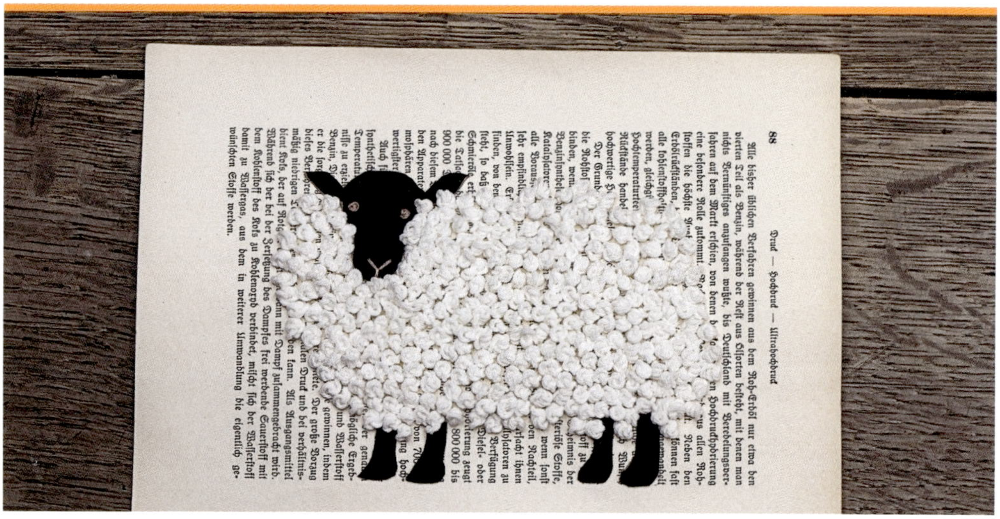

6. Das Vlies an den Rändern zurückschneiden.

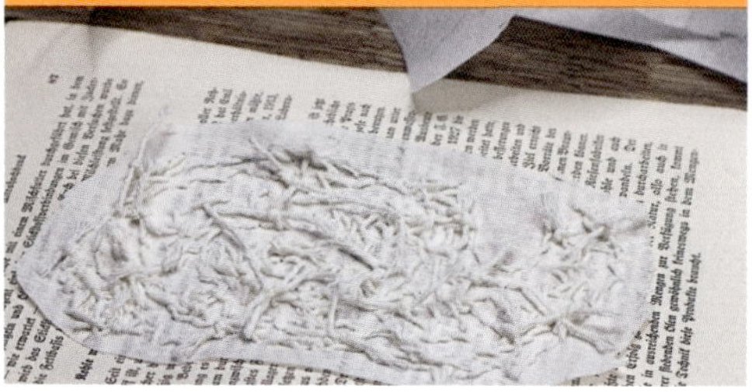

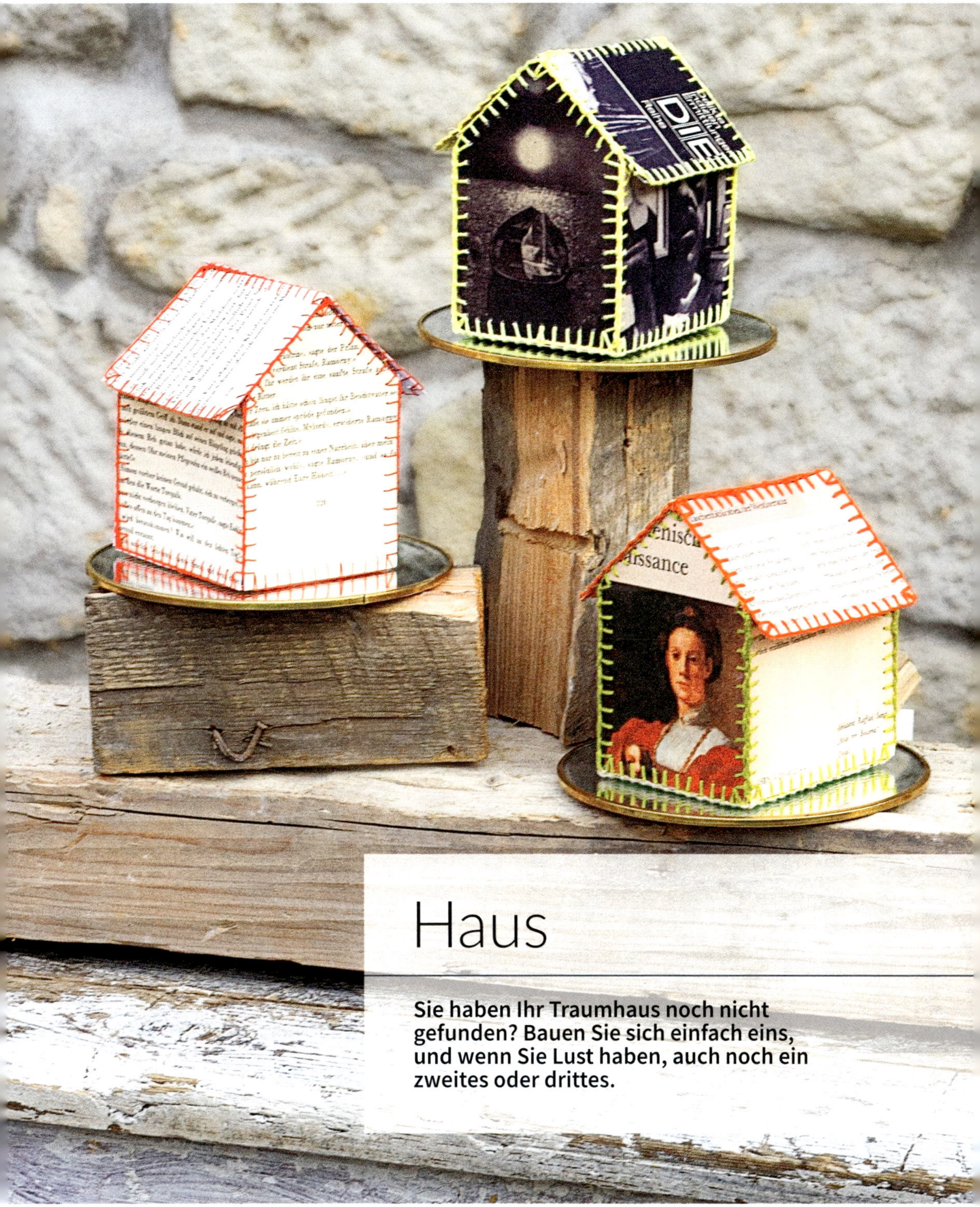

Haus

Sie haben Ihr Traumhaus noch nicht gefunden? Bauen Sie sich einfach eins, und wenn Sie Lust haben, auch noch ein zweites oder drittes.

Haus

Materialien

- Umschlag von einem Taschenbuch
- dünner Karton (Verpackung)
- Stickgarn

Werkzeuge

- Schere
- Lineal
- Bleistift
- Stopfnadel
- dicke Prickelnadel
- weiche Unterlage
- schwere Bücher zum Pressen

Vorlagen

- Seite 157: Boden/Wand, Giebel, Dach

Siehe auch

- Seite 11: Prickelnadel
- Seite 20: Schlingstich

So wird's gemacht:

1. Schablonen anfertigen. Die Vorlagen auf Karton übertragen und die Löcher mit der Prickelnadel vorstechen.

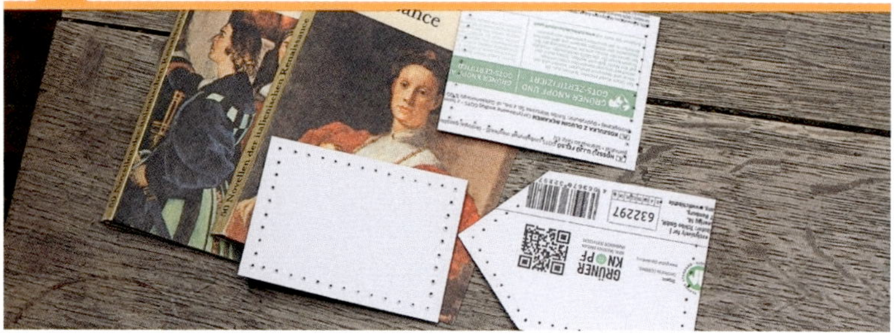

2. Mithilfe der Schablonen das Dach (2 x), die Wand (2 x), den Giebel (2 x) und den Boden (1 x) aus dem Umschlag (Innen- oder Außenseite wählen) ausschneiden und die Einstichlöcher auf einer weichen Unterlage vorstechen.

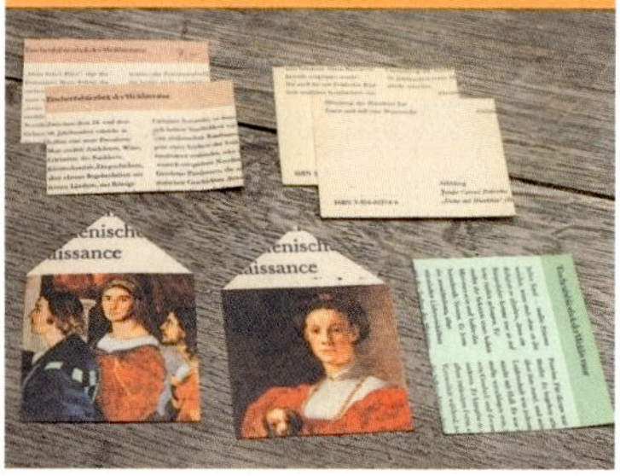

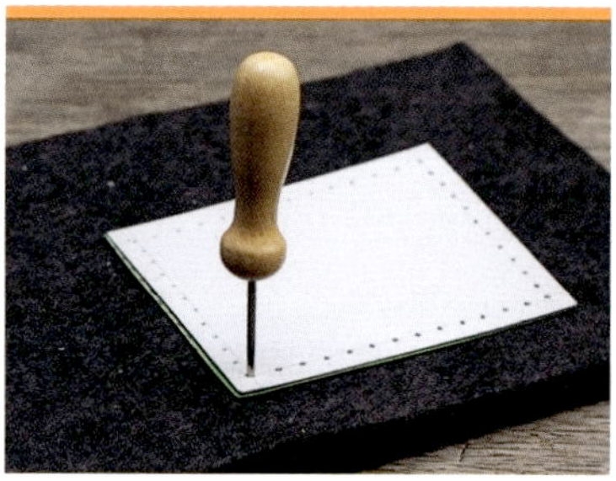

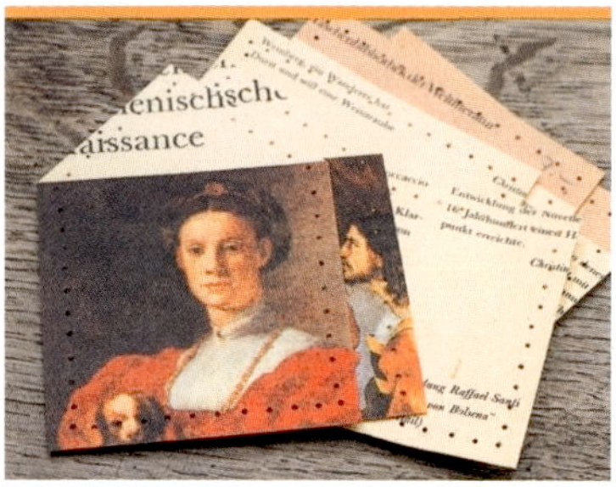

Tipp:

- Das Häuschen lässt sich auch mit Buchseiten gestalten. Sie müssen allerdings mit Karton (z.B. mit Postkarten) verstärkt werden.

3. Alle Einzelteile mit farbigem Garn im Schlingstich einfassen. Mit (ausnahmsweise) je 120 cm Garnlänge sind Sie auf der sicheren Seite und müssen nicht ansetzen.

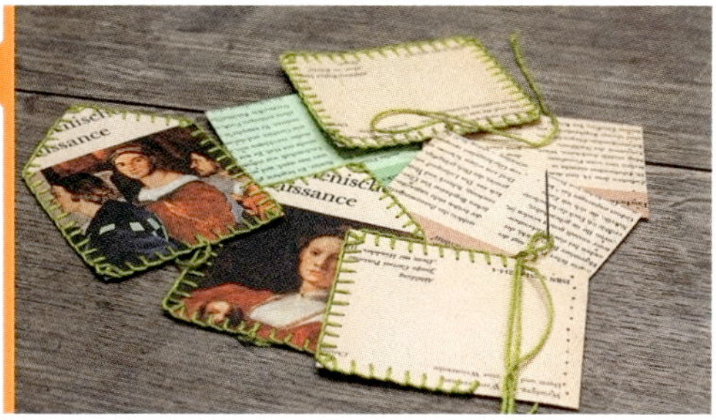

4. Boden, Wände und Giebel zusammennähen. Fadenenden nach innen ziehen.
   a. Zunächst die Wände und die Giebel an den Boden nähen.

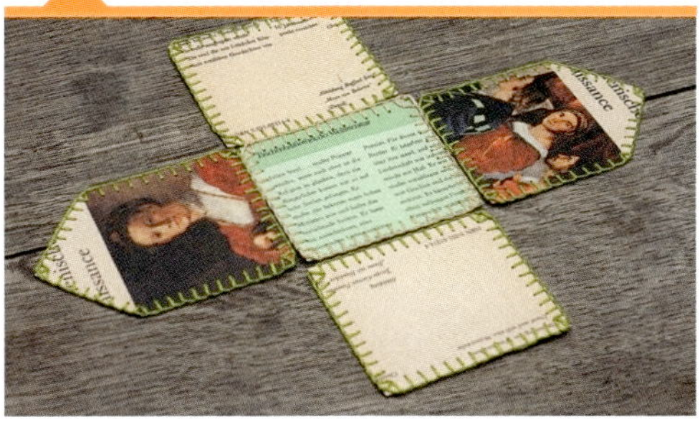

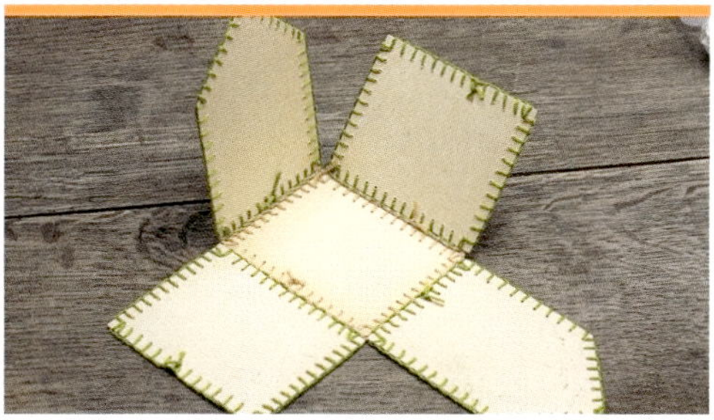

   b. Dann die Wände an die Giebel nähen.

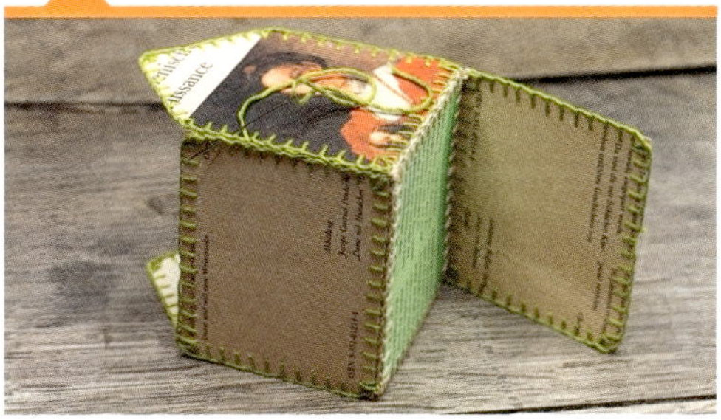

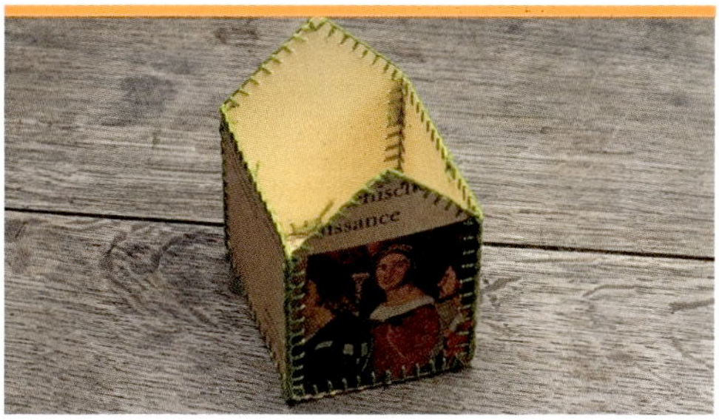

   c. Die beiden Dachelemente an einer Längsseite zusammennähen.

   d. Das Dach an die Giebel nähen.

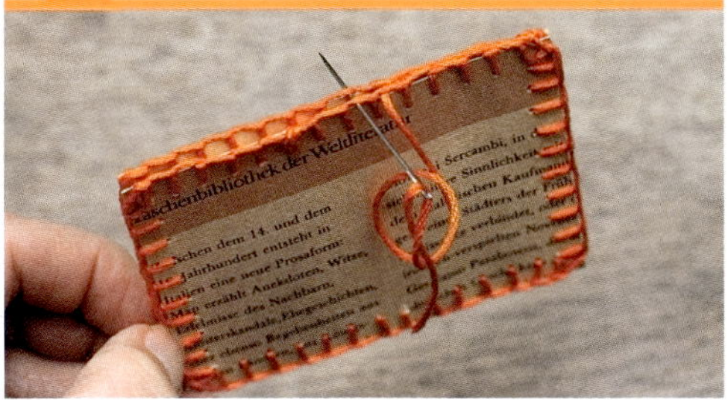

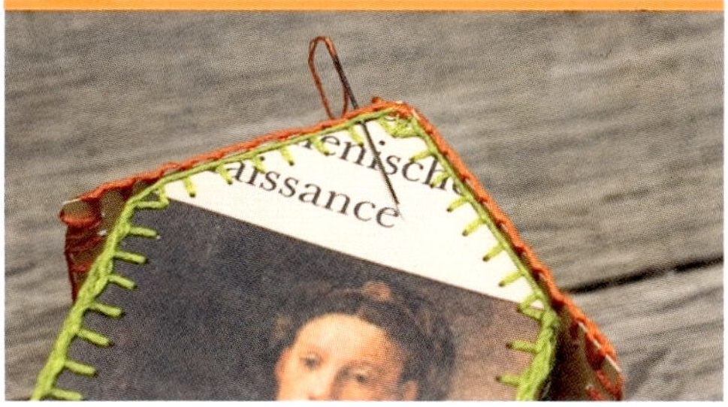

So beginnt ein Schlingstich:

Ausstechen (A). Den Faden über die Kante legen und im selben Loch (A) erneut ausstechen. Die Nadel von vorne durch die Schlinge führen.

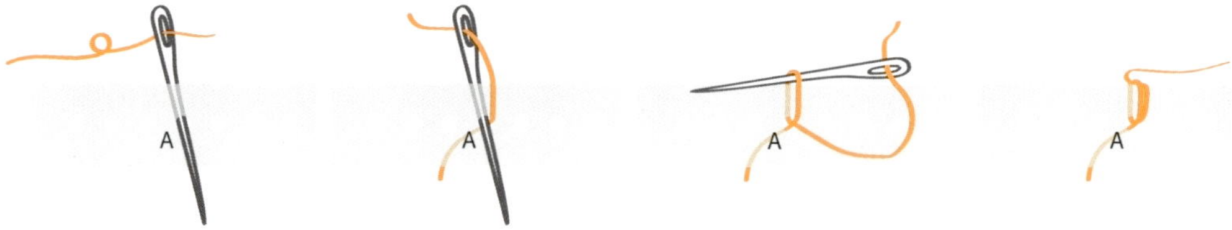

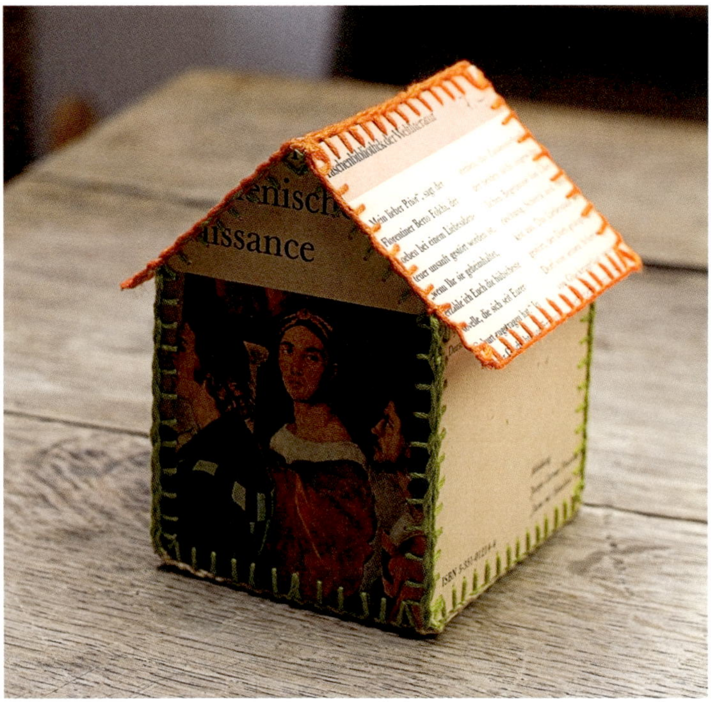

Tipp:

- Wenn Sie nur eine Dachhälfte am Giebel fixieren, sodass die andere Hälfte sich hochklappen lässt, wird aus dem Häuschen ein Geheimversteck.

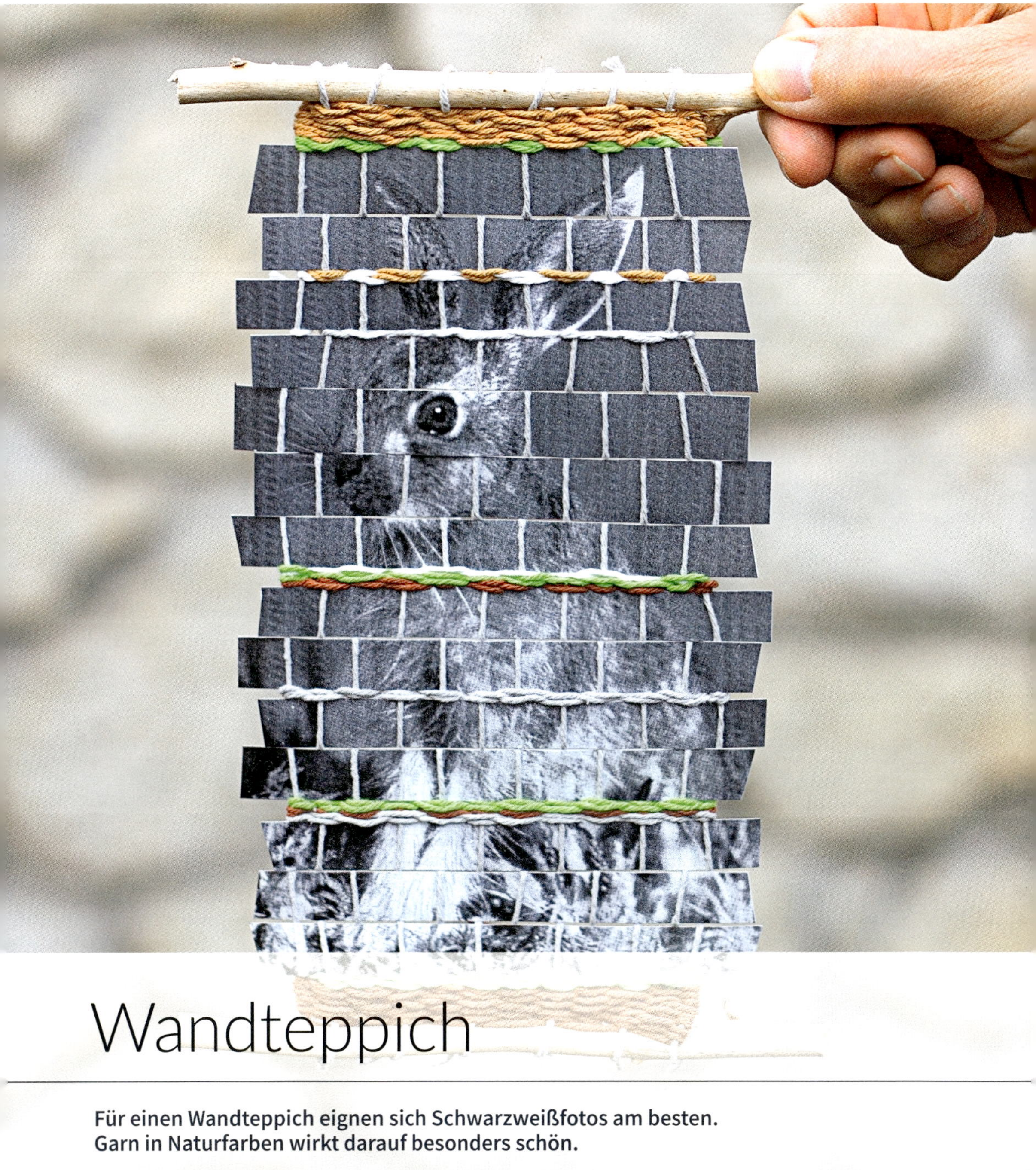

Wandteppich

Für einen Wandteppich eignen sich Schwarzweißfotos am besten.
Garn in Naturfarben wirkt darauf besonders schön.

Wandteppich

Materialien

- Foto aus einem Buch
- stabiles Papier, ca.120g/m^2
- Transparentpapier
- farbiges Topflappengarn
- 2 dünne Zweige
- Klebstoff
- Leim

Werkzeuge

- Schere
- Bleistift
- Lineal
- stumpfe Nadel
- spitze Nadel
- Pinsel
- Webrahmen

Siehe auch

› Seite 124: DIY: Webrahmen

So wird's gemacht:

Das Hasenfoto in diesem Beispiel misst 12,5 x 17,5 cm.

Das Foto in Streifen schneiden

1. Das Foto auf stabiles Trägerpapier kleben und ausschneiden.

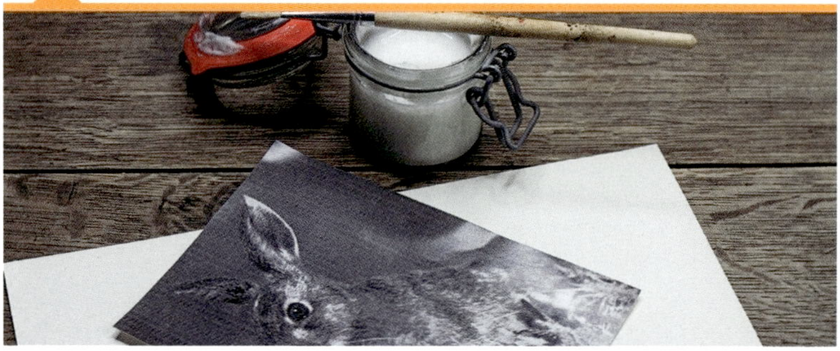

2. Passend geschnittenes Transparentpapier auf das Foto legen und die Schnittlinien einzeichnen. Die Streifen sollten ca. 1 cm breit sein, dürfen aber variieren. Wichtig ist, dass die Wirkung des Fotos nicht beeinträchtigt wird – der Schnitt also beispielsweise nicht durch ein Auge verläuft.

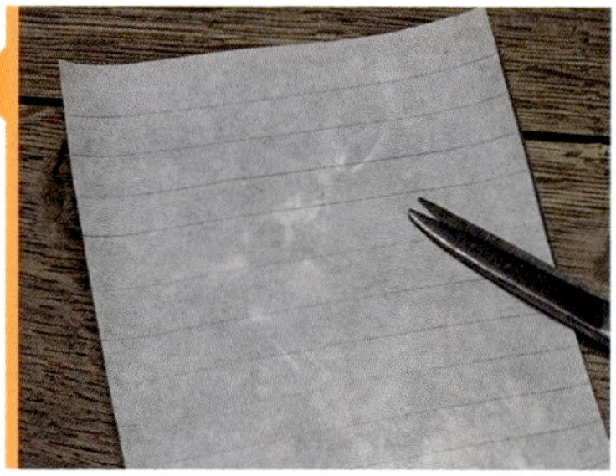

3. Die Schnittlinien auf die Rückseite des Trägerpapiers übertragen, nummerieren und das Foto in Streifen schneiden.

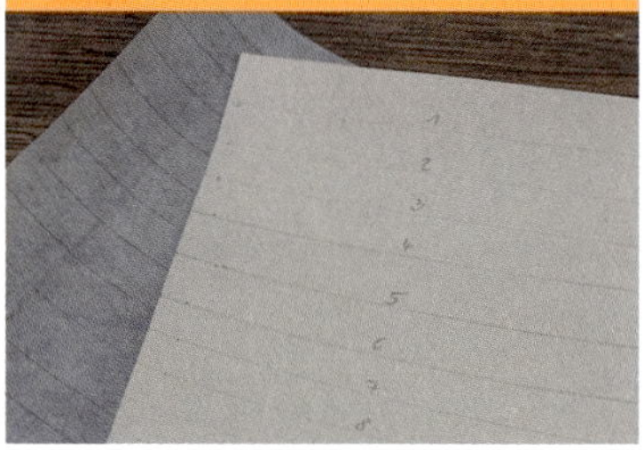

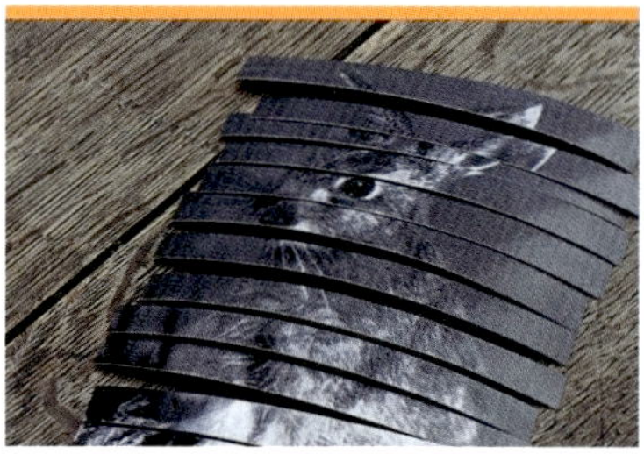

Weben

4. Einen passenden Webrahmen nach der Anleitung auf Seite 124 fertigen.

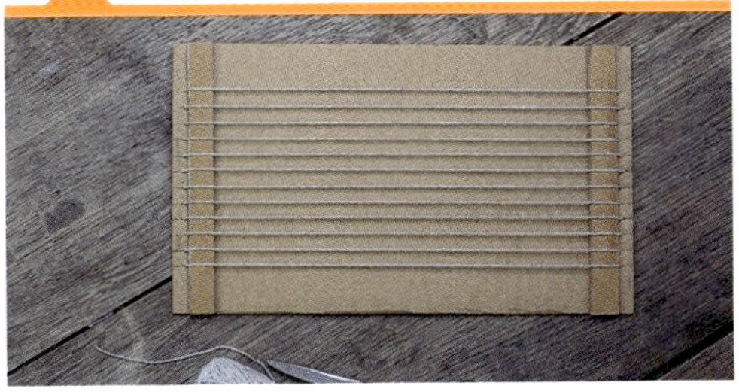

5. Mit Garn beginnen: Garn einfädeln und im Wechsel über und unter den Kettfäden durchziehen.
Auf dem Rückweg versetzt arbeiten. Einen Streifen von ca. 1 cm Breite weben.

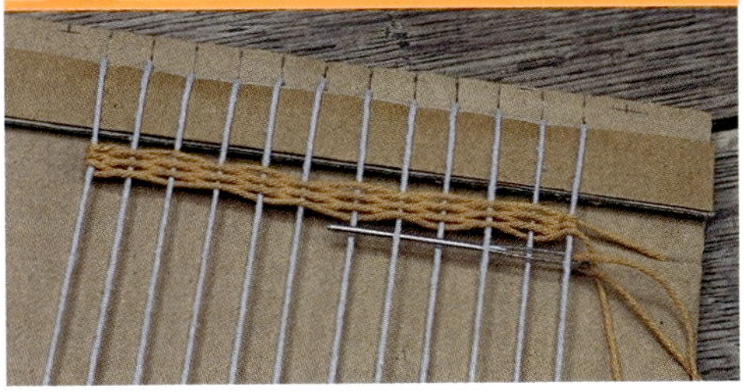

6. Das in Streifen geschnittene Foto einweben, ab und an unterbrochen von ein paar Garnreihen. Das Gewebe immer wieder gut zusammenschieben, damit zwischen den Reihen keine unschönen Lücken entstehen.

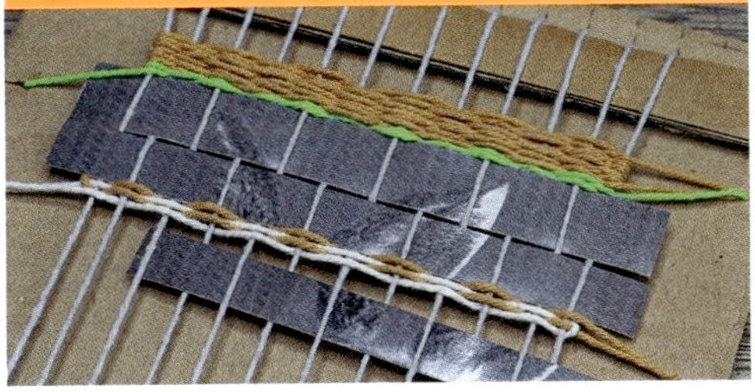

7. Beeinträchtigt ein Kettfaden die Wirkung des Motivs, diesen beim Weben einfach überspringen.

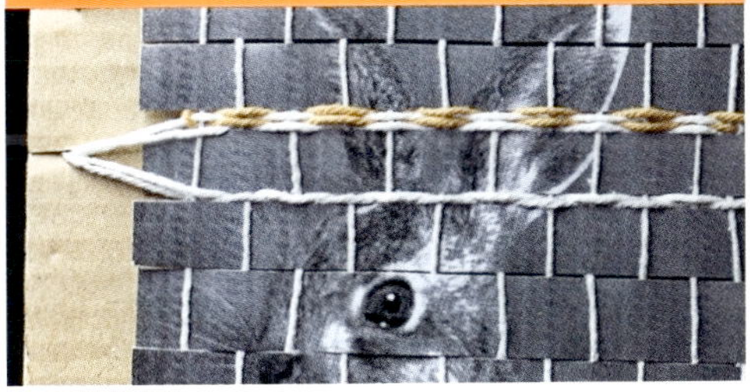

Tipp:

- Wenn Sie Schlitze in die Seitenkanten des Webrahmens schneiden, können Sie die Garnenden einklemmen.

8. Die Arbeit mit einem ca. 1 cm breiten Webstreifen aus Garn abschließen.

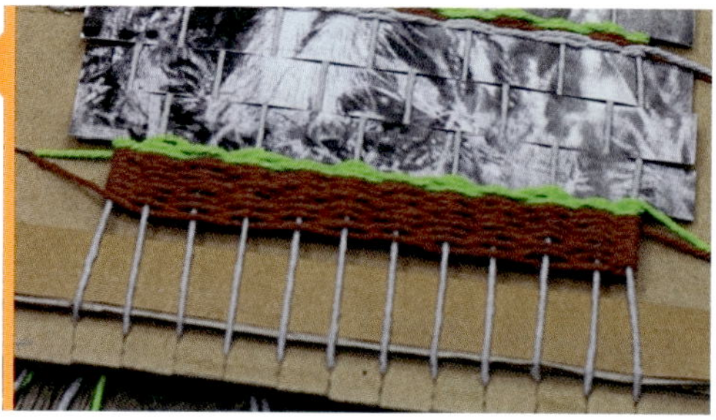

Tipp:

- Ein Holzstäbchen oder eine Pinzette helfen beim Durchziehen sehr schmaler Fotostreifen.

Den Wandbehang vom Rahmen nehmen

9. Die Kettfäden auf der Rückseite des Rahmens durchschneiden und immer 2 Kettfäden miteinander verknoten. Dabei an beiden Enden des Wandbehangs einen Zweig einknüpfen. Die Fadenenden abschneiden.

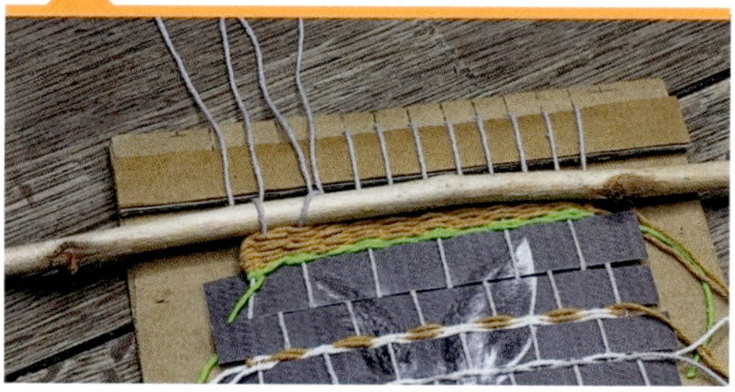

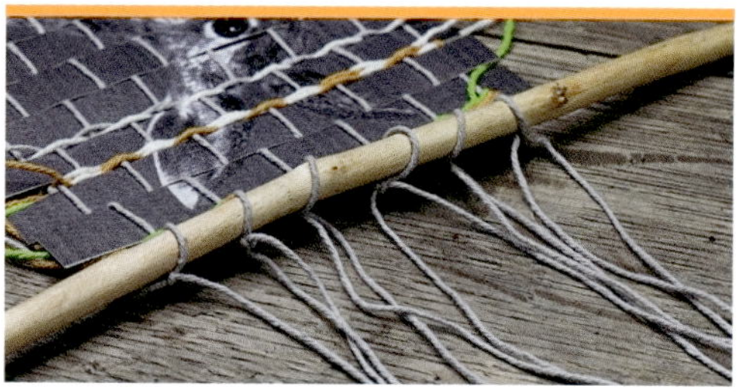

10. Wenn Sie mögen, können Sie seitlich heraushängende Garnenden verknoten und mit einer Sticknadel vernähen.

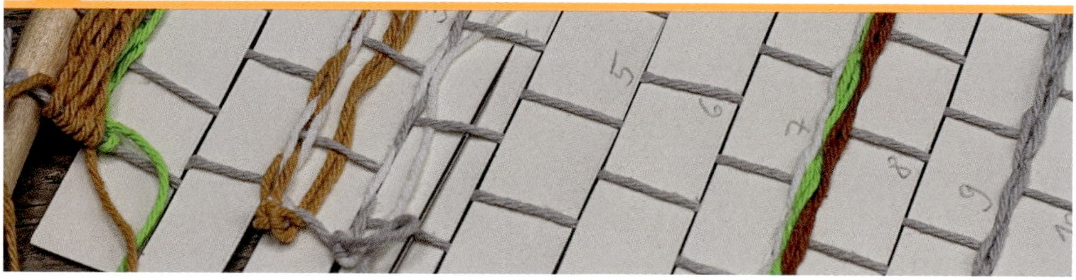

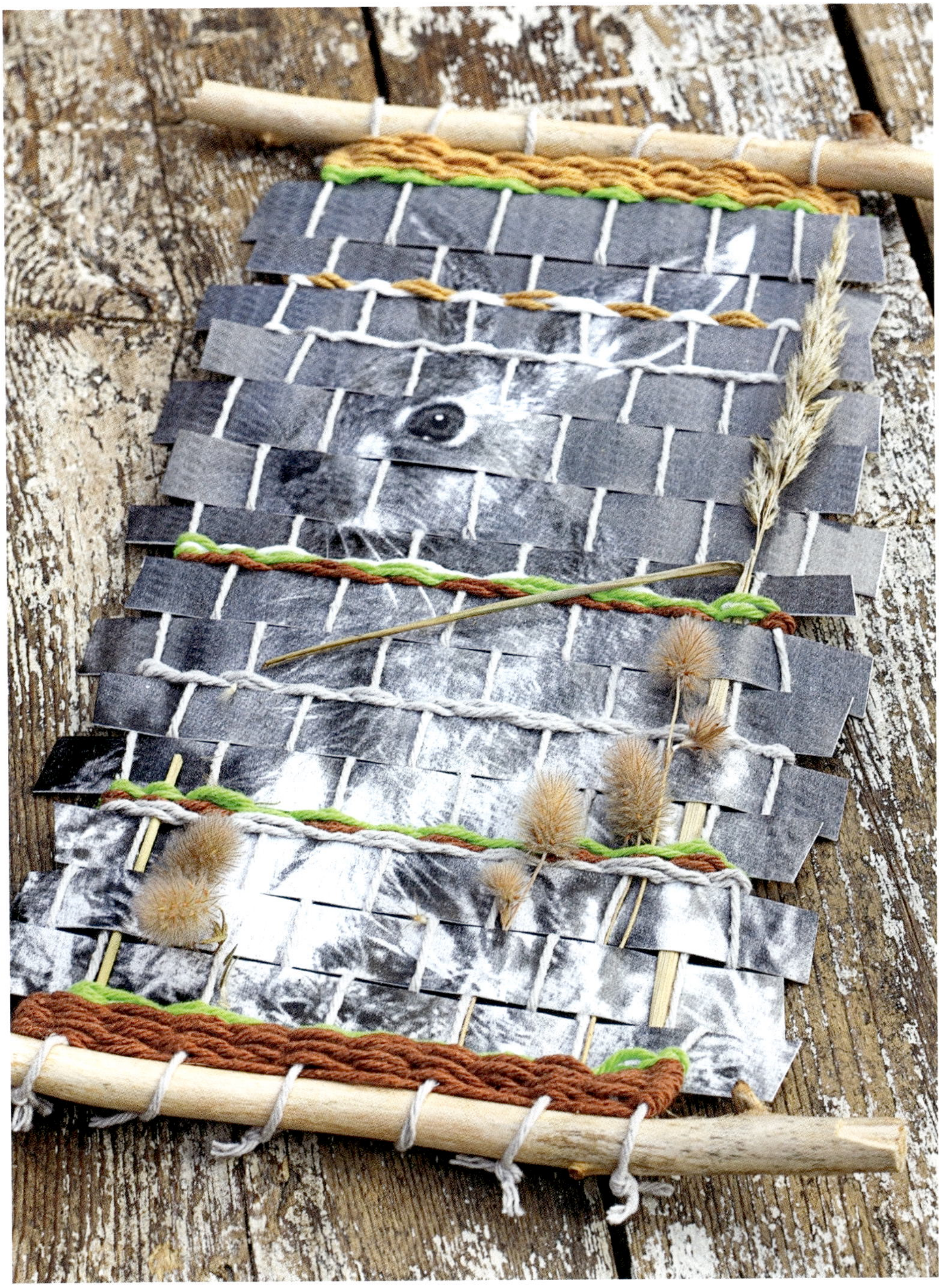

Fritz Siedel: *Wildtiere unter Menschen.* Urania-Verlag, Jena 1954

DIY: Webrahmen aus Pappe

1. Ein Stück Karton auf die passende Größe schneiden. Wichtig: Der Rahmen muss größer sein als das Foto, das verwebt werden soll.
2. 4 ca. 1,5 cm breite Streifen aus Karton ausschneiden.
3. Je 2 Streifen zusammenkleben und mit je 1 cm Abstand zum oberen und unteren Rand auf den Karton kleben.
4. Am oberen und unteren Rand des Kartons Schlitze im 1-cm-Abstand anbringen.
5. Kettfäden durch die Schlitze ziehen. Garnanfang und -ende auf der Rückseite des Rahmens verknoten.

Hinweis:

- Alle Maße müssen Sie auf die Größe Ihres Fotos anpassen.

Papierkleid mit Schuhen

Dieses ärmellose, ausgestellte Kleidchen mit Rundhalsausschnitt und passenden Schuhen ist einfach süß.

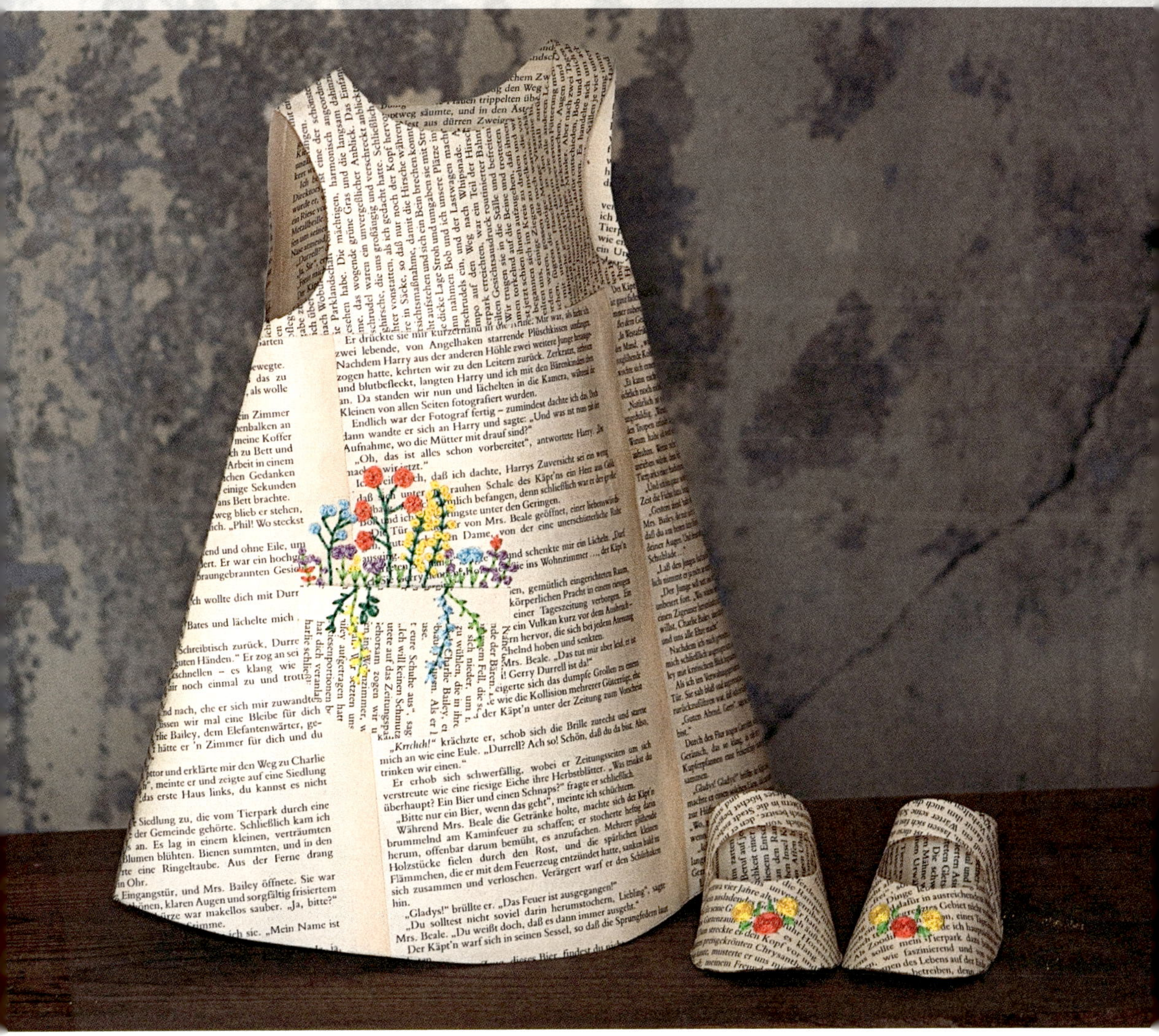

Papierkleid mit Schuhen

Materialien
- Buchseiten
- Kopierpapier
- Stickgarn (Twist)
- Leim
- ablösbares Klebeband

Werkzeuge
- Schere
- Bleistift
- Radierer
- Sticknadel
- weiche Unterlage

Vorlagen
- Seite 154 f.: Kleid: Vorderteil A und B, Rückenteil, Tasche
- Seite 128: Stickvorlage A und B
- Seite 156: Schuhe: Sohle, Einlage, linkes und rechtes Vorderblatt
- Seite 132: Stickvorlage C

Siehe auch

- Seite 17 ff.: Stiche

So wird's gemacht:

Kleid

1. Mehrere Buchseiten an den Rändern überlappend zusammenkleben. Es werden 2 Papierbögen in der Größe des Kleidchens benötigt.

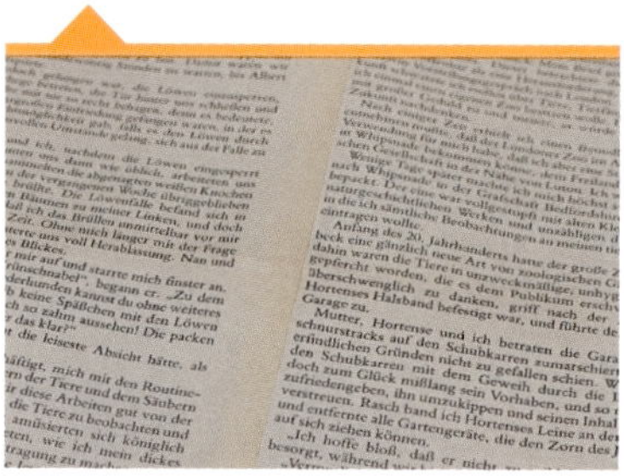

2. Die Vorlage für das Rückenteil auf einen Bogen legen, ausrichten und mit ablösbarem Klebeband fixieren. Die Konturen mit Bleistift nachfahren und das Rückenteil ausschneiden.

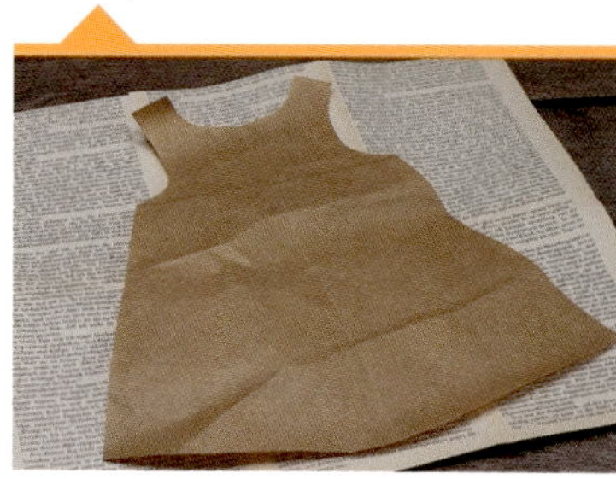

3. Die Klebelaschen an den Markierungslinien nach innen falten und an den Seiten v-förmig einschneiden.

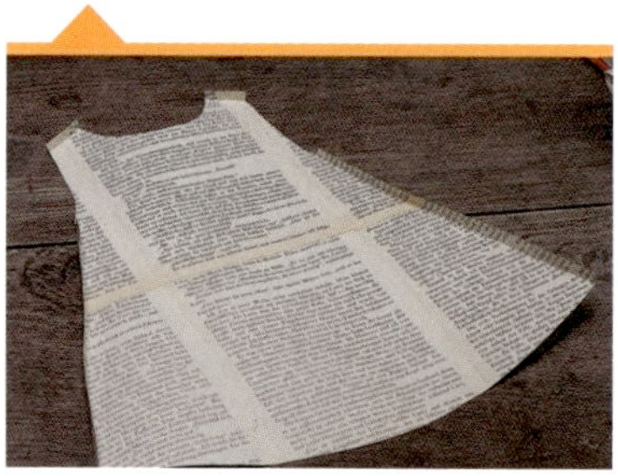

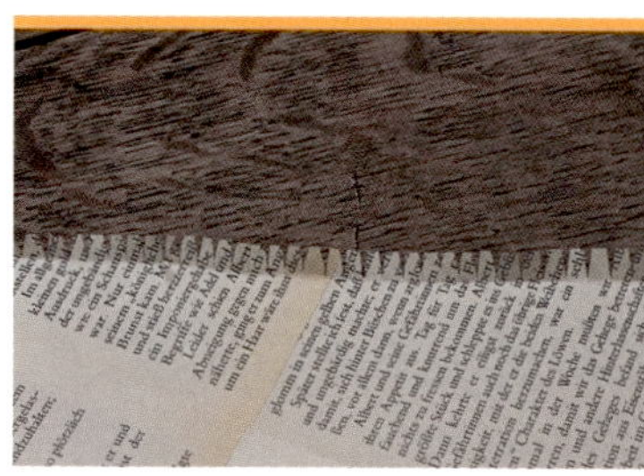

4. Die Vorlage für das Vorderteil A auf einen Bogen legen, ausrichten und mit ablösbarem Klebeband fixieren. Die Konturen mit Bleistift nachfahren und das Vorderteil ausschneiden.

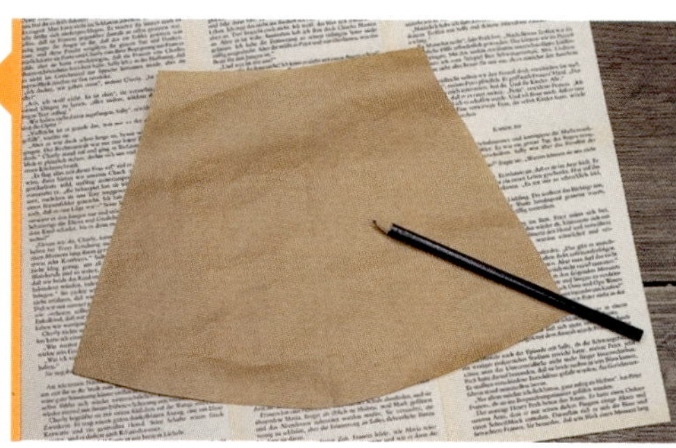

5. Die Oberkante überlappend auf eine quer gelegte Buchseite kleben.

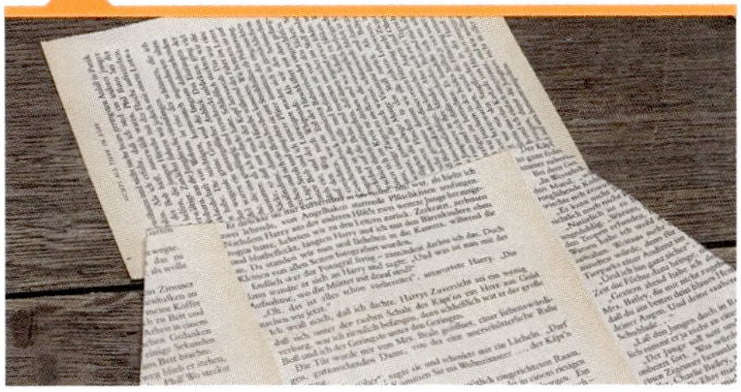

6. Die Vorlage für das Vorderteil B auflegen, die Konturen anzeichnen und das Teil ausschneiden.

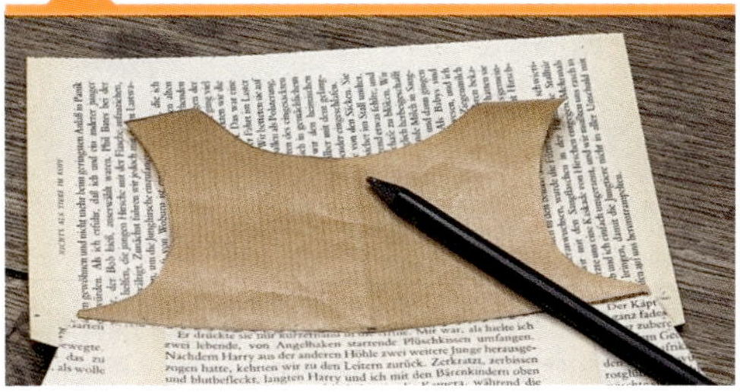

7. Die Tasche ausschneiden und den oberen Rand an der Markierung nach außen falten.

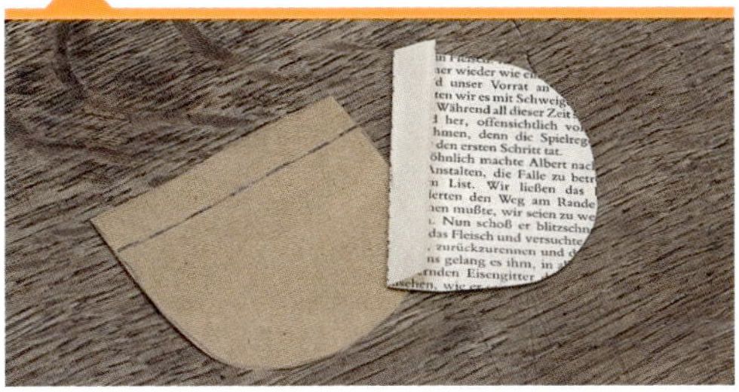

8. Die Taschen auf das Vorderteil legen und vorsichtig die Konturen anzeichnen.

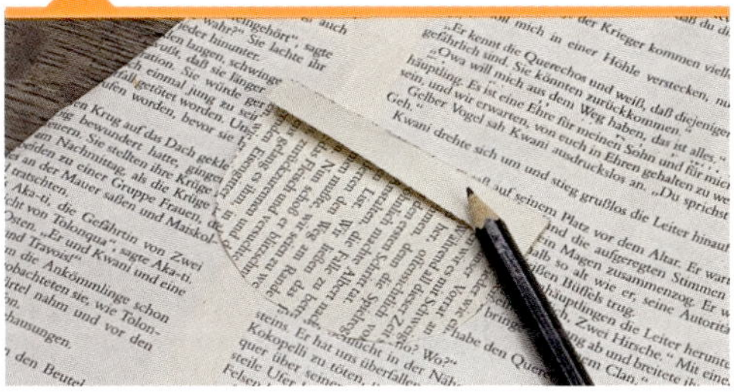

9. Kopierpapier in der Größe des Stickmotivs unter das Vorderteil legen und an drei Stellen mit etwas Leim fixieren.

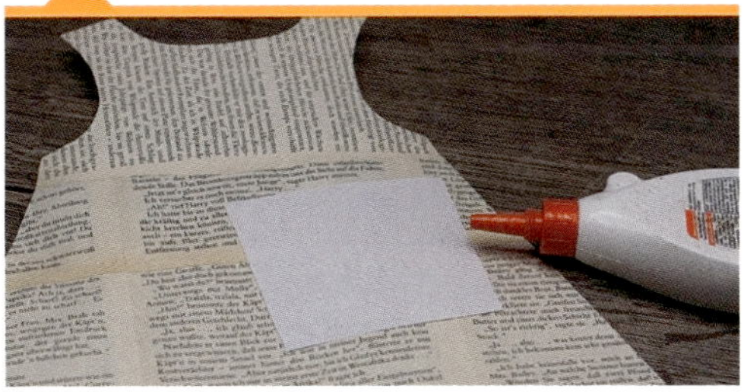

10. Stickvorlage A auflegen und auf einer weichen Unterlage die Einstichlöcher für die Stiele vorstechen.

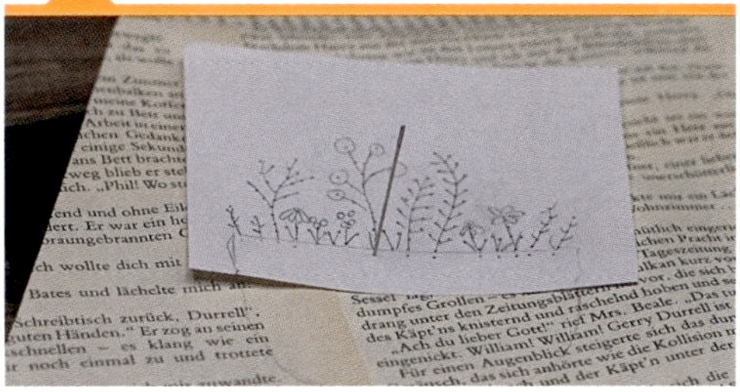

11. Die Stiele mit 2 Fäden im Rückstich arbeiten.

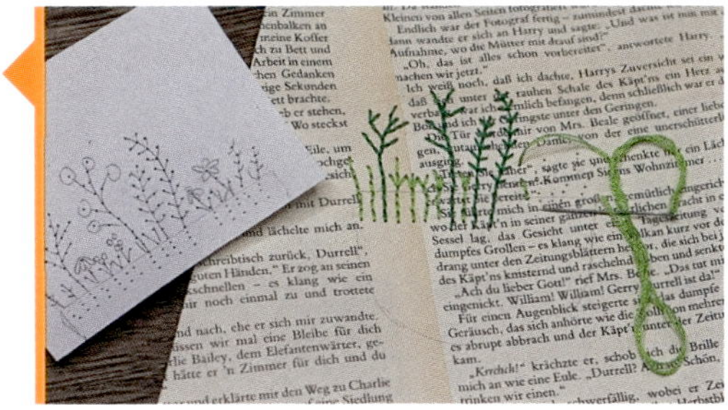

12. Anschließend mit 3 oder 4 Fäden die Blüten sticken. Für jede Blüte die notwendigen Einstichlöcher freihändig vorstechen. Beginnen Sie mit den größten Blüten.

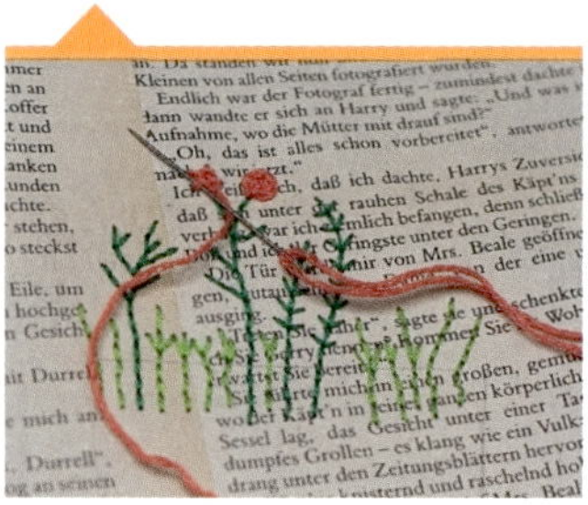

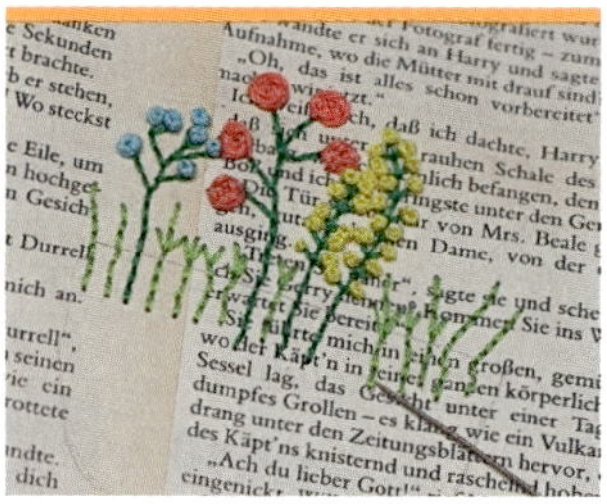

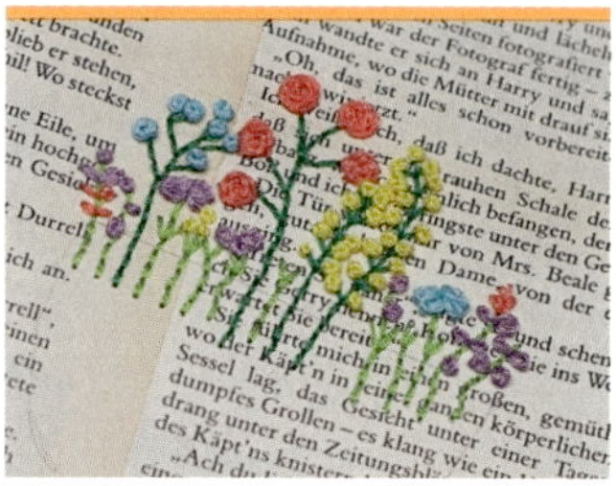

13. Kopierpapier unter die Tasche legen und an wenigen Punkten mit Leim fixieren.

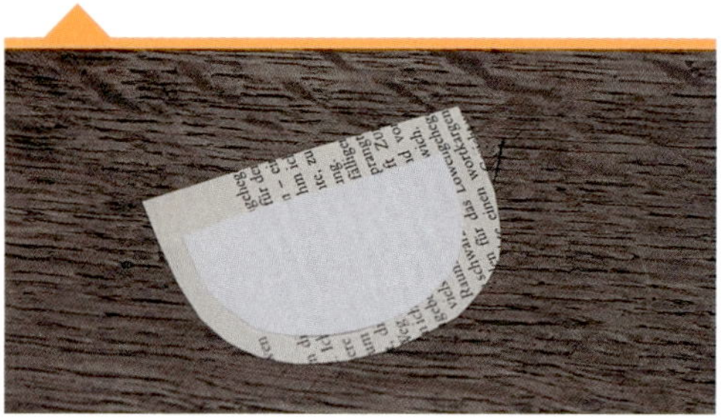

14. Stickvorlage B auf die Tasche legen und auf einer weichen Unterlage die Einstichlöcher vorstechen.

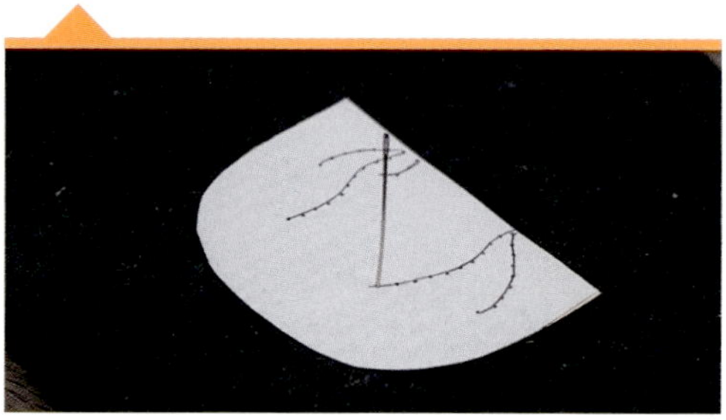

15. Die Stiele sticken.

16. Anschließend Blüten und Blätter freihändig vorstechen und sticken.

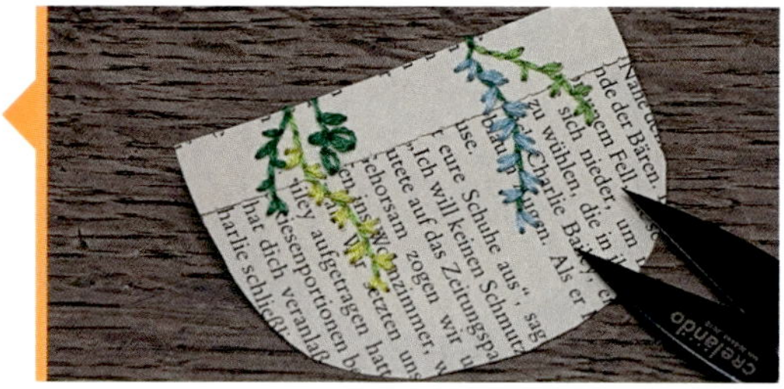

Stickvorlage A und B
Originalgröße

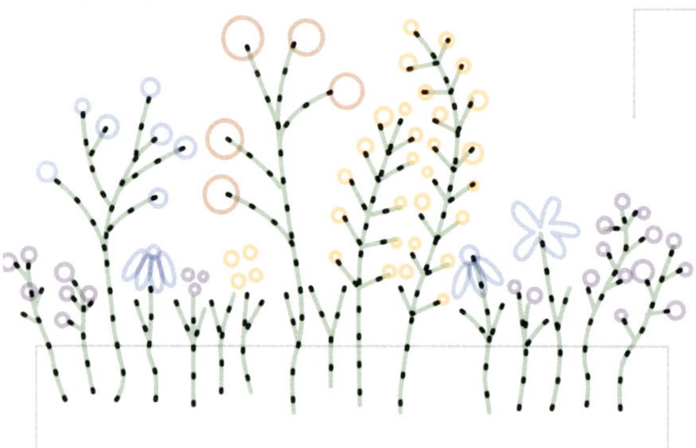

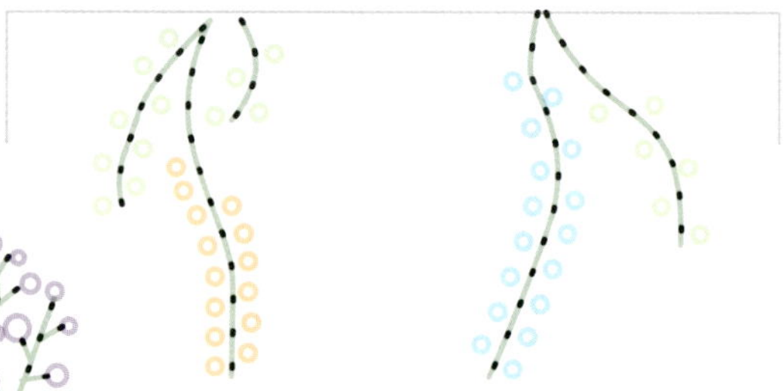

17. Die Tasche auf das Kleid kleben.

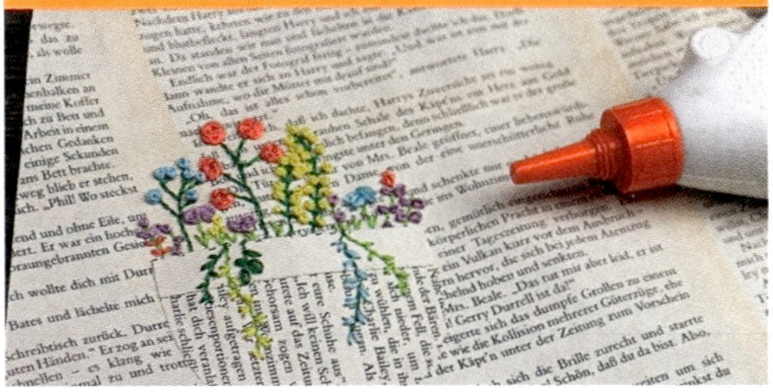

18. Vorder- und Rückenteil des Kleids zusammenkleben: zuerst die Seiten, dann die Schultern.

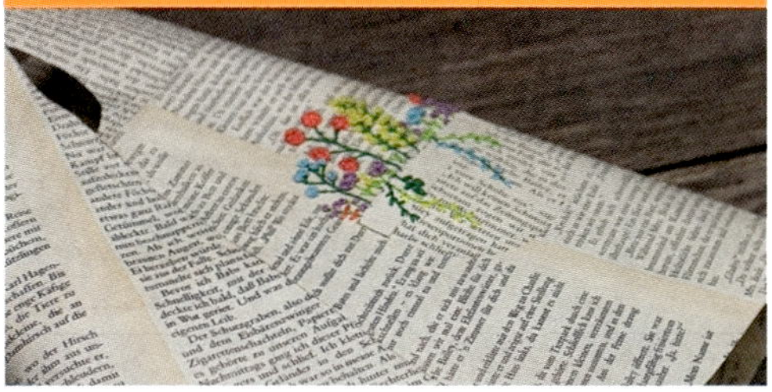

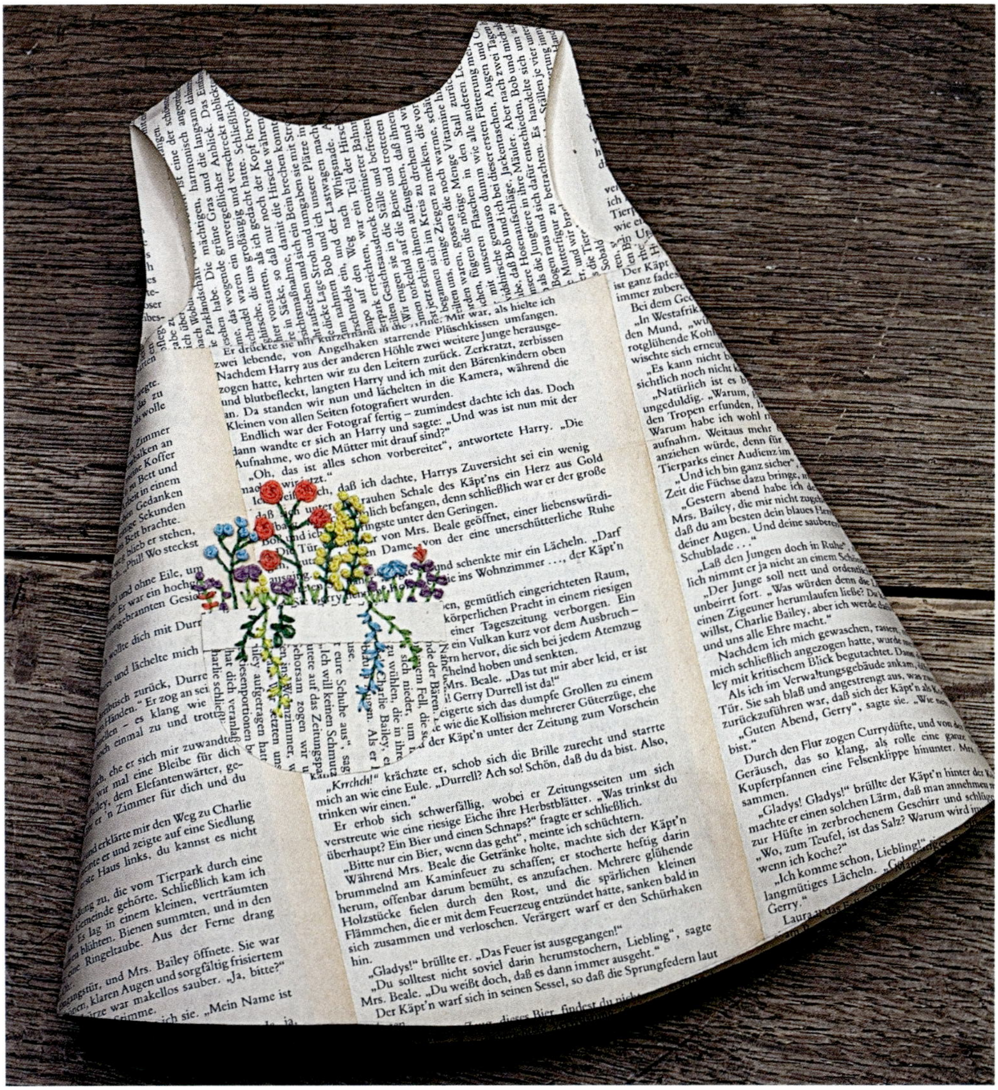

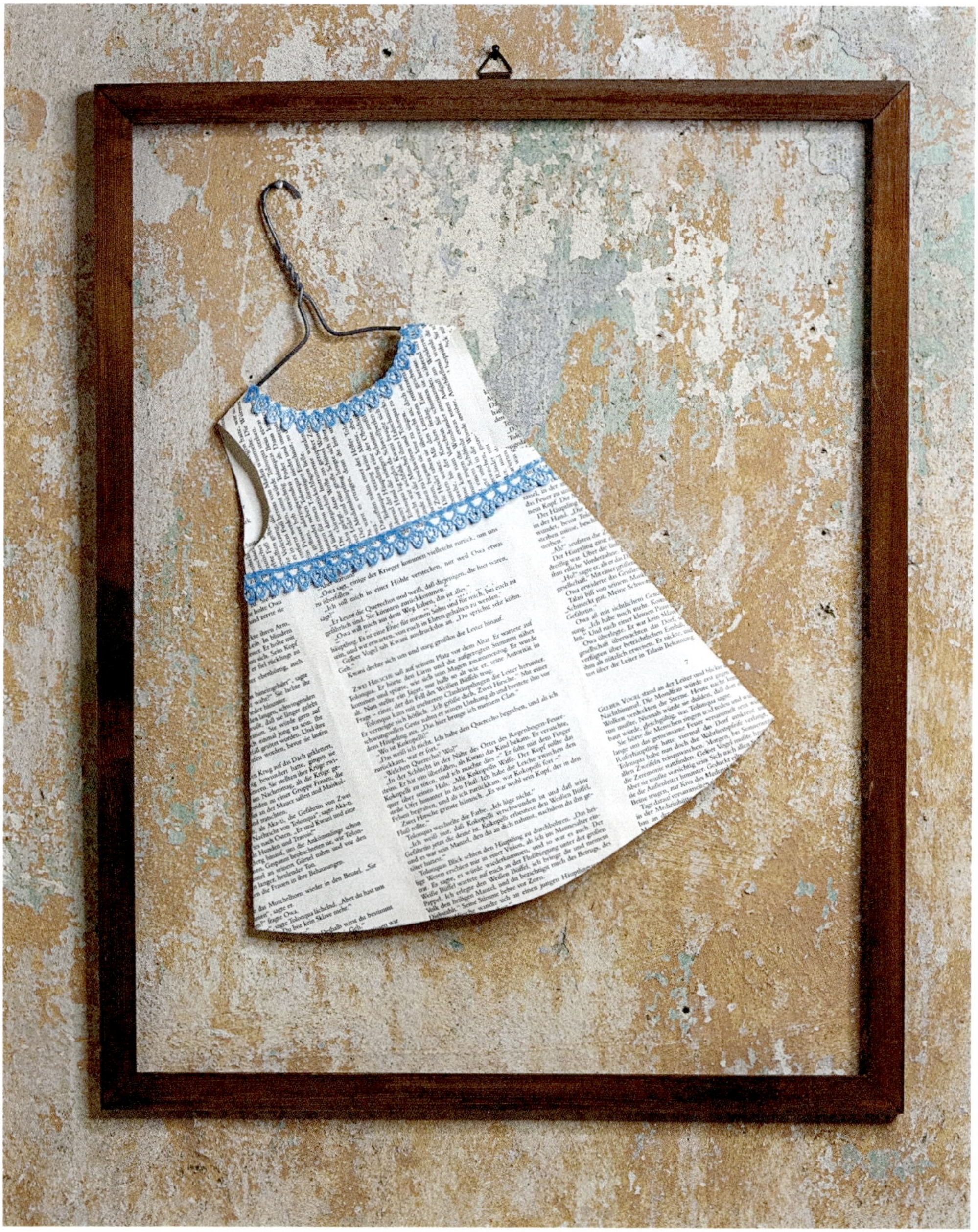

Statt eines Stickmotivs können Sie auch eine schöne Borte aufnähen oder -kleben.

Schuhe

1. Die Vorlagen auflegen und Sohle und Einlage 2-mal ausschneiden, linkes und rechtes Vorderblatt einmal ausschneiden.

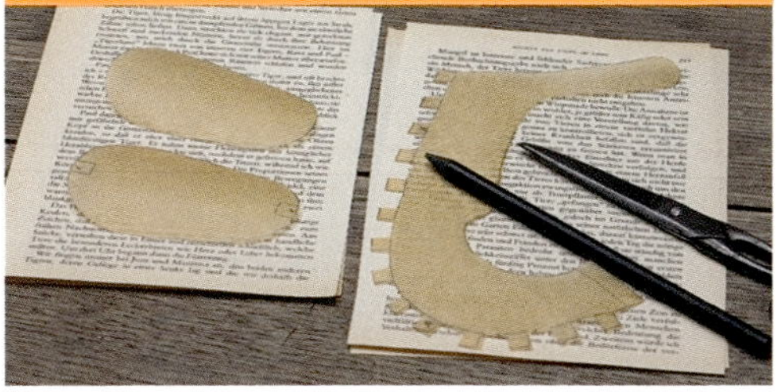

2. Die 3 Teile für jeden Schuh so hinlegen, dass die Außenseiten nach oben zeigen.

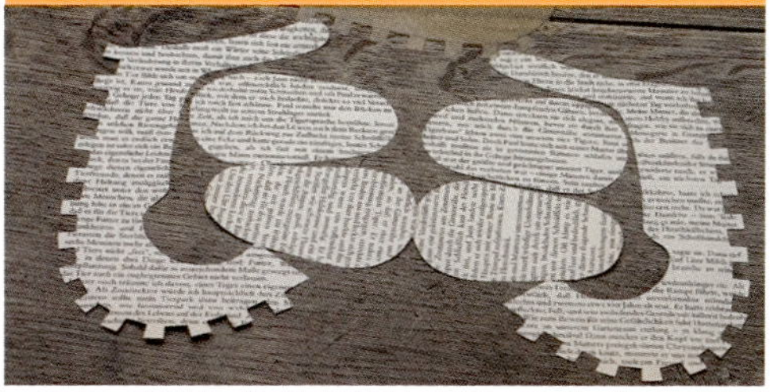

3. Die Klebelaschen der Vorderblätter nach innen falten.

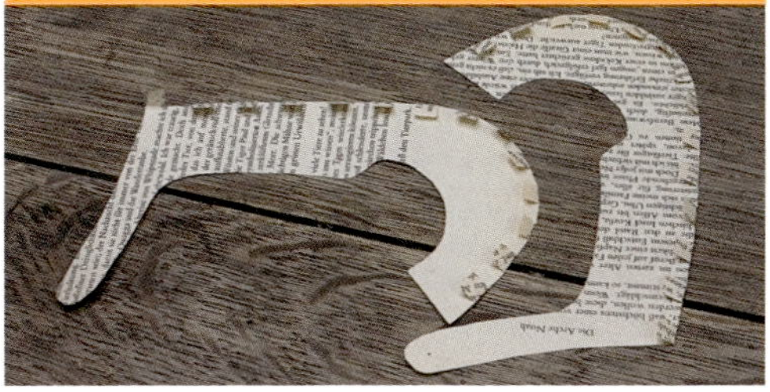

4. Kopierpapier unter die Schuhspitzen legen. Die Vorlage auflegen und auf einer weichen Unterlage die Einstichlöcher vorstechen.

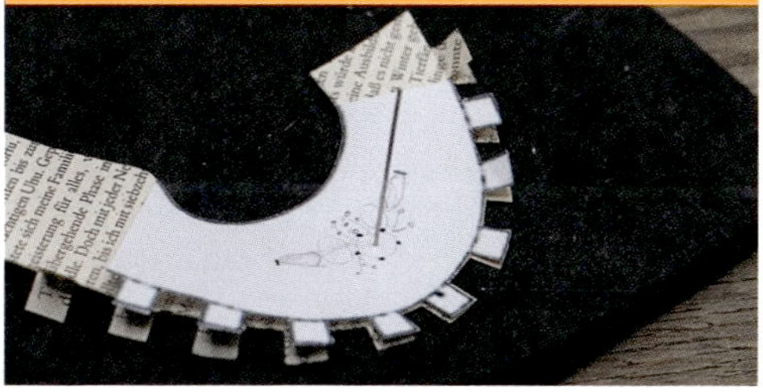

5. Die Blüten sticken.

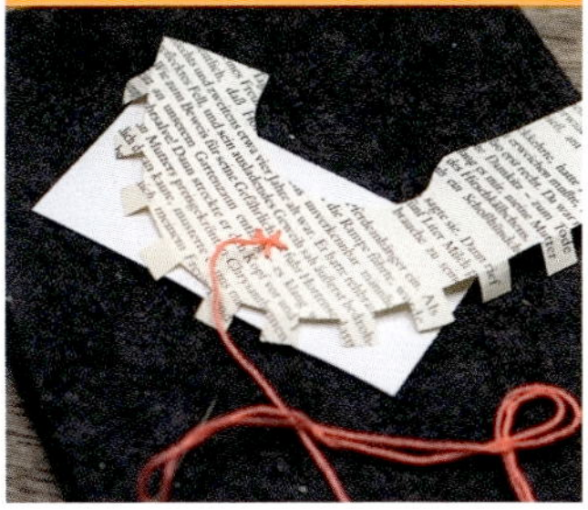

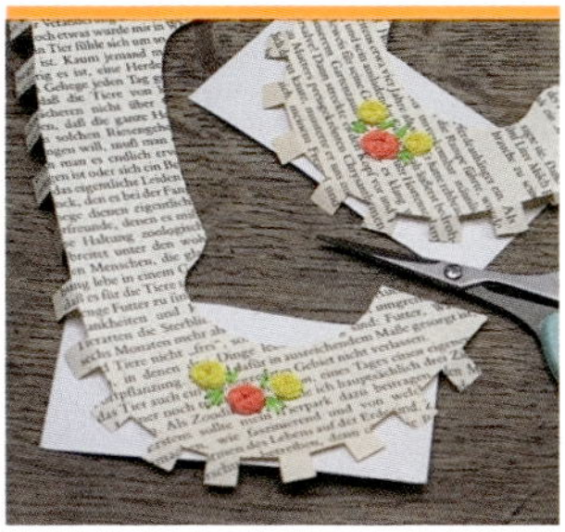

6. Das Kopierpapier zurück-schneiden.

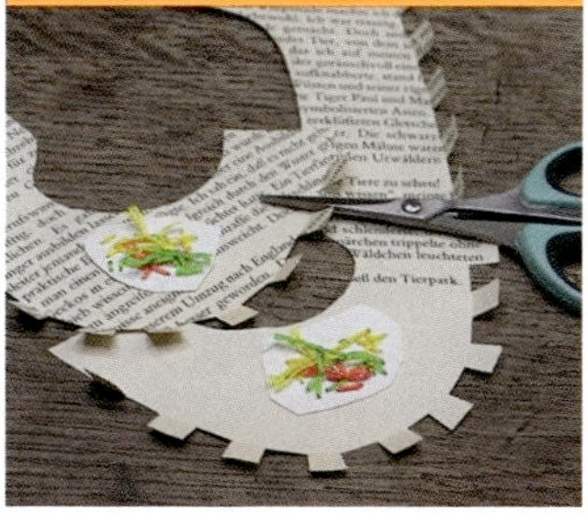

7. Die Vorderblätter zusammenkleben.

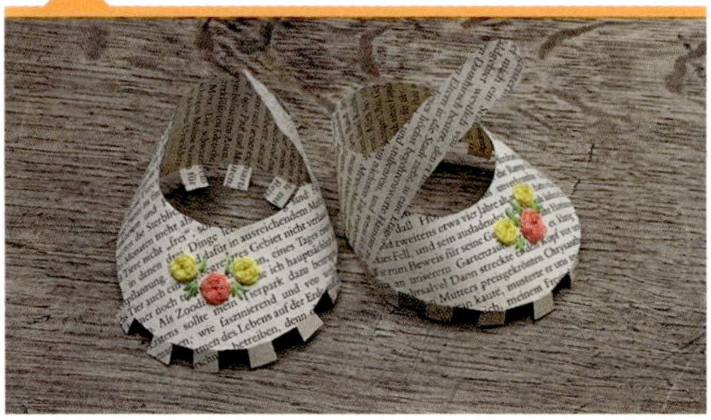

8. Die Sohlen ankleben, sodass die Markierungen an Spitze und Ferse aufeinanderliegen. Anschließend die Seiten schließen.

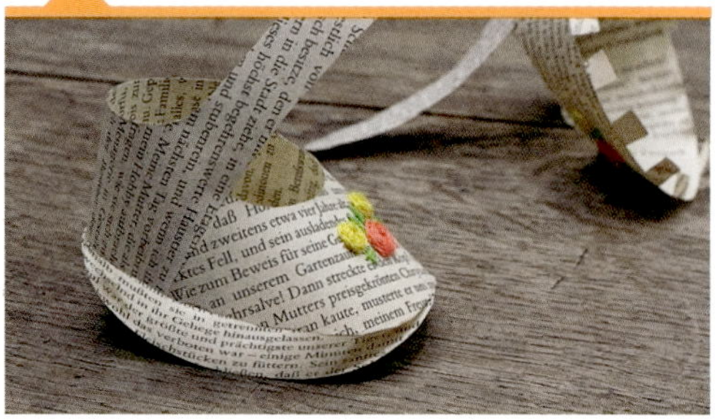

9. Die Einlagen einschieben und bei Bedarf anpassen.

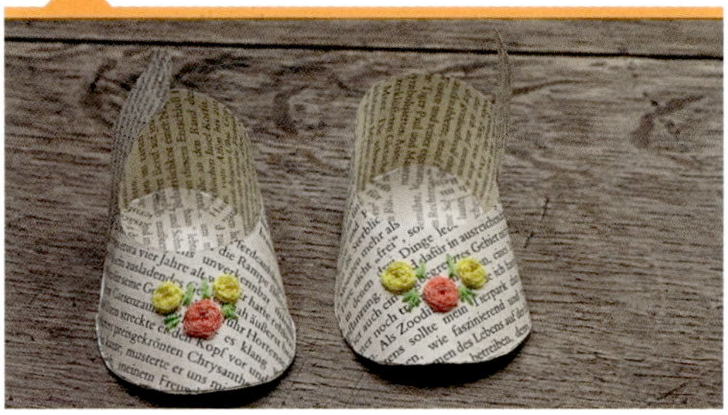

10. Den Riemen mit etwas Klebstoff fixieren.

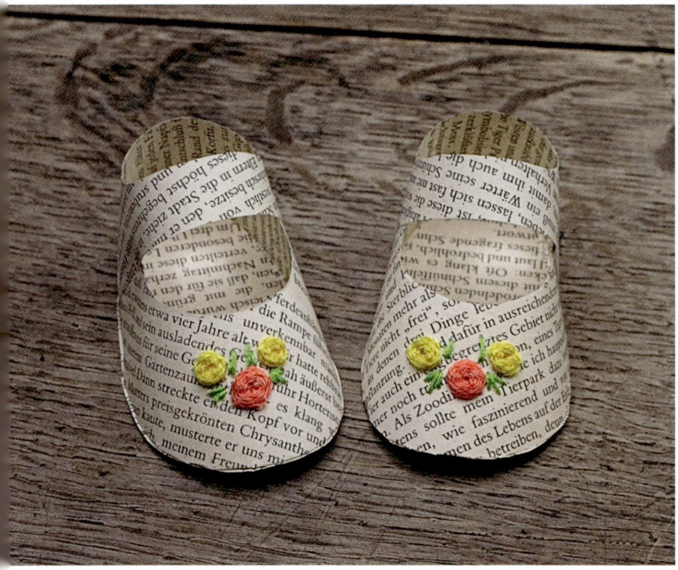

Stickvorlage C
Originalgröße

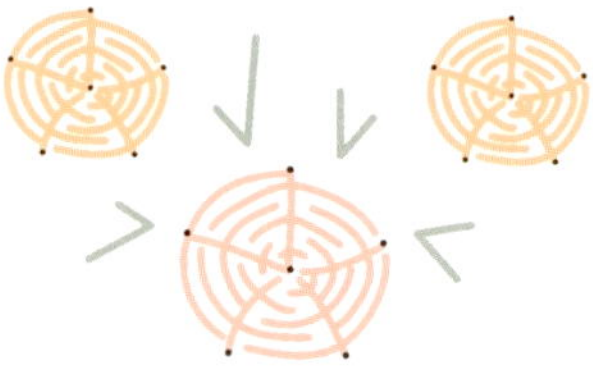

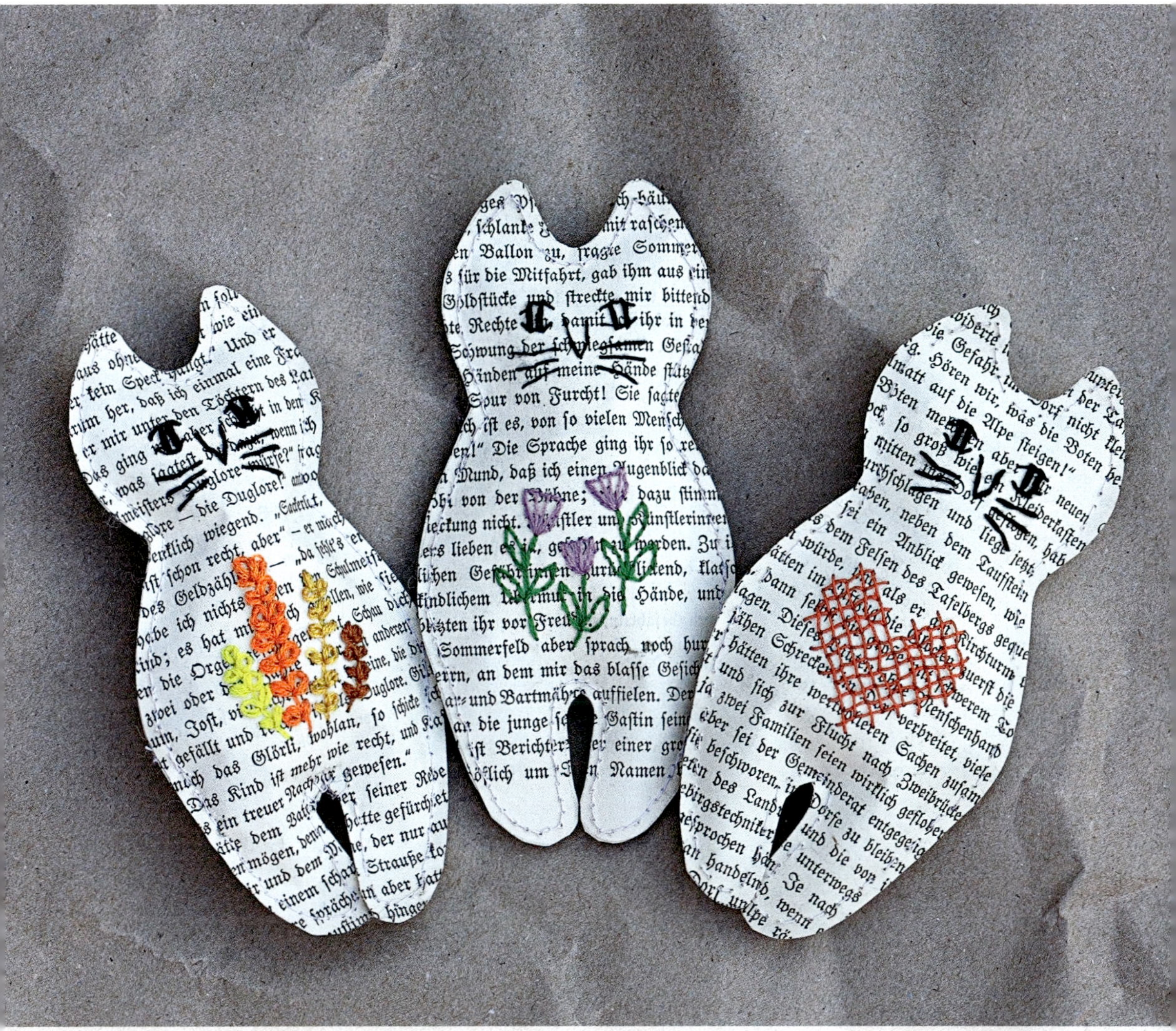

Katzentrio

Die schwierigste Aufgabe bei diesem Projekt besteht darin, die Katzen so mit Watte auszustopfen, dass der Körper Volumen bekommt, das Papier aber nicht reißt.

Katzentrio

Materialien

- Buchseiten aus festem Papier
- helles Nähgarn
- Stickgarn (Twist)
- Füllwatte
- Kopierpapier
- ablösbares Klebeband

Werkzeuge

- Schere
- Bleistift
- Näh- und Sticknadeln (verschiedene Stärken)
- weiche Unterlage
- Holzspieß

Vorlagen

› Seite 138: Körper, Schwanz, Stickvorlage Gesicht, Stickvorlage Bauch A, B, C

Siehe auch

› Seite 17 ff.: Stiche

So wird's gemacht:

1. Körper und Schwanz jeweils doppelt aus Buchseiten ausschneiden.

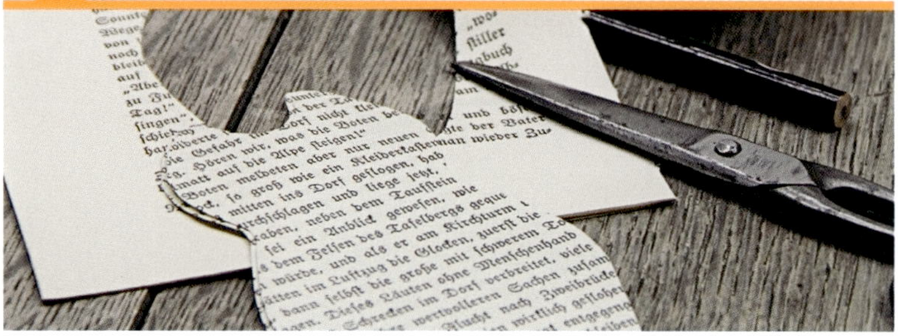

2. Die Löcher für die Schwanznaht vorstechen, die Schwanzteile mit Schlingstichen zusammennähen und den Schwanz an den unteren Teil des Rückens kleben.

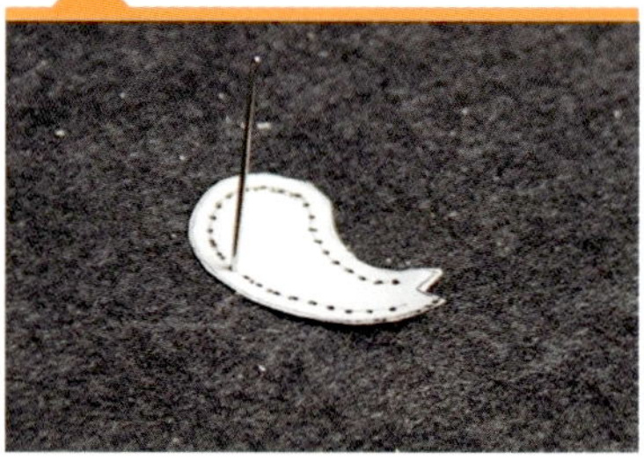

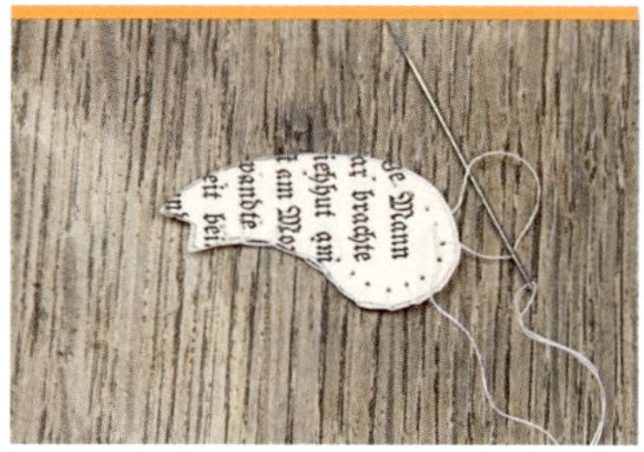

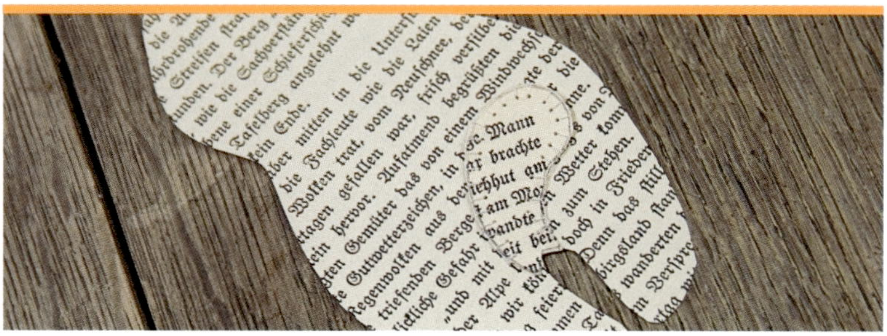

Tipp:
- Drehen Sie die Arbeit zwischendurch um, um das Stichmuster zu überprüfen. Auf dem Kopierpapier ist es gut zu sehen.

3. Das Vorderteil besticken.
   a. Ein Stück Kopierpapier zur Verstärkung unter die Bauchpartie legen und mit ablösbarem Klebeband fixieren.

   b. Das Vorderteil auf eine weiche Unterlage legen und Stickvorlage A für den Bauch auflegen.

   c. Mit einer Nähnadel die Einstichlöcher vorstechen und die Vorlage abnehmen.

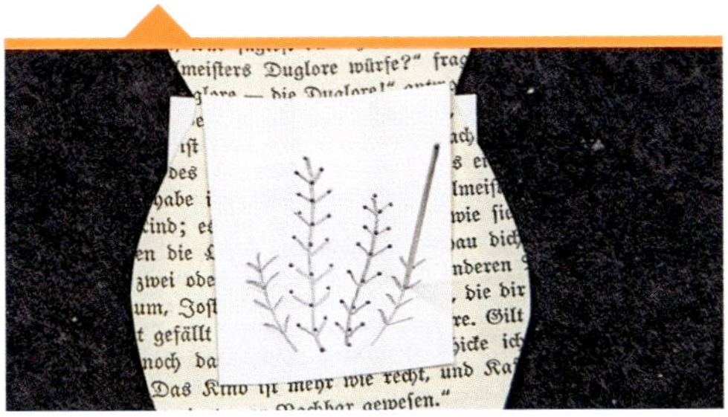

   d. Die Stiele mit 2 Fäden im Rückstich arbeiten.

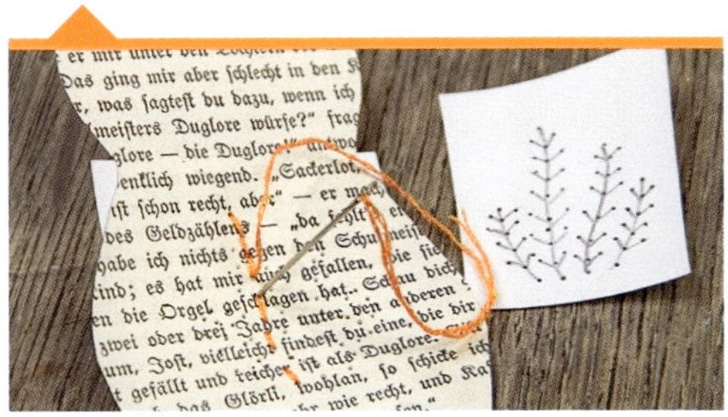

   e. Die Blätter mit 4 Fäden im Margeritenstich sticken.

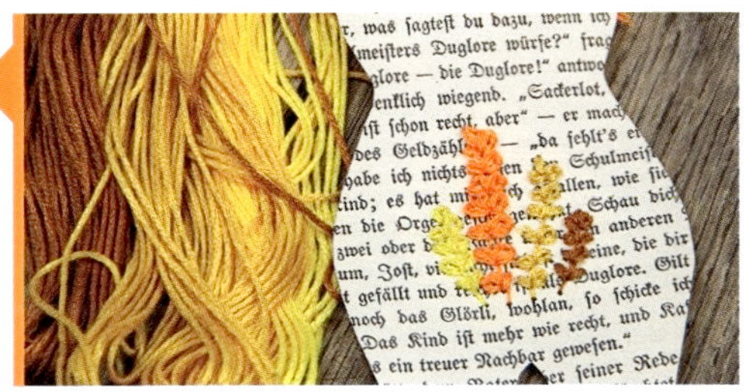

   f. Ein Stück Kopierpapier zur Verstärkung unter den Kopf der Katze legen und mit ablösbarem Klebeband fixieren.
   Das Vorderteil auf eine weiche Unterlage legen und die Vorlage für das Gesicht auflegen.
   Mit einer Nähnadel die Einstichlöcher vorstechen und die Vorlage abnehmen.

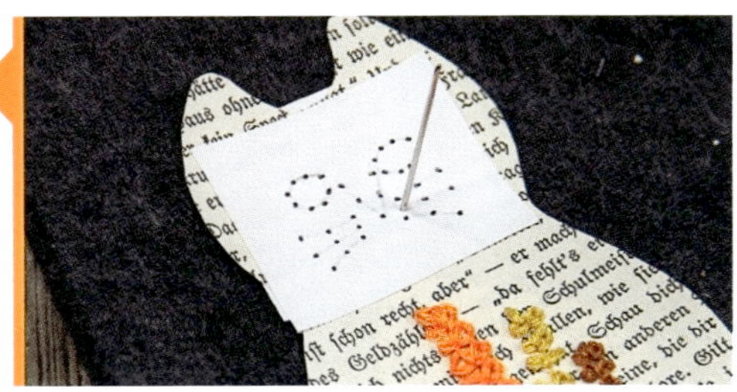

Tipp:
- Zeichnen Sie das Gesicht mit Bleistift auf der Rückseite des Kopierpapiers nach. So können Sie überprüfen, ob die Stiche richtig platziert sind.

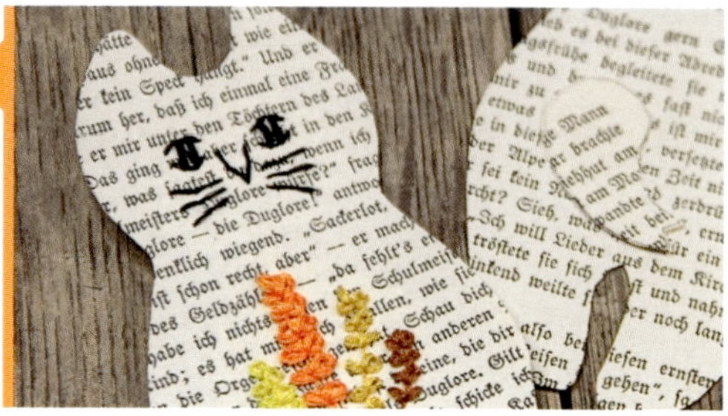

g. Das Gesicht mit 2 Fäden im Rückstich sticken. Die Iris jeweils doppelt sticken.

h. Beide Kopierpapiere (Gesicht und Bauch) zurückschneiden.

4. Mithilfe der Vorlage für den Körper am Rückenteil die Einstichlöcher vorstechen.

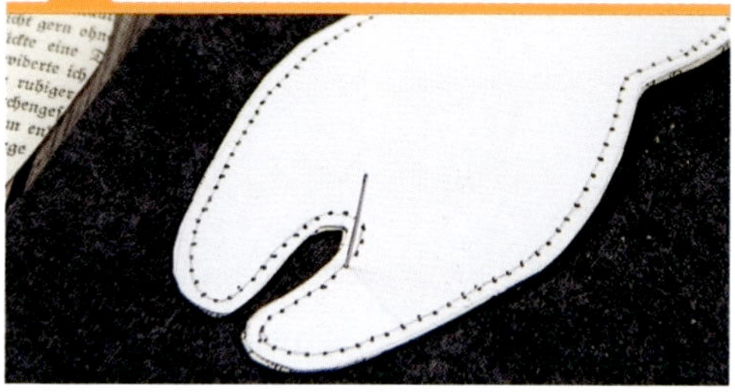

5. Vorder- und Rückenteil aufeinanderlegen und mit Vorstichen zusammennähen. Zwischendurch immer wieder etwas Füllwatte einschieben – vorsichtig und nicht zu viel, damit das Papier nicht reißt.

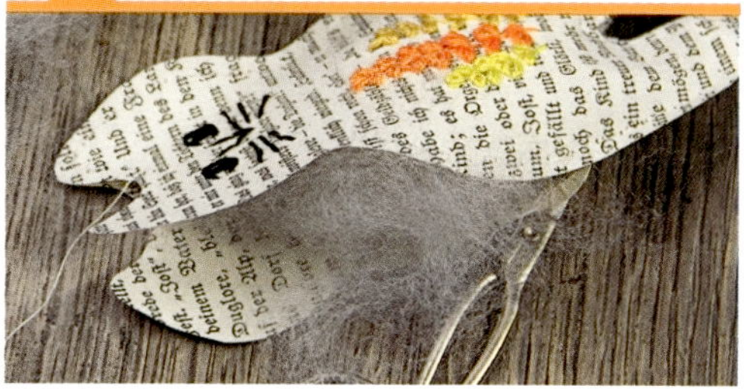

6. Ist die Runde geschlossen, die Lücken zwischen den Stichen mit weiteren Vorstichen schließen. Die beiden anderen Katzen werden – bis auf die Stickerei – genauso gearbeitet.

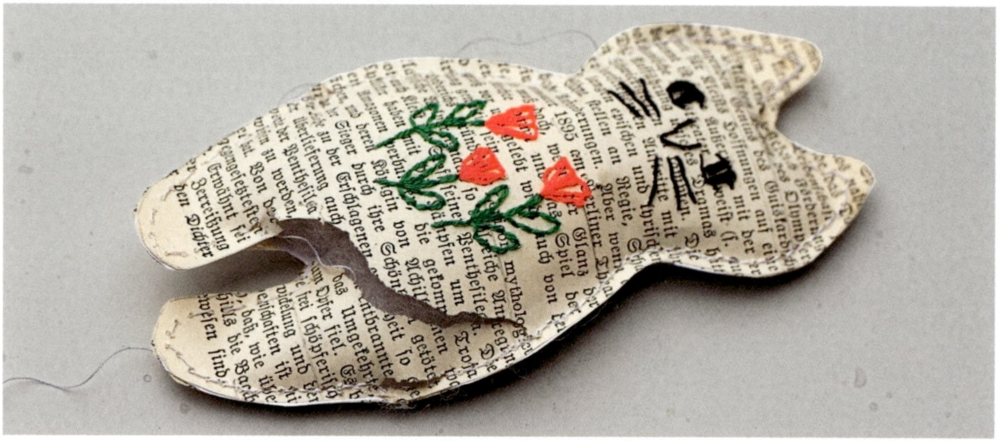

Beim Füllen und Zusammennähen des Körpers ist äußerste Vorsicht geboten. Einrisse lassen sich in der Regel nicht reparieren.

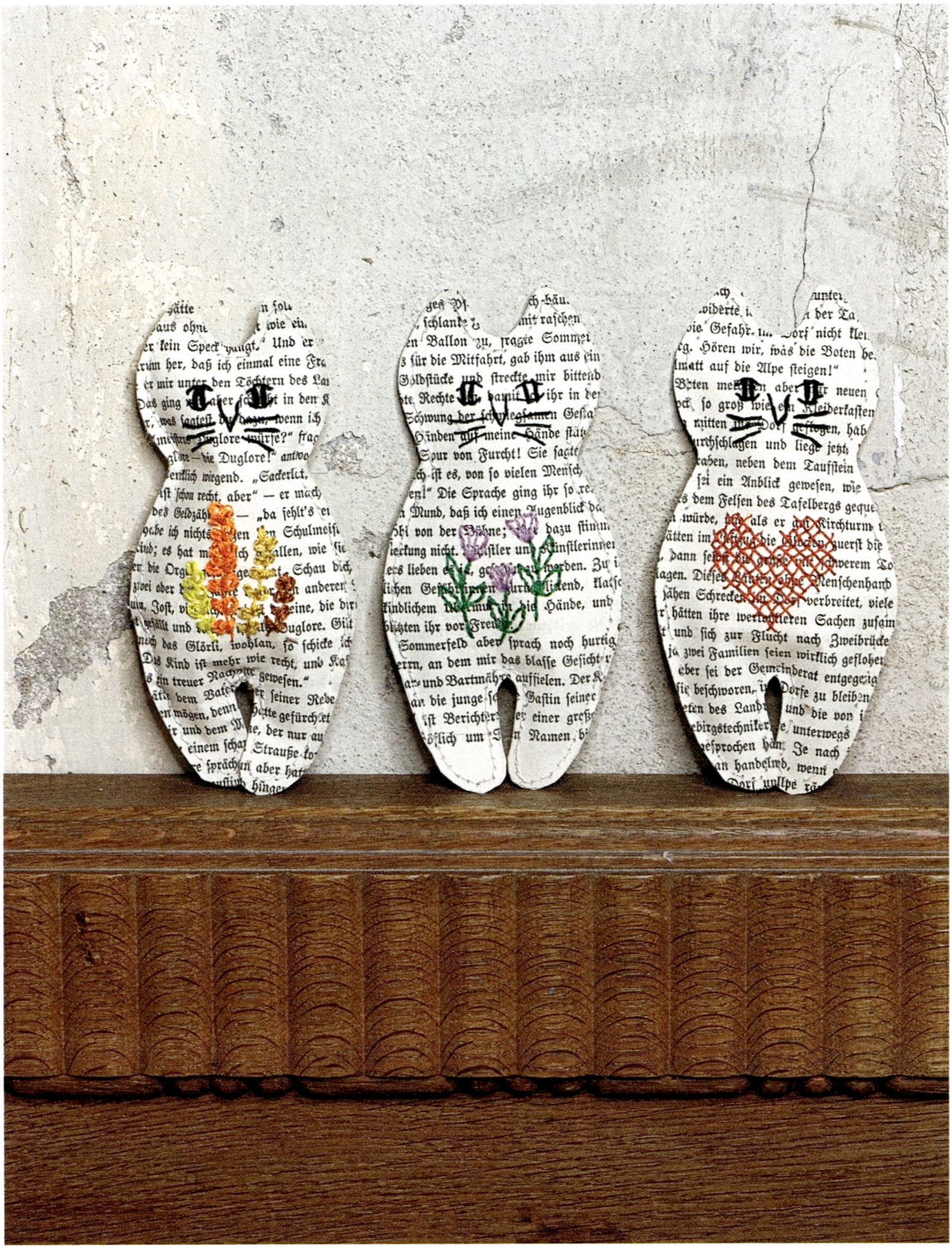

Die Blumen von Stickvorlage B werden im Rückstich gearbeitet, das Herz von Stickvorlage C wird im Kreuzstich gestickt. Experimentieren Sie beim Sticken mit unterschiedlichen Garnfarben und Stickmustern. Es ist nicht schwierig, eigene Vorlagen zu entwerfen.

Stickvorlage Bauch A, B, C
Originalgröße

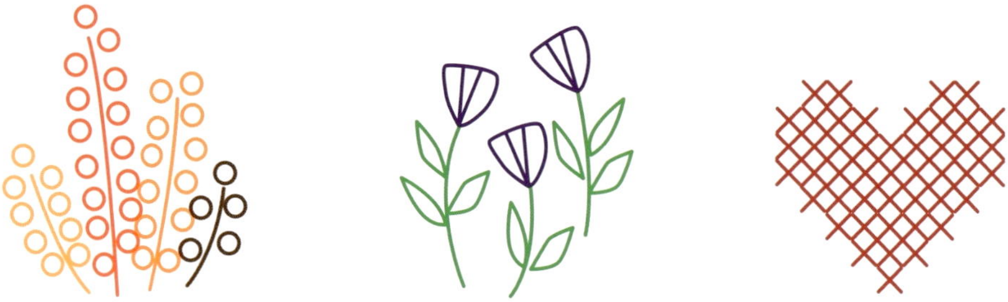

Vorlage Körper, Schwanz
Originalgröße

Stickvorlage Gesicht
Originalgröße

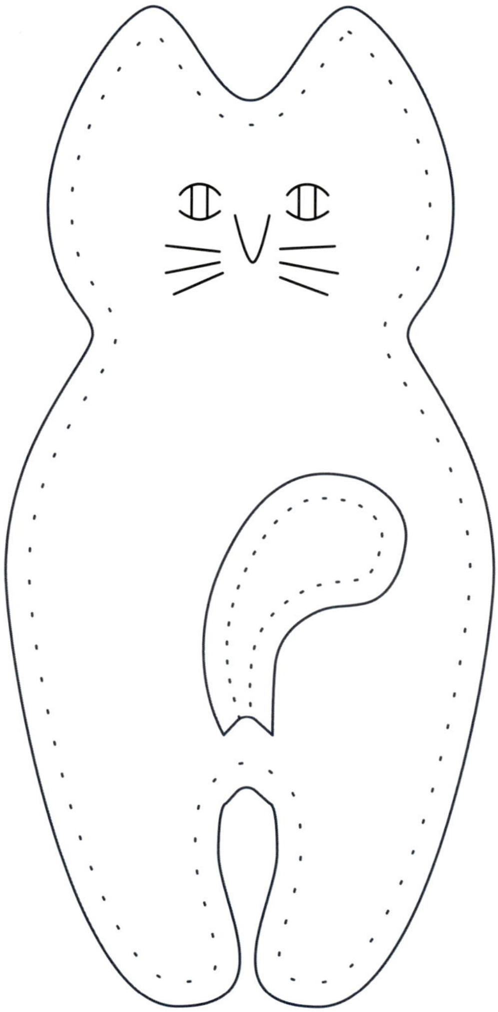

Mädchen mit Dutt

Bei diesem Projekt müssen Sie aufpassen, dass das Papier neben den eng gesetzten Spannstichen nicht einreißt.

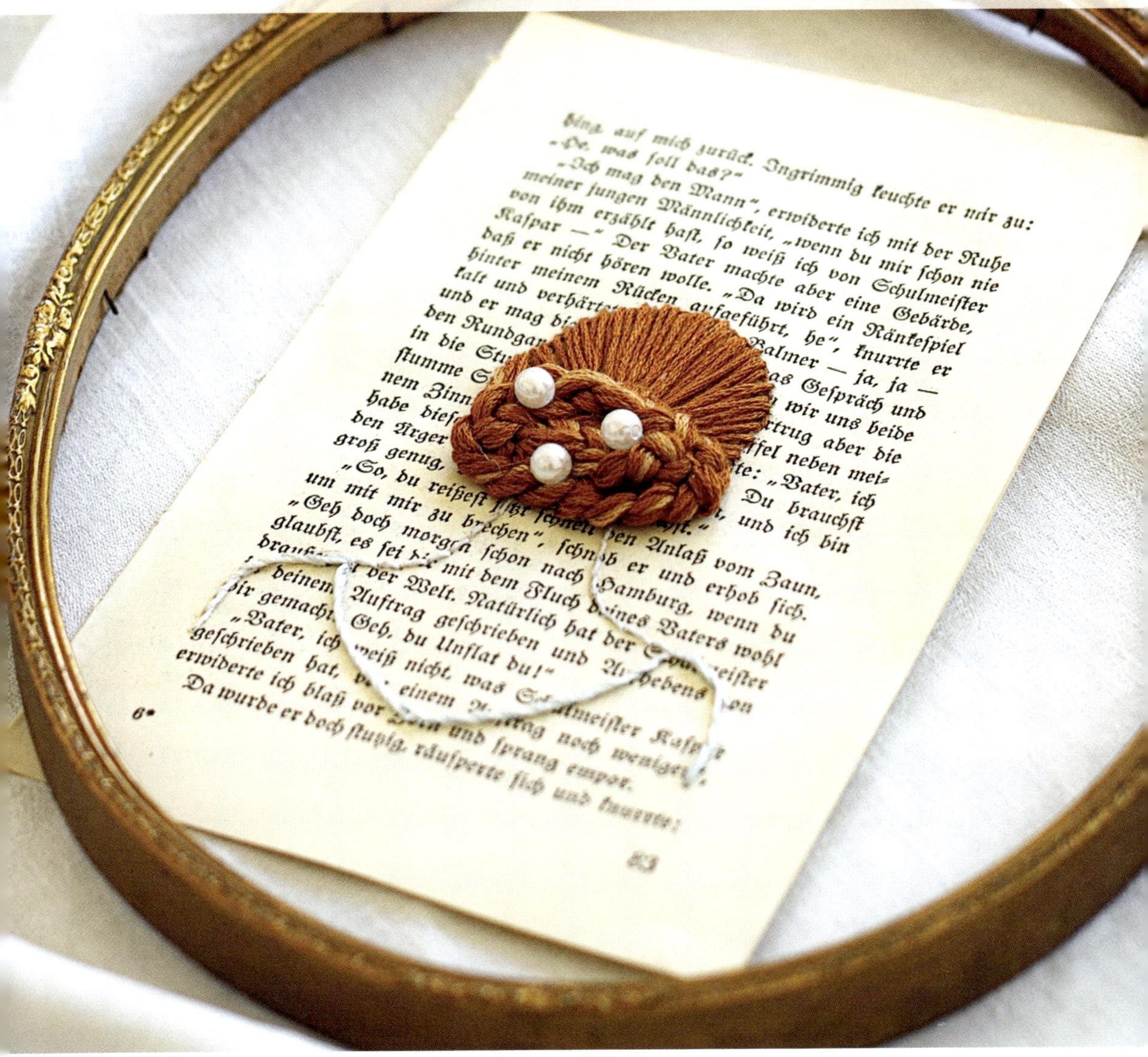

Mädchen mit Dutt

Materialien

- 2 Buchseiten
- Sticktwist: hautfarbenes Garn für den Hals, helles Garn für das Kleid, ca. 10 m braunes Garn für die Frisur
- 3–5 Perlen
- Nähgarn (in der Farbe der Perlen)
- Transparentpapier
- Kopierpapier

Werkzeuge

- Schere
- Bleistift
- Sticknadeln
- weiche Unterlage

Vorlage

- Seite 142: Silhouette

Siehe auch

- Seite 13: Vorlagen übertragen
- Seite 17: Vorstich, Rückstich
- Seite 18: Stielstich
- Seite 22: Spannstich

So wird's gemacht:

1. Das Motiv zuerst auf Transparentpapier und dann auf die Buchseite übertragen (siehe Seite 13).

2. Die Vorlage mit ca. 1 cm Randzugabe ausschneiden und zur Verstärkung zwischen die beiden Buchseiten schieben.

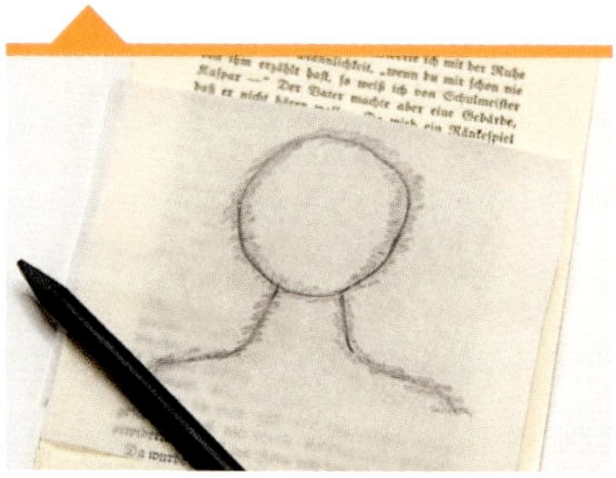

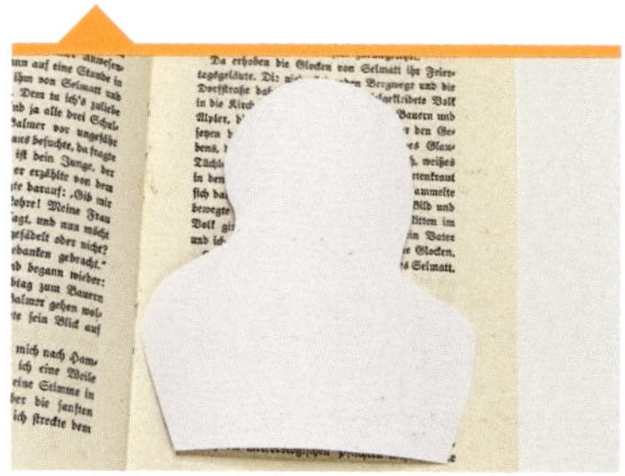

3. Die Buchseiten auf eine weiche Unterlage legen und die Einstichlöcher vorstechen – idealerweise in einem Abstand von ca. 3 mm.

4. Den Hals mit 2 hautfarbenen Fäden im Rückstich arbeiten. Danach können die Buchseiten nicht mehr verrutschen.

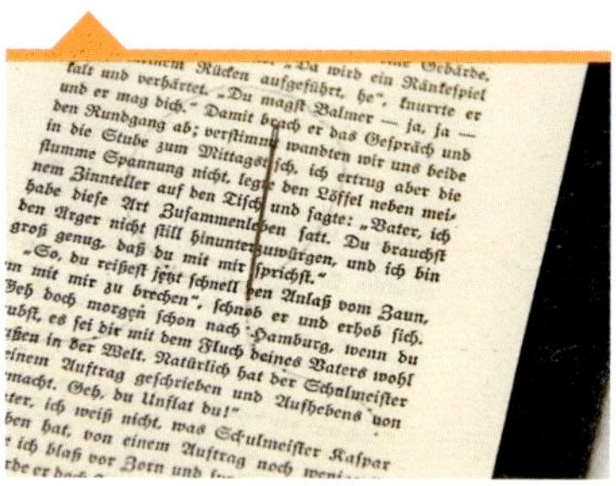

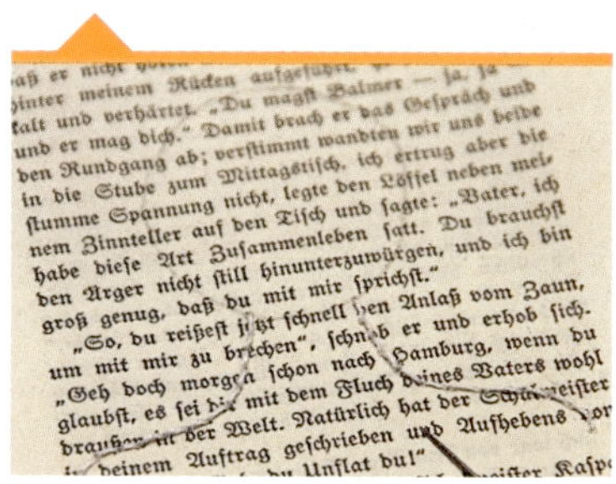

5. Die Konturen des Kopfs mit 2 braunen Fäden ebenfalls im Rückstich arbeiten.

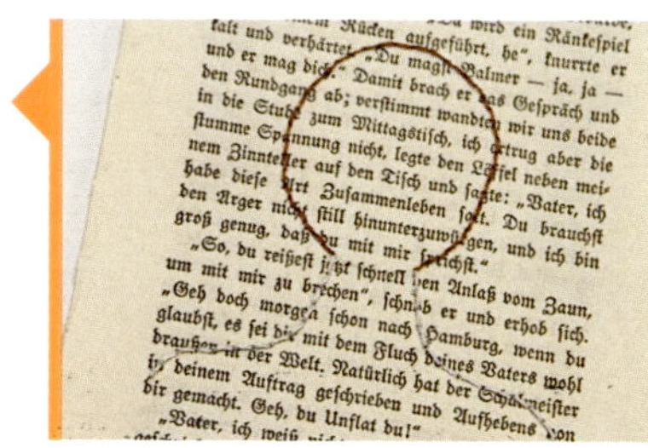

6. Die obere Haarpartie mit allen 6 Fäden des braunen Garns im Spannstich sticken. Orientieren Sie sich hierbei an der Abbildung. Zuerst rechts und links die grün markierten Haare sticken und zum Schluss in der Mitte die orange markierten Haare. Jeweils die erforderlichen Löcher vorstechen. Löcher können auch doppelt belegt werden.

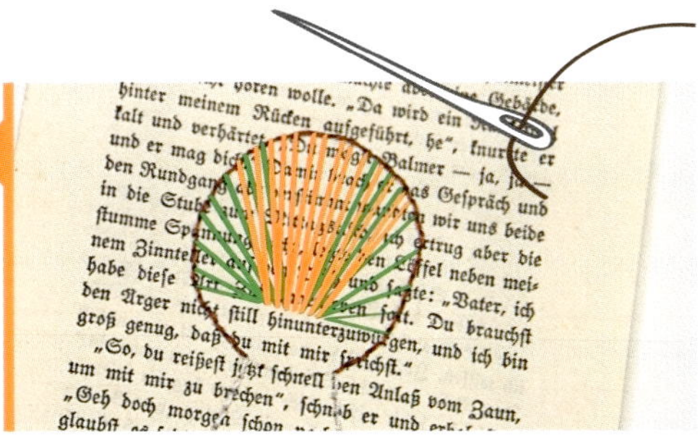

7. An der linken Kopfseite lange Haare einknüpfen: Die Nadel mit einem 30 cm langen Faden am Rand einstechen und ca. 4 Löcher weiter wieder ausstechen. Auf diese Weise 10 Fäden einarbeiten. Die Fadenenden hängen lassen.

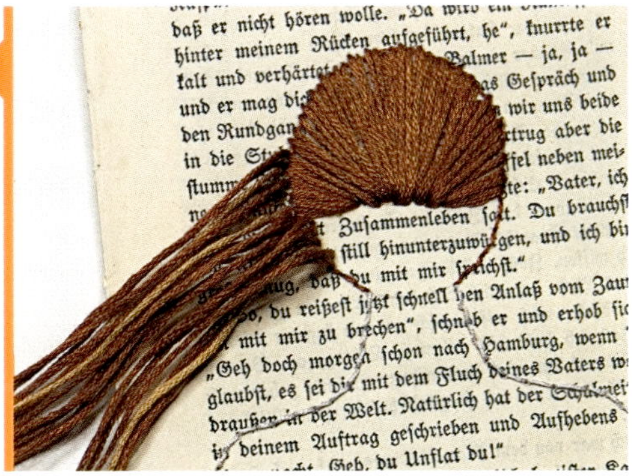

8. Aus den Fäden einen Zopf flechten, der leicht nach rechts führt. Das Ende verknoten oder zusammennähen.

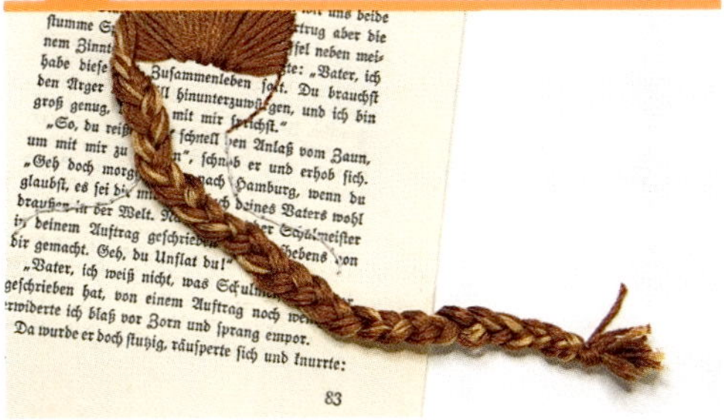

9. Den Zopf nun zu einem Dutt wickeln und diesen mit 2 braunen Fäden an der Buchseite festnähen.

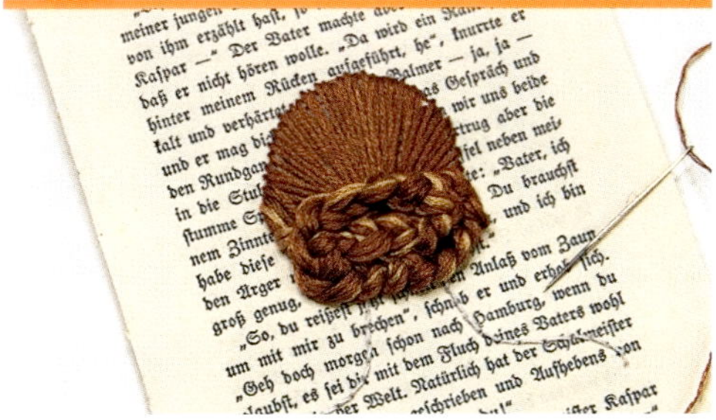

Tipp:

- Arbeiten Sie den Zopf mit Garn in zwei verwandten Farbtönen, und ziehen Sie die Fäden abwechselnd ein. So wirkt der Dutt später weniger streng.

10. Das Kleid im Stielstich sticken.

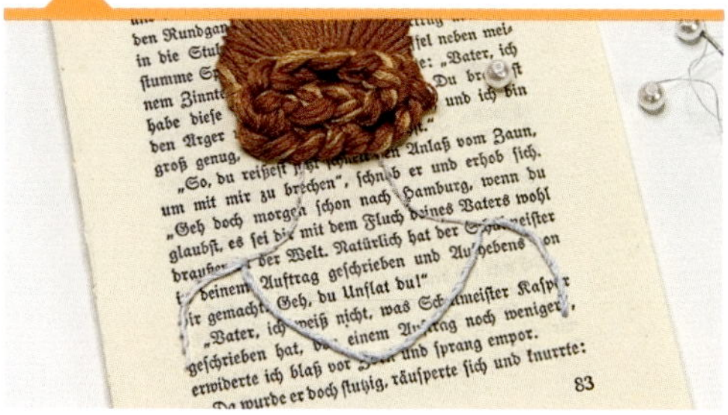

11. Mit Nähgarn ein paar Perlen auf den Dutt nähen. Dabei nicht durch das Papier stechen.

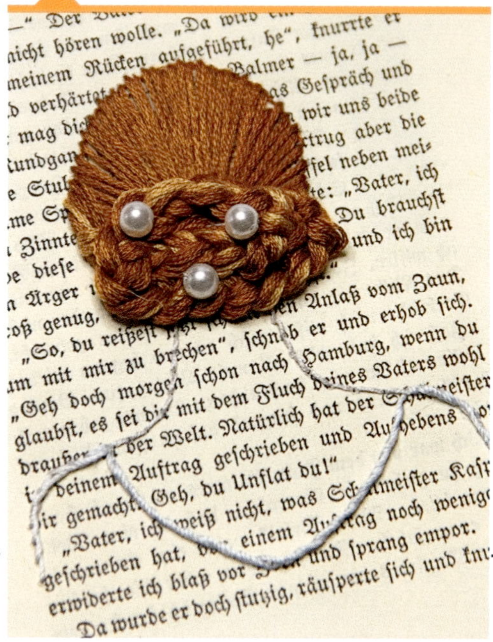

Vorlage Silhouette
Originalgröße

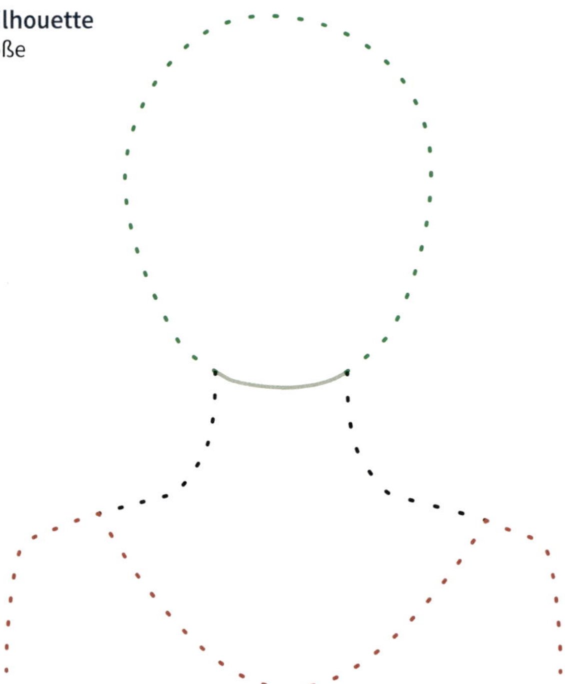

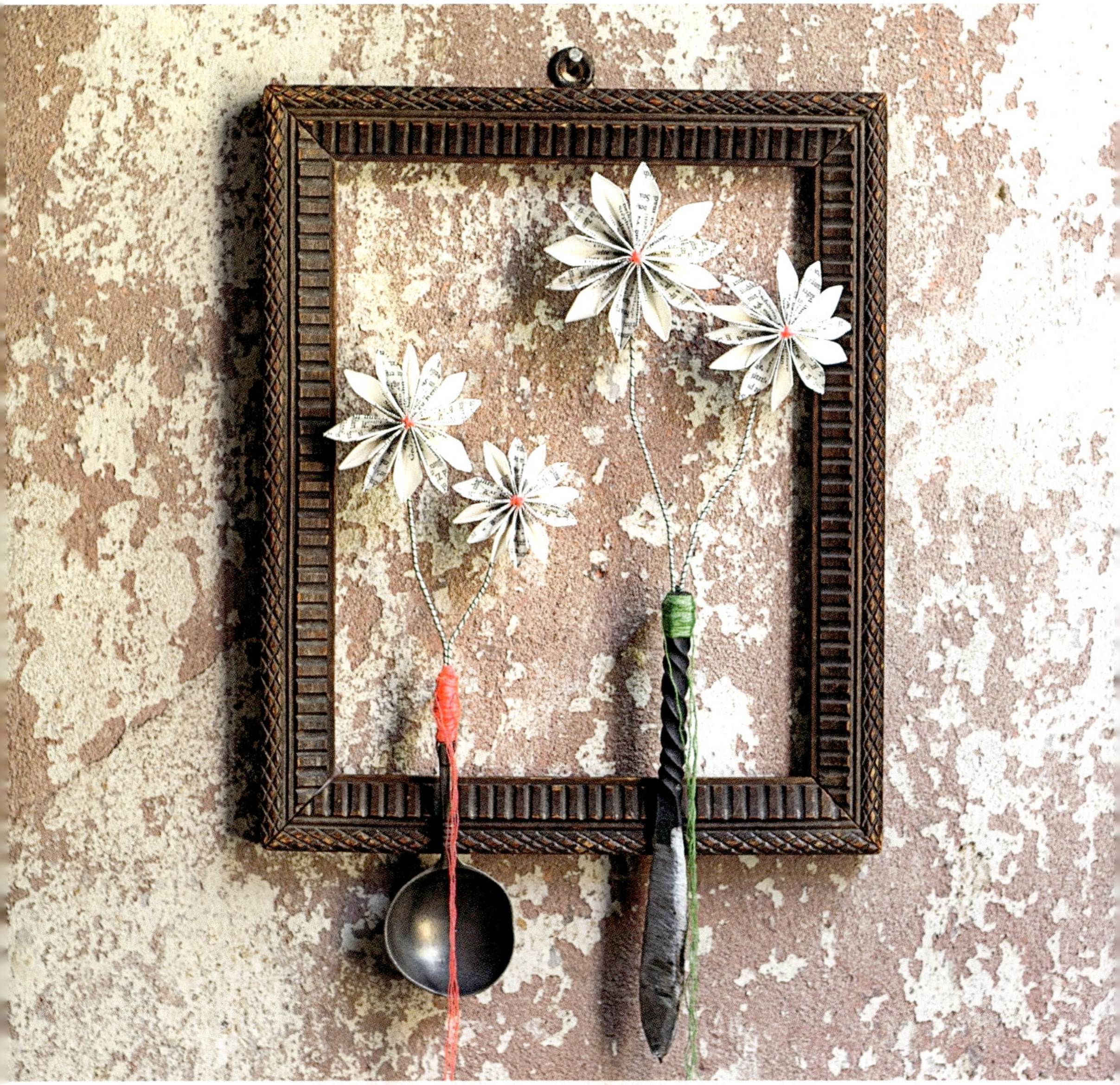

Blühendes Besteck

Ein bisschen verrückt ist es schon, wenn plötzlich Blumen aus Messer, Löffel und Gabel sprießen …

Blühendes Besteck

Materialien
- Buchseiten
- farbiges Näh- oder Stickgarn
- Besteck (Löffel, Gabel oder Messer)
- unbedruckte Zeitungsstreifen
- Leim
- Steckdraht, ca. 0,7 mm ø
- Wickeldraht, ca. 0,5 mm ø

Werkzeuge
- Schere
- dünne Nähnadel
- Zangenset
- Bleistift mit rundem Schaft

So wird's gemacht:

1. Aus einer Buchseite 6 Rechtecke à 6 x 4,5 cm ausschneiden.
2. Blütenblätter falten, wie auf Seite 148 beschrieben.
3. Zeitungsstreifen mit Leim bestreichen und einen ca. 15 cm langen Steckdraht mit den Streifen umwickeln.

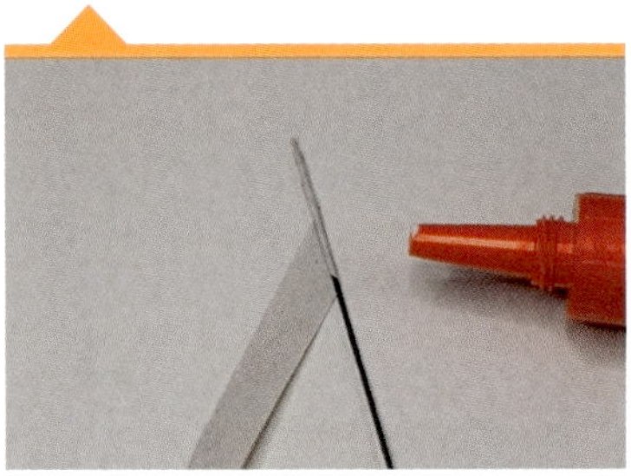

4. Farbiges Garn spiralförmig um den ummantelten Steckdraht wickeln und dabei punktuell festkleben.

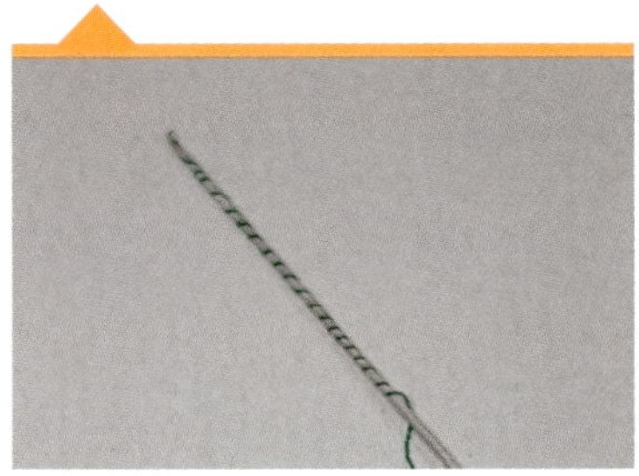

5. Die Spitze des Steckdrahts genau in die Mitte zwischen zwei aufeinanderliegende Blütenblätter kleben.

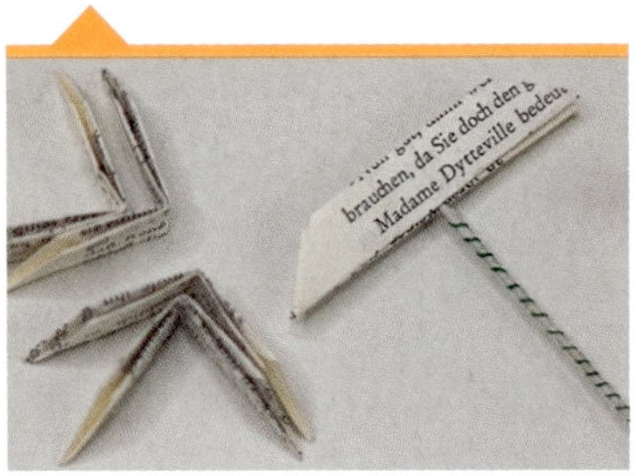

6. Auf jeder Seite 2 weitere Blütenblätter ankleben. Nur die Längsfalten mit Leim bestreichen.

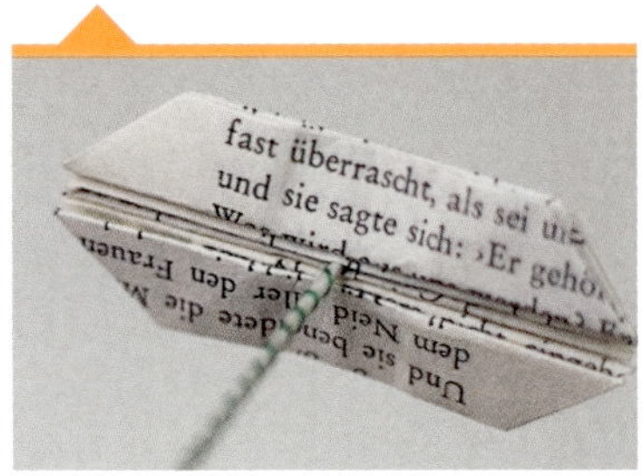

7. Die Blütenblätter in der Mitte kreuzförmig mit farbigem Garn fest umwickeln. Die Garnenden neben dem Steckdraht verknoten.

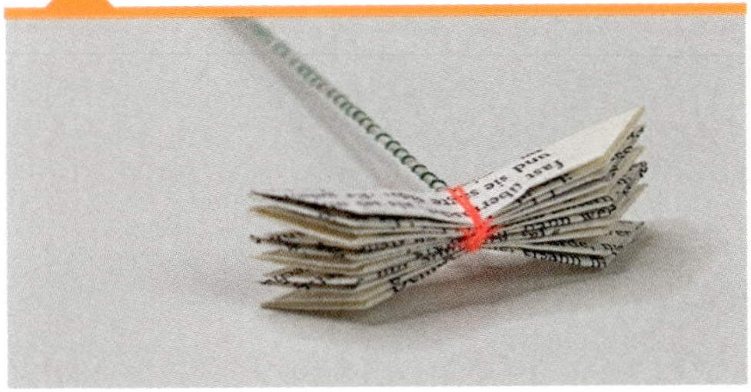

8. Die Blüte formen.

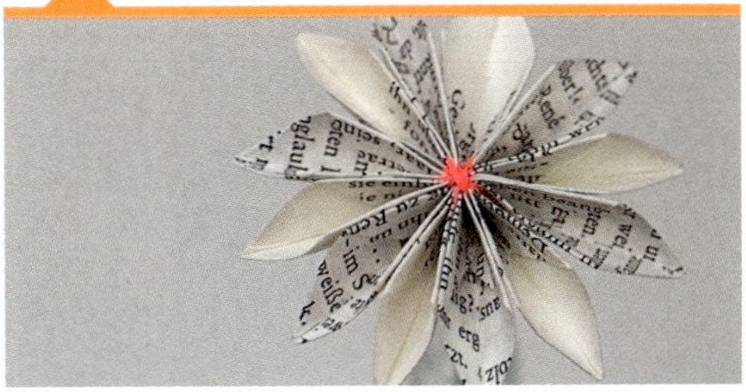

9. Mit der Zange am Blütenboden den Steckdraht im 90-Grad-Winkel umbiegen.

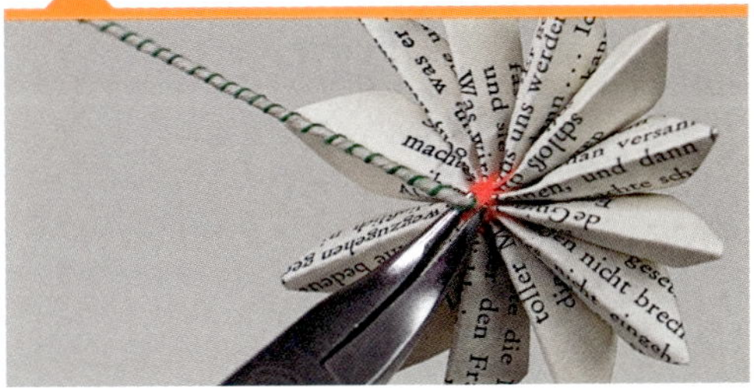

10. Die Schritte 1 bis 9 mit 4,5 x 3 cm großen Papierrechtecken wiederholen.

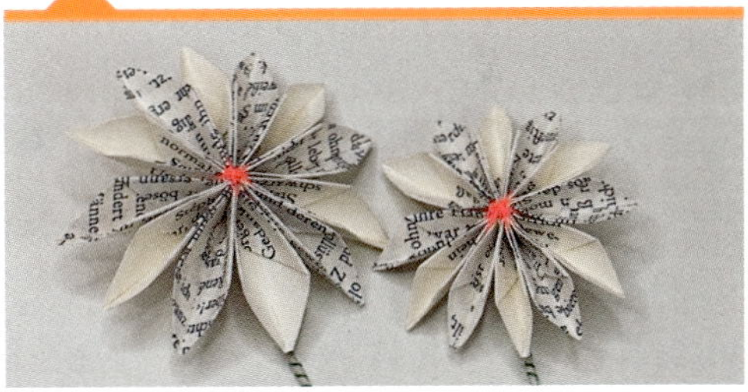

11. Zeitungsstreifen mit Leim bestreichen und ca. 10 cm Wickeldraht mit den Streifen umwickeln. Über den Bleistift eine Öse in die Mitte des umwickelten Drahts drehen.

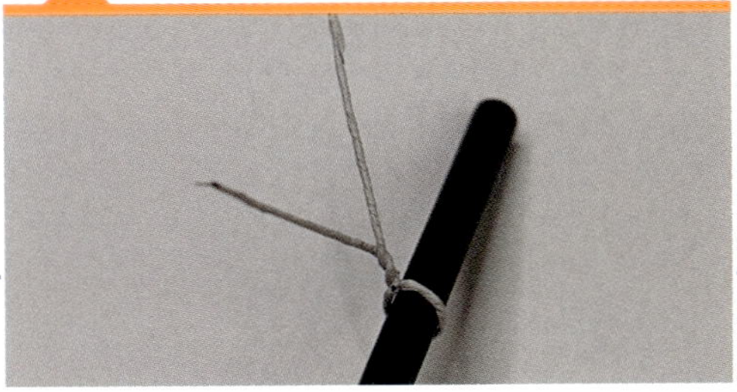

12. Zeitungsstreifen mit Leim bestreichen und das obere Ende vom Griff eines Besteckteils mit den Streifen umwickeln.

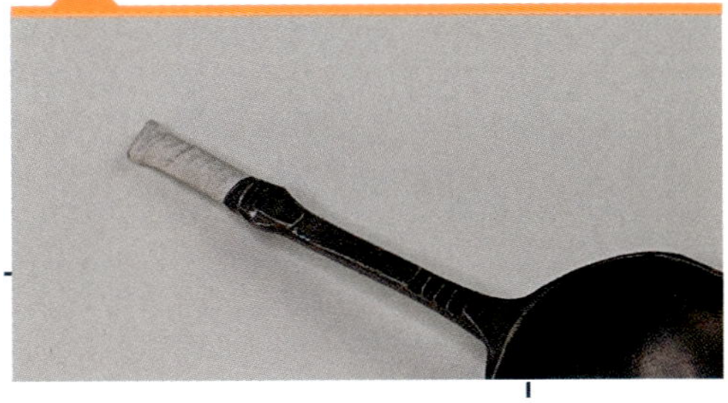

13. Die Blütenstiele auf die Rückseite des Griffs kleben. Die Stiele zuvor zurechtbiegen und bei Bedarf kürzen.

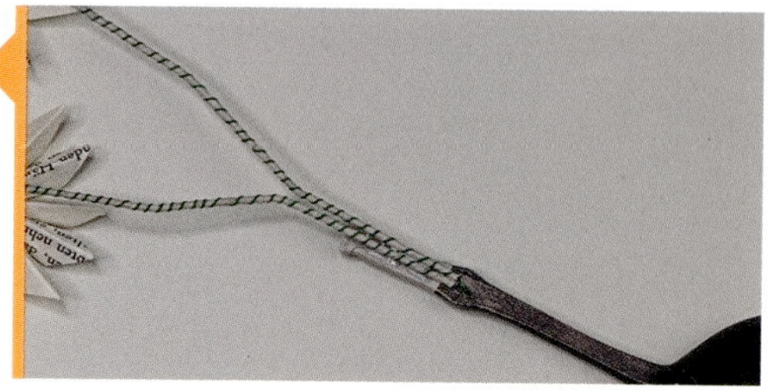

14. Den Draht mit der Öse um den Griff wickeln und festkleben. Die Öse als Aufhänger auf der Rückseite des Griffs platzieren.

15. Den Griff nochmals mit eingeleimten Zeitungsstreifen umwickeln.

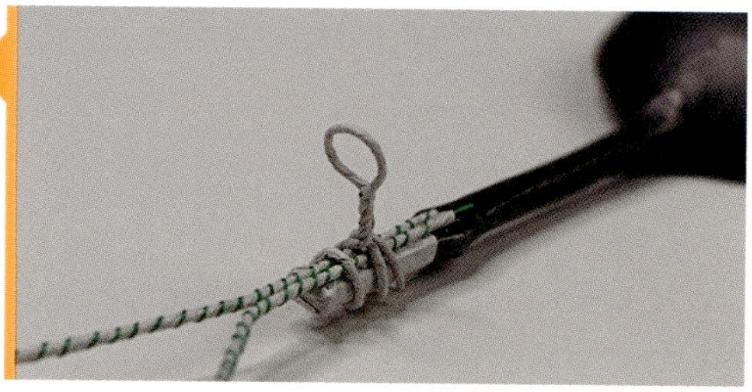

16. Den mit Zeitungspapier kaschierten Teil des Griffs vollflächig mit farbigem Garn umwickeln. Das Garn punktuell festkleben. Die Enden verknoten und hängen lassen.

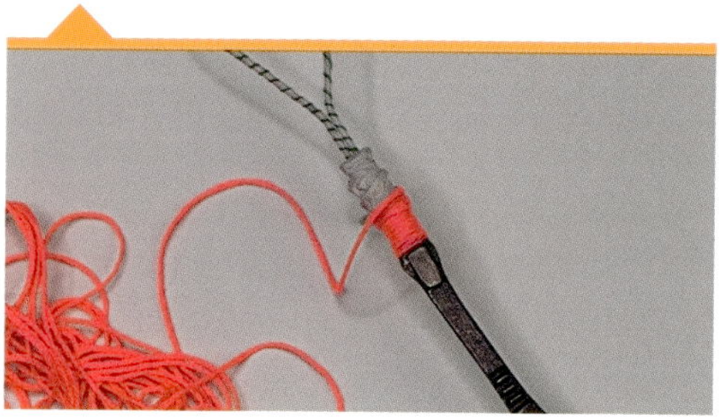

17. Mit der Nähnadel an verschiedenen Stellen kurze Garnfäden einziehen und die Enden ebenfalls hängen lassen.

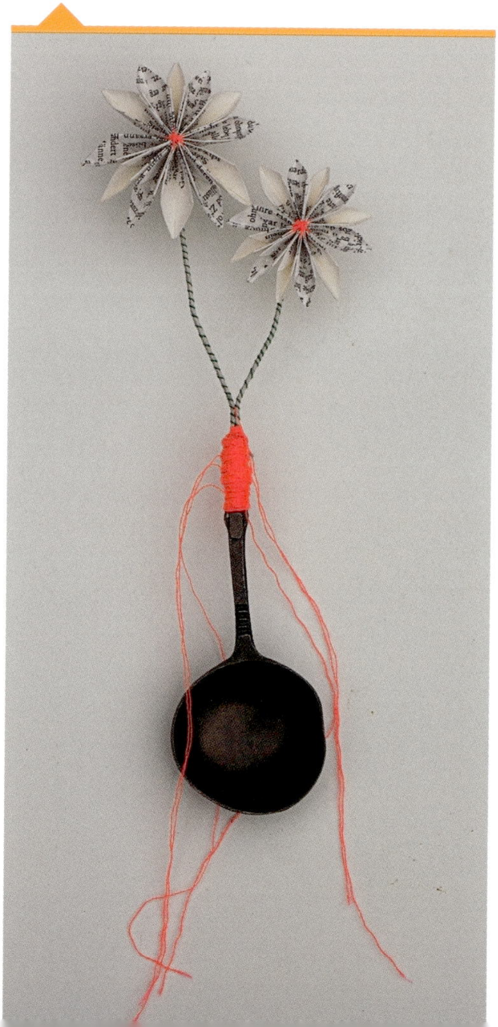

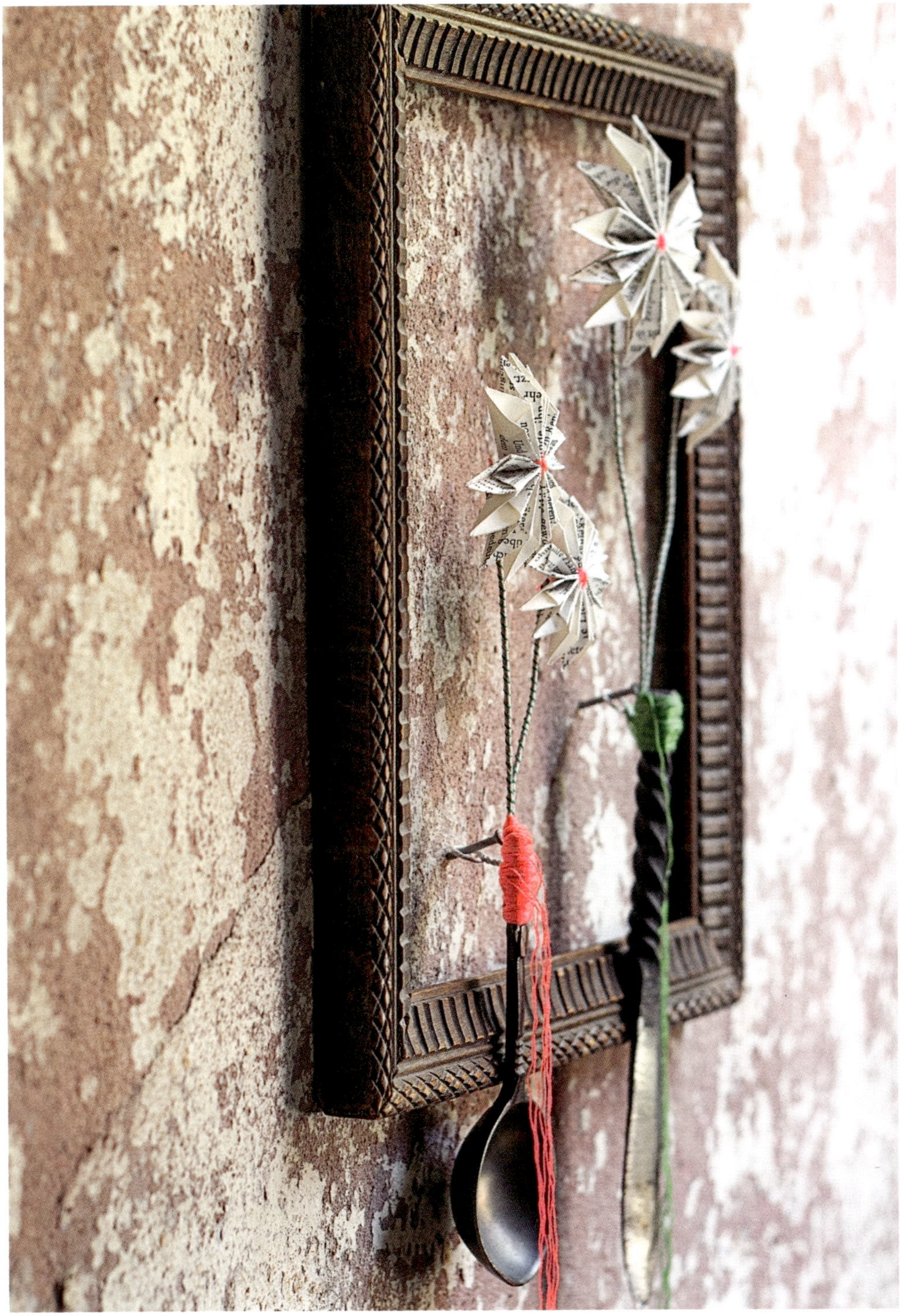

Faltanleitung für die Blüte

1. Das Rechteck der Länge nach in der Mitte falten und wieder auffalten.

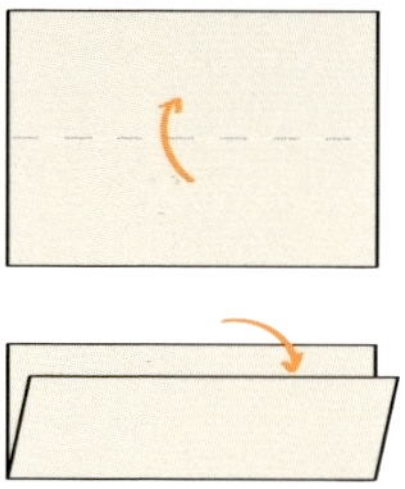

2. Alle 4 Ecken im rechten Winkel zur Mitte falten.

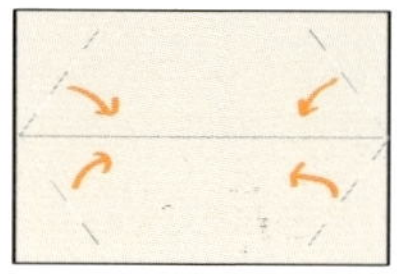

3. Die beiden Längskanten zur Mitte falten.

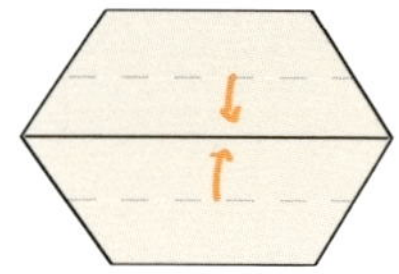

4. Das Sechseck in der Mitte falten.

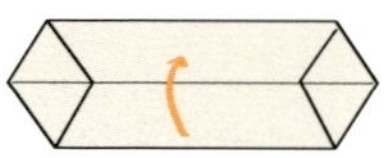

5. Die beiden Spitzen aufeinanderfalten.

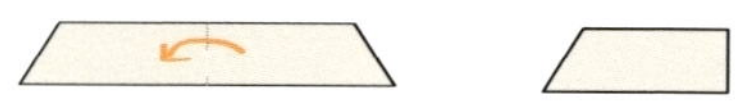

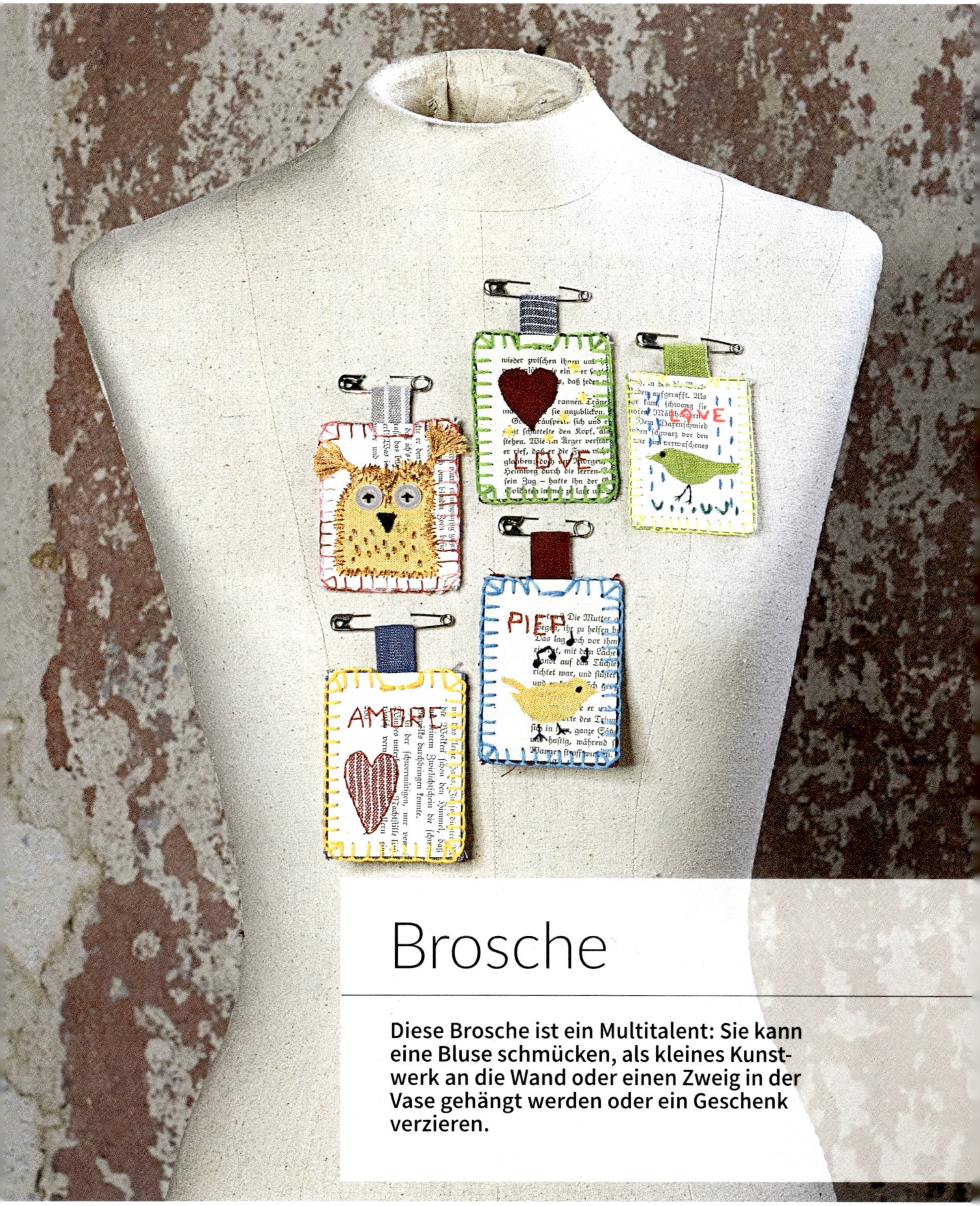

Brosche

Diese Brosche ist ein Multitalent: Sie kann eine Bluse schmücken, als kleines Kunstwerk an die Wand oder einen Zweig in der Vase gehängt werden oder ein Geschenk verzieren.

Brosche

Materialien
- alte Buchseite
- Stoffrest
- farbiges Nähgarn
- farbiges Stickgarn
- Sicherheitsnadel
- Leim

Werkzeug
- Schere
- Lineal
- Bleistift
- 2 dünne Nähnadeln
- Pinsel
- weiche Unterlage

Siehe auch
› Seite 17 ff.: Stiche

So wird's gemacht:

1. Aus der Buchseite das Papier für die Brosche 2 x in der gewünschten Größe ausschneiden.

2. Den Stoff mit wenigen Millimetern Zugabe rundum 1 x in der Größe der Brosche zuschneiden.

3. Aus dem Stoff einen kurzen Streifen schneiden, diesen der Länge nach in der Mitte falten und zur Schlaufe legen.

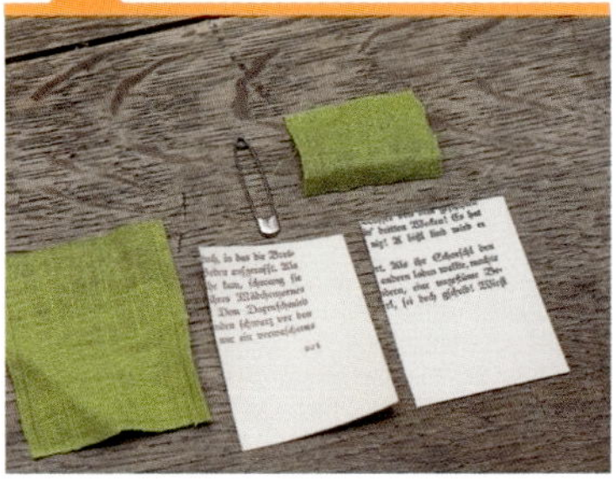

4. Die Schlaufe an das Stoffstück nähen.

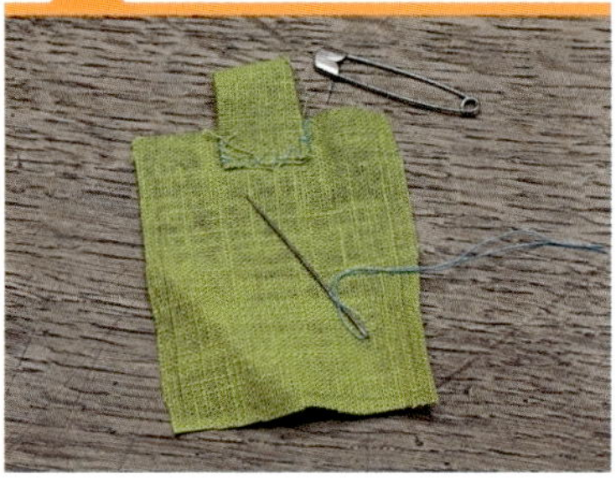

5. Die Buchseiten auf Vorder- und Rückseite des Stoffs kleben. Störende Stoffüberstände bei Bedarf zurückschneiden.

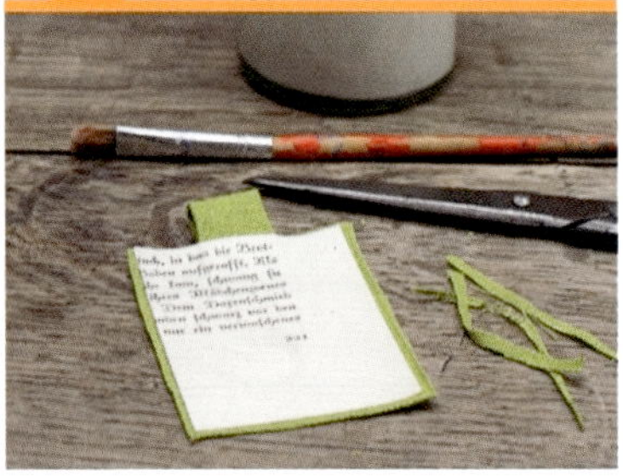

6. Am Rand der Brosche rundum freihändig Löcher vorstechen und die Brosche mit Schlingstichen umnähen.

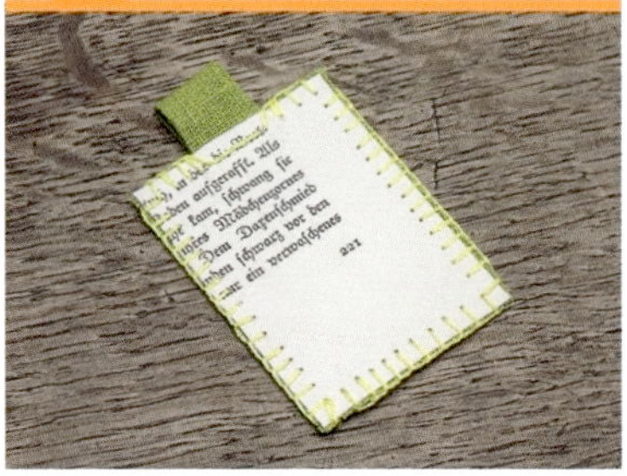

7. Einen Vogel direkt auf Stoff zeichnen, ausschneiden und auf die Vorderseite der Brosche kleben.

8. Ein kurzes Wort auf ein Stück Papier zeichnen, die Vorlage auflegen, die Löcher vorstechen und das Wort mit 2 Fäden Stickgarn aufsticken.

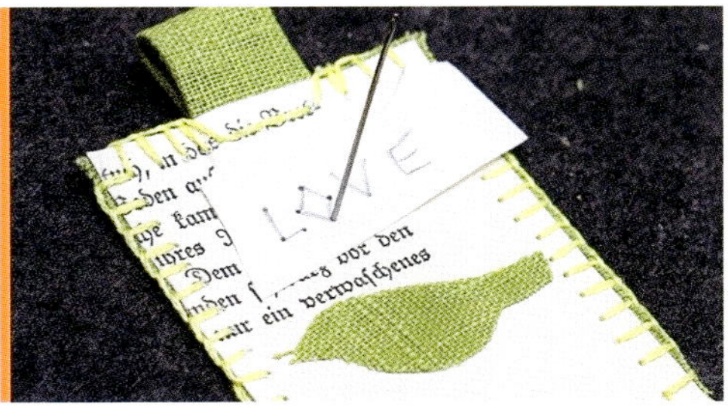

9. Die Beine und das Auge des Vogels sticken. Nach Wunsch weitere Muster, Blumen oder andere Motive aufsticken.

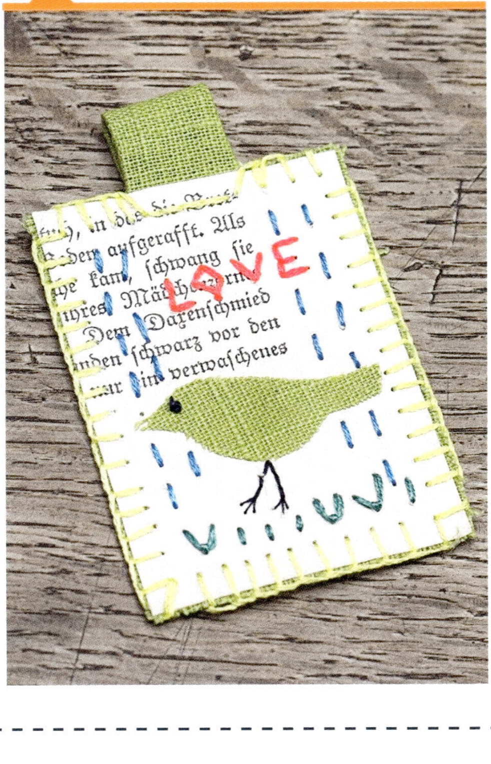

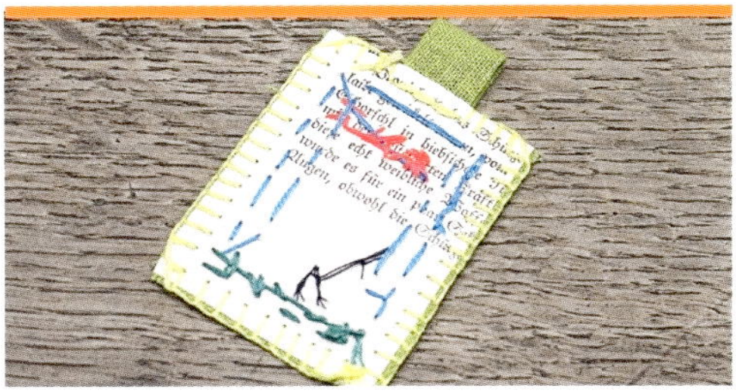

10. Optional können auf die Rückseite Papierschnipsel wie bei einer Collage aufgeklebt werden.

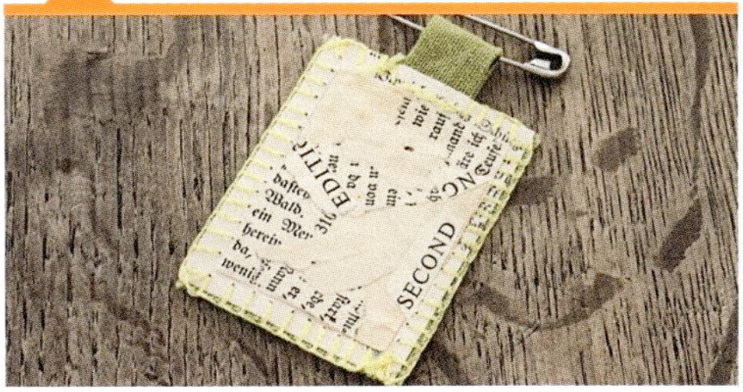

Anhang

Kreisrund
Prickelvorlage
Originalgröße

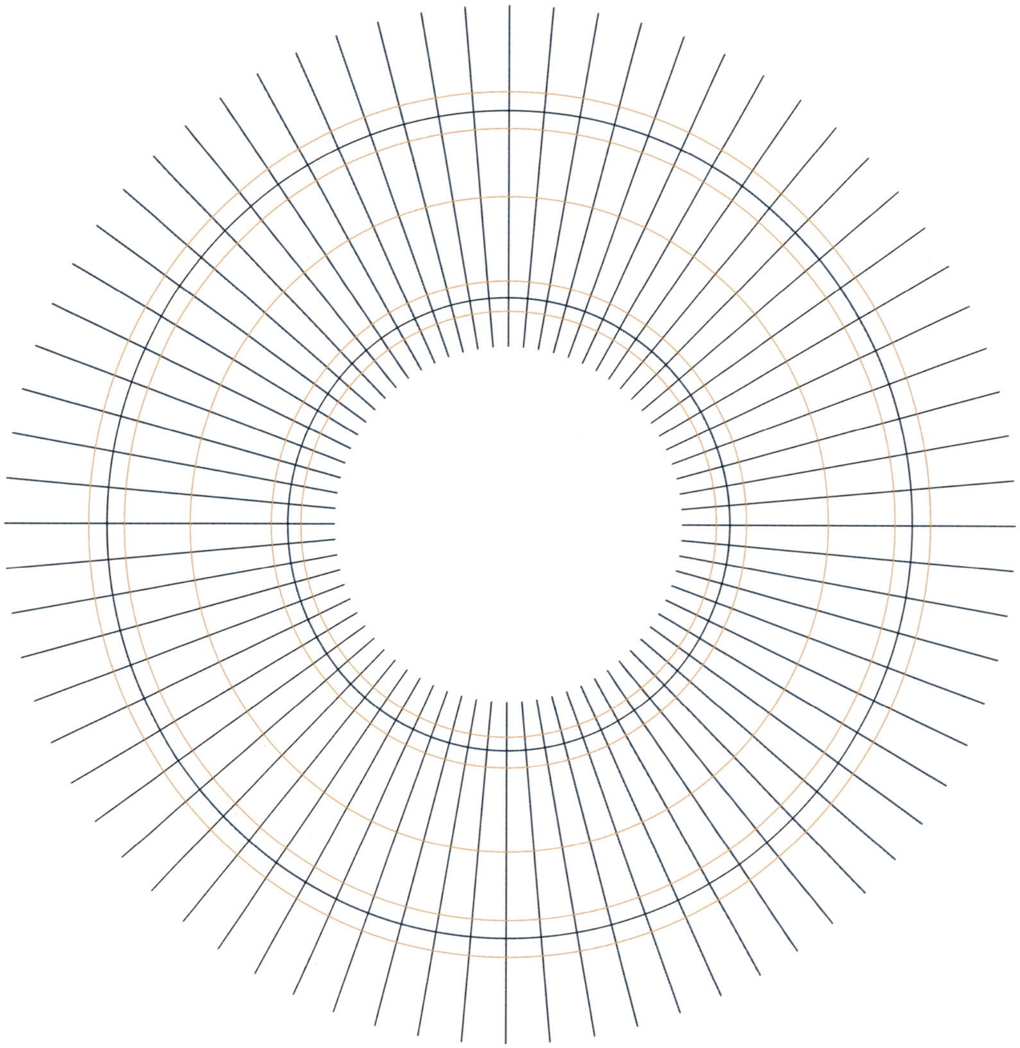

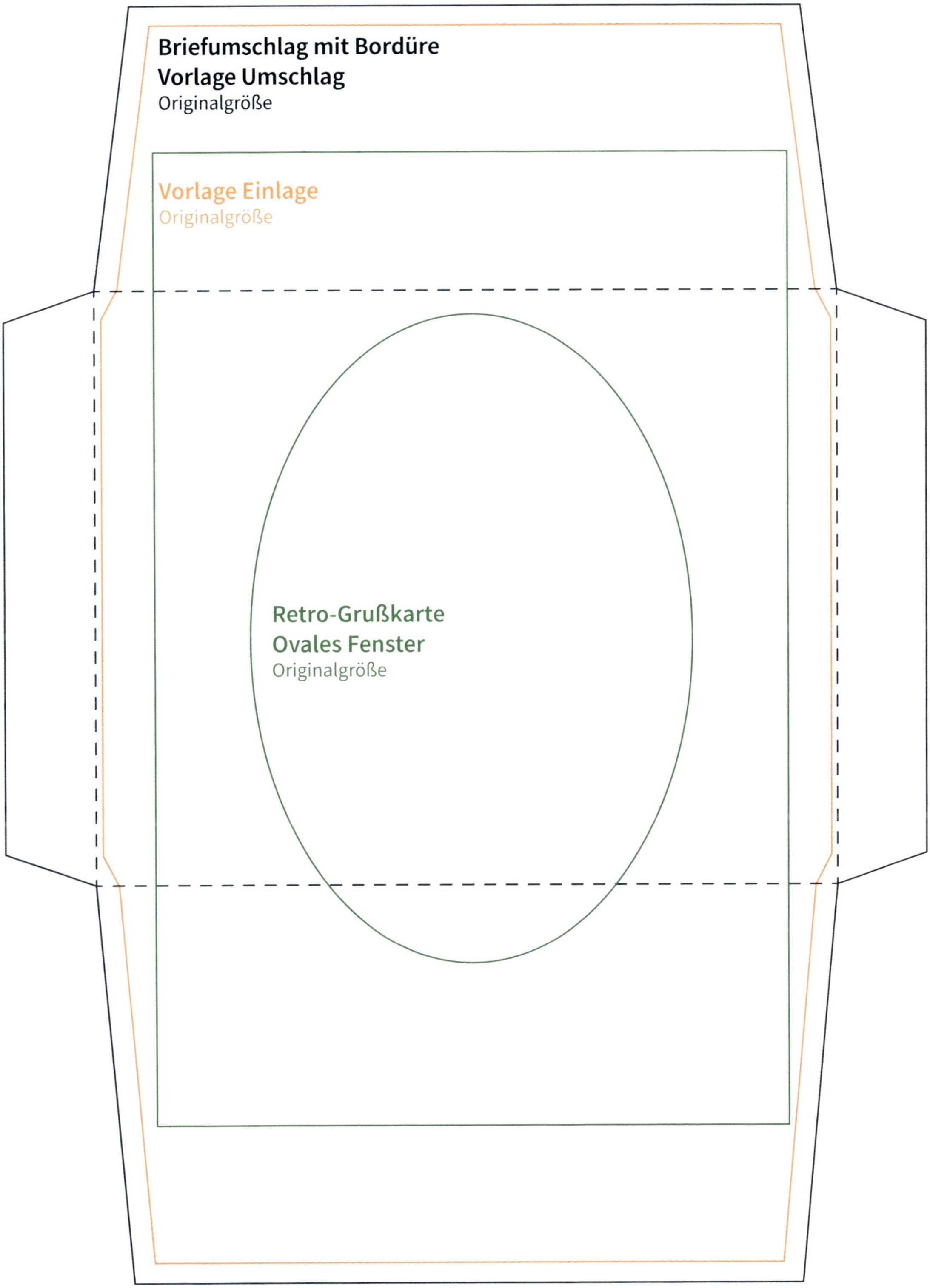
Briefumschlag mit Bordüre
Vorlage Umschlag
Originalgröße
Vorlage Einlage
Originalgröße
Retro-Grußkarte
Ovales Fenster
Originalgröße

Papierkleid mit Schuhen

Originalgrößen

Die Schnittteile an der gestrichelten Linie und bei den gelben Markierungen zusammenkleben.

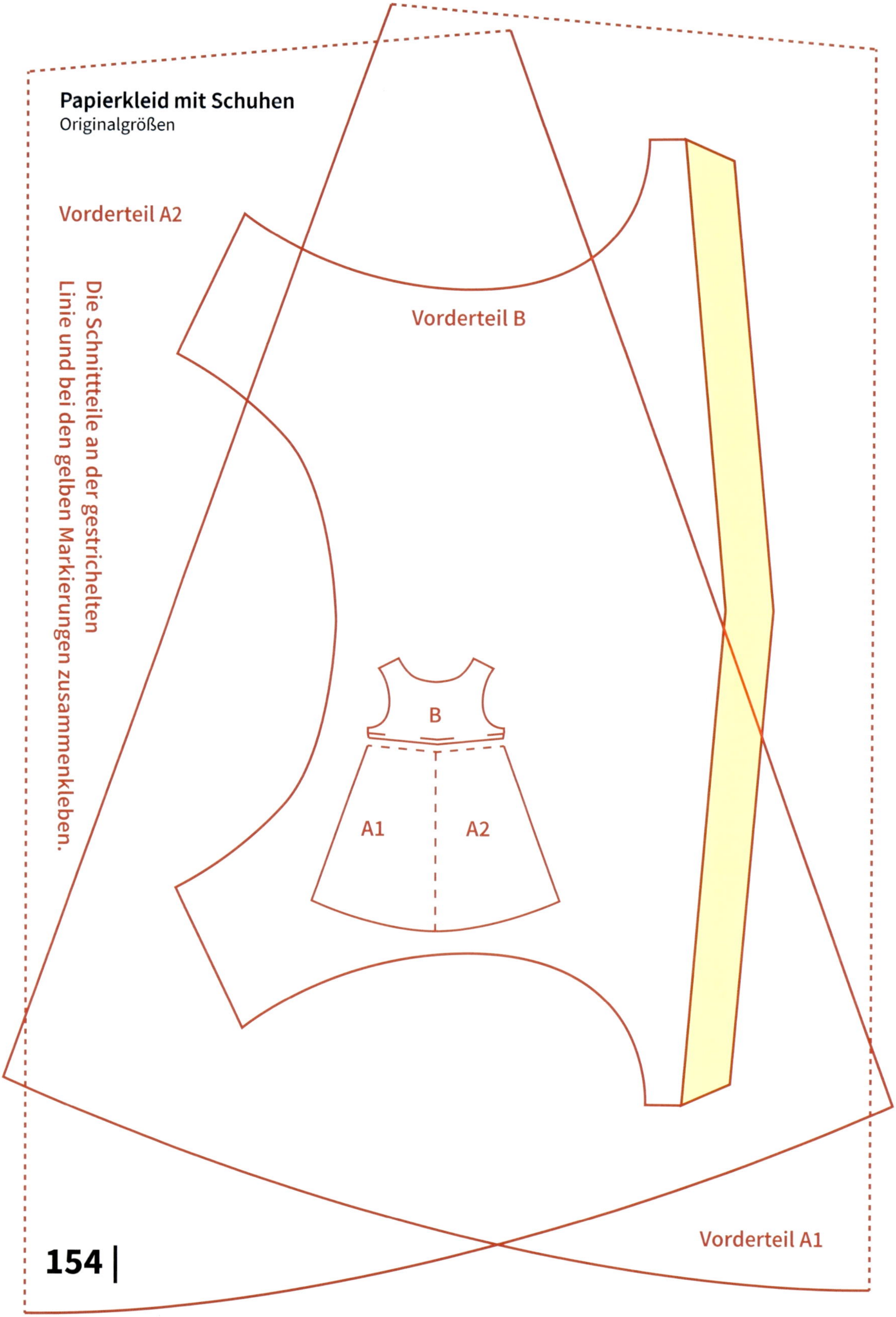

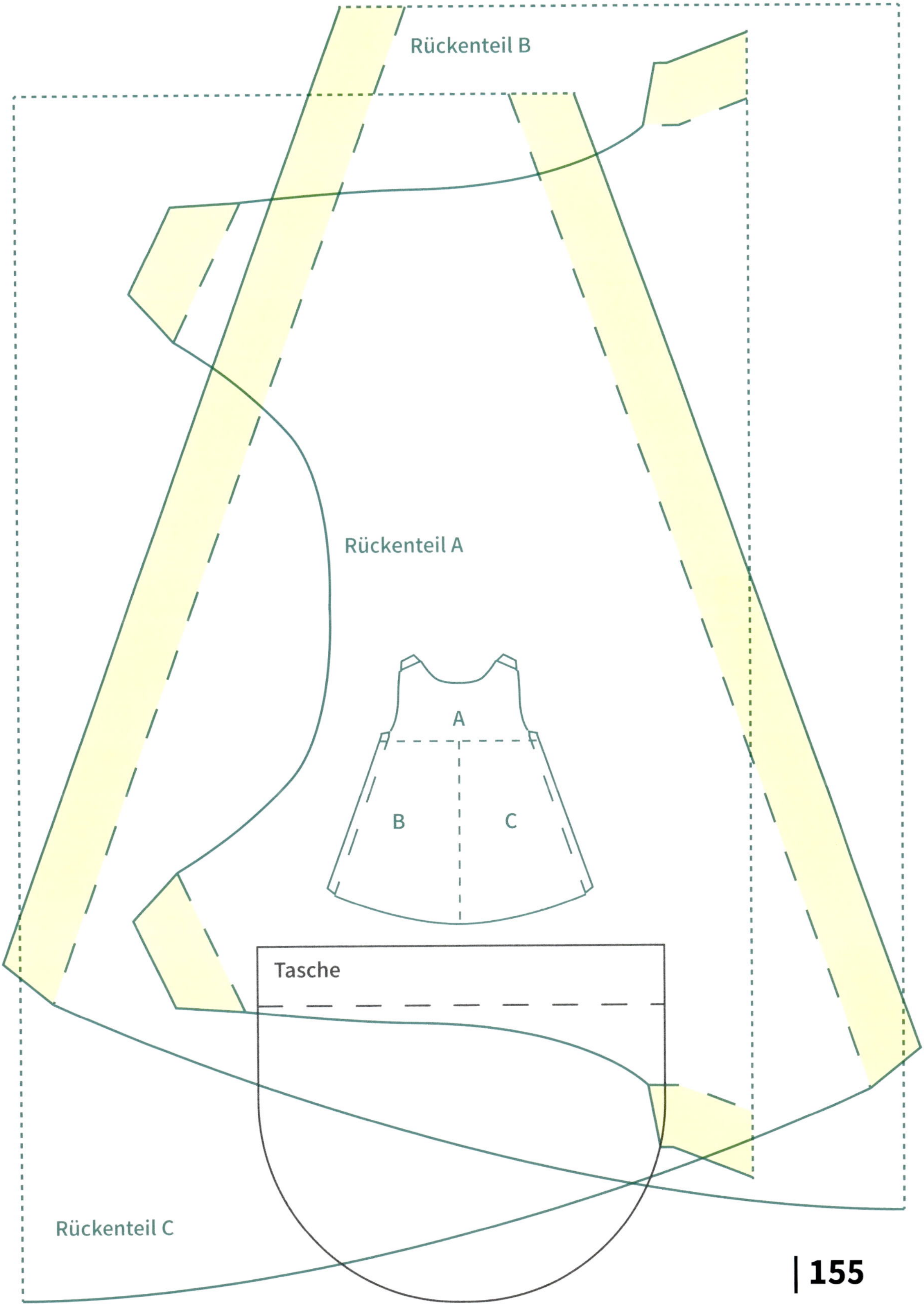
Rückenteil B
Rückenteil A
A
B
C
Tasche
Rückenteil C

Papierkleid mit Schuhen
Originalgrößen

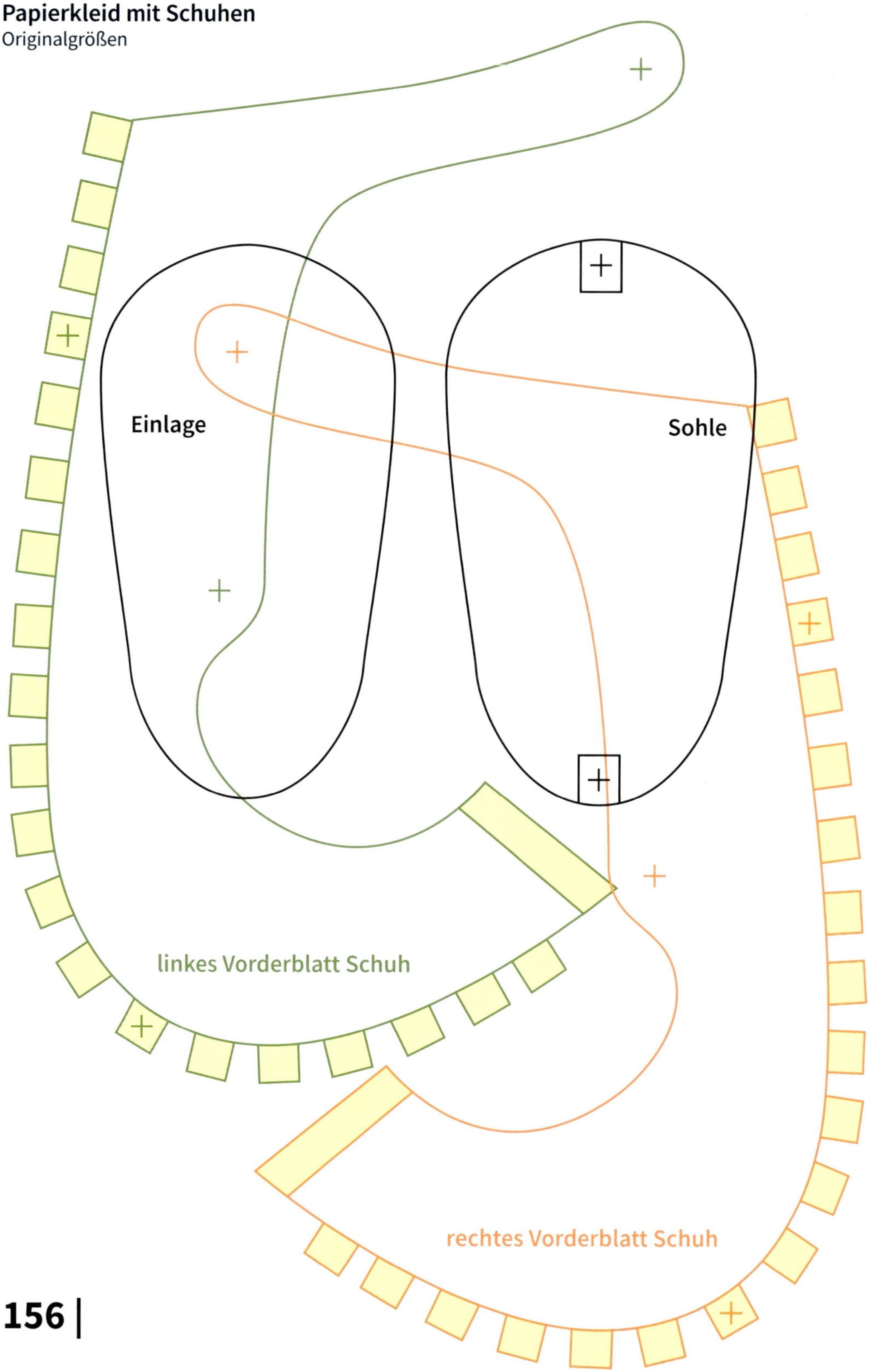

Haus
Originalgröße

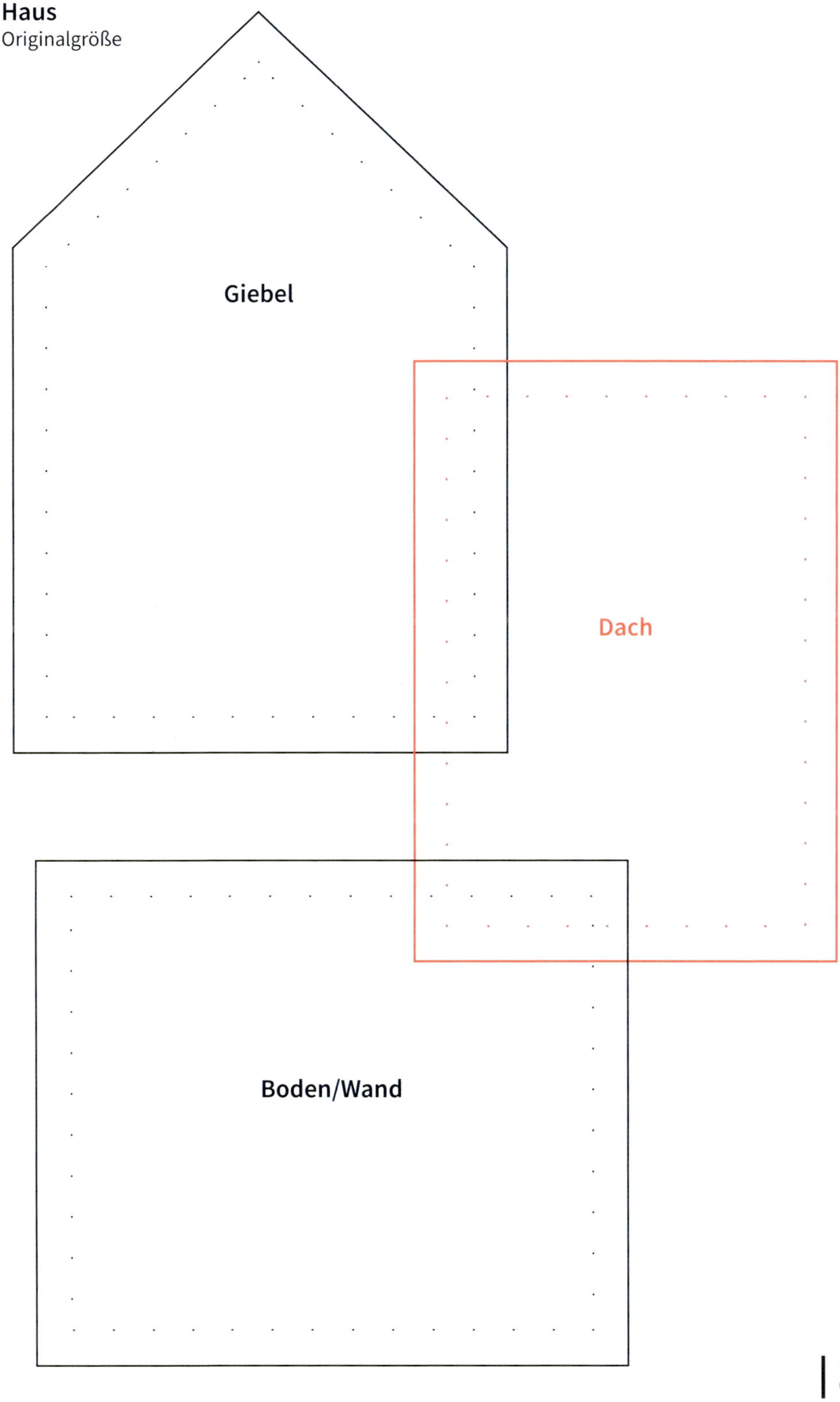

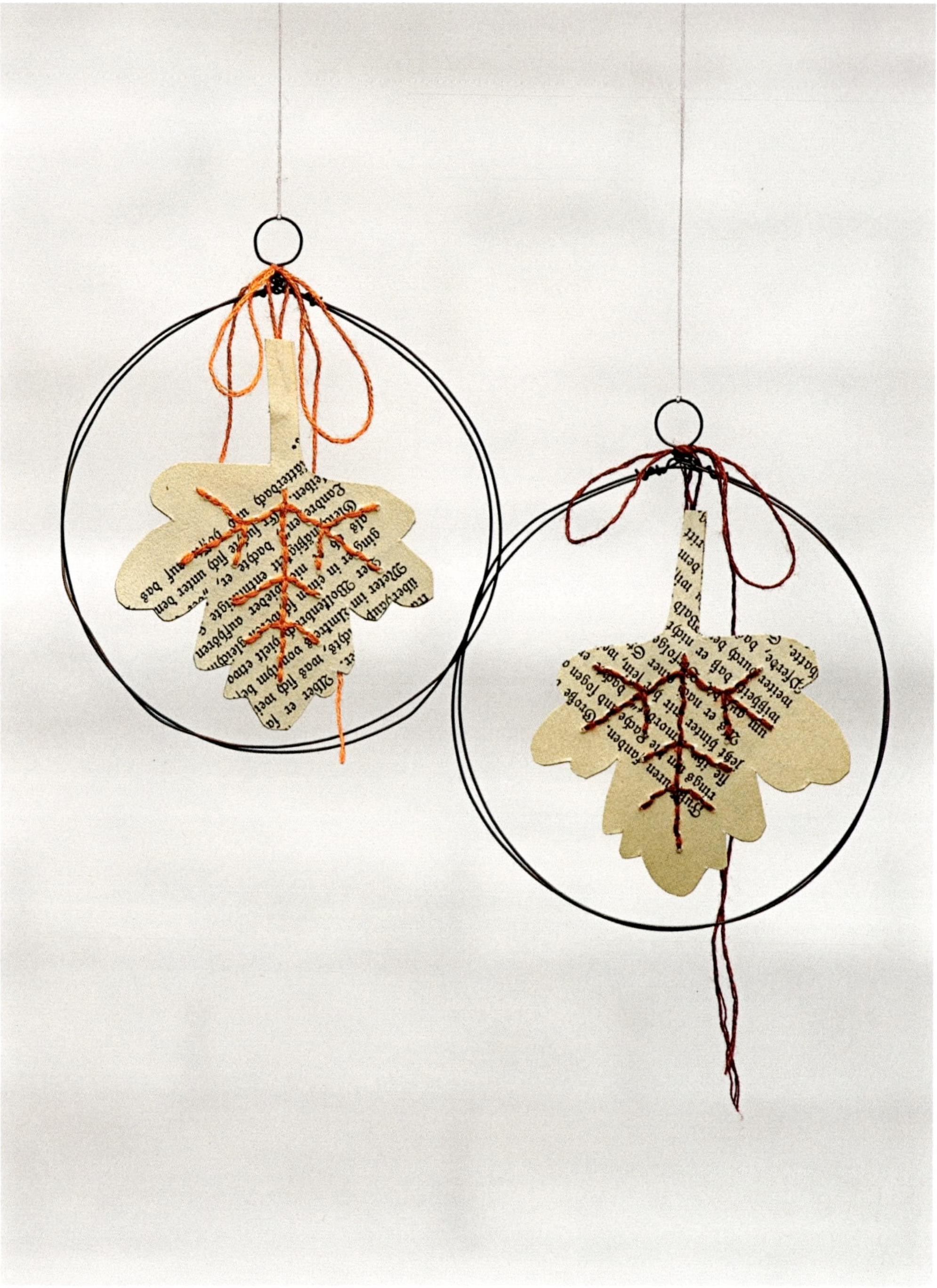

Die Rahmen aus Wickeldraht für die Blätter von Seite 87 sind schnell gebogen. Einfach Draht um ein Gefäß passender Größe wickeln und eine Öse biegen.

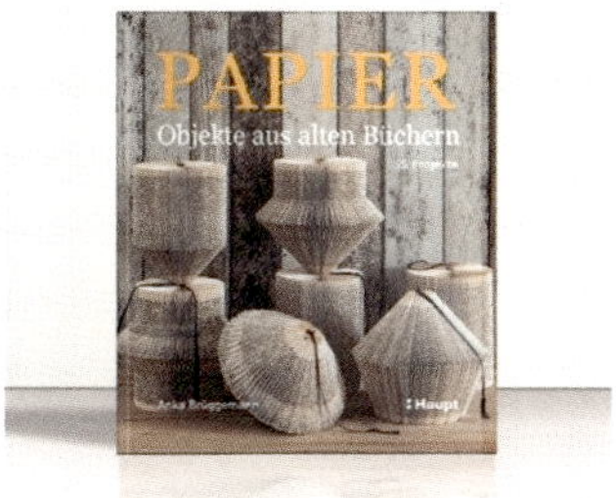

Anka Brüggemann
Papier-Objekte aus alten Büchern
55 Projekte
ISBN 978-3-258-60123-6

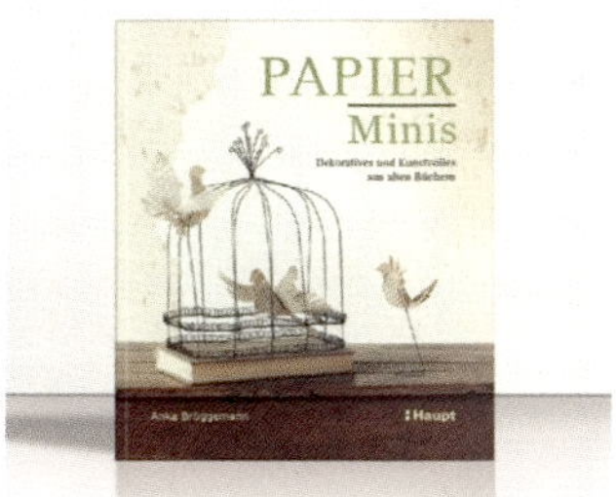

Anka Brüggemann
Papier-Minis
Dekoratives und Kunstvolles aus alten Büchern
ISBN 978-3-258-60166-3

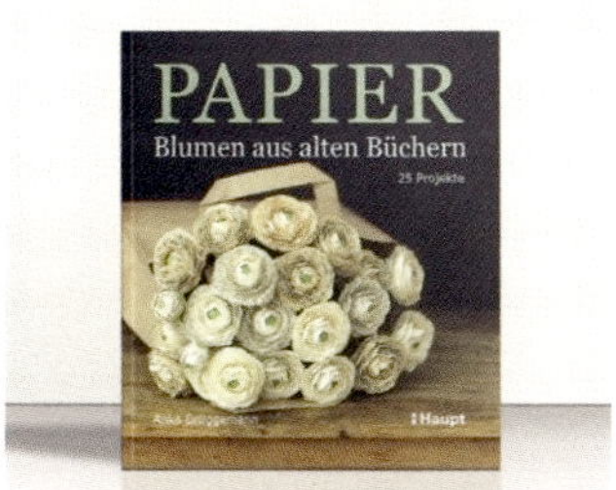

Anka Brüggemann
Papier-Blumen aus alten Büchern
25 Projekte
ISBN 978-3-258-60224-4

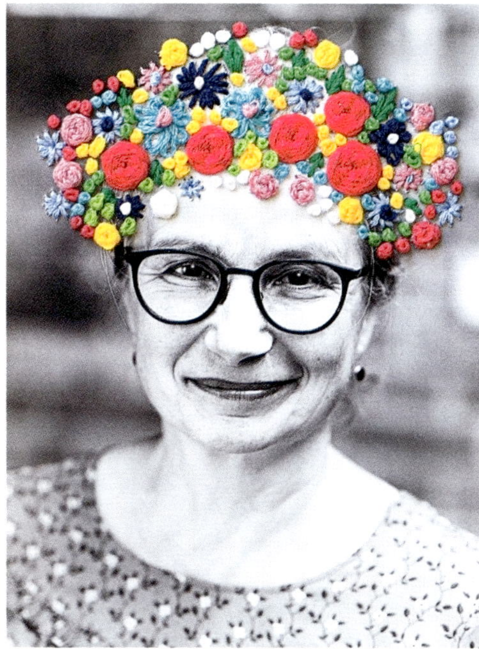

Als Anka Brüggemann 2005 ihre ersten Objekte aus alten Büchern gestaltete, waren diese lediglich als Dekoration für einen Laden gedacht, in dem sich alles um Bücher drehte.

Das Publikum war schnell begeistert, und Anka Brüggemann fand Spaß daran, sich weiter mit Papierkunst zu beschäftigen, immer wieder neue Objekte zu kreieren und Techniken auszuprobieren.

2012 gründete sie die Marke *Bookogami*. Seither beteiligt sie sich an Ausstellungen, führt einen Galerieladen in einer Hofgemeinschaft von Künstler/-innen und Kunsthandwerker/-innen in der Altstadt von Quedlinburg und leitet Workshops in ganz Deutschland.

www.bookogami.de

1. Auflage: 2023

ISBN 978-3-258-60248-6

Illustrationen, Umschlag, Gestaltung und Satz: Yvonne Gernoth, D-Könnern
Bildbearbeitung: Timo Sievers, D-Halle Saale
Fotografie: Anka Brüggemann, D-Quedlinburg
Lektorat: Jutta Orth, D-Freiburg

Wir verwenden FSC®-zertifiziertes Papier. FSC® sichert die Nutzung der Wälder gemäß sozialen, ökonomischen und ökologischen Kriterien.
Gedruckt in Slowenien

FSC www.fsc.org MIX Papier | Fördert gute Waldnutzung FSC® C106954

Diese Publikation ist in der Deutschen Nationalbibliografie verzeichnet. Mehr Informationen dazu finden Sie unter http://dnb.dnb.de.

Der Haupt Verlag wird vom Bundesamt für Kultur für die Jahre 2021–2024 unterstützt.

Wir verlegen unsere Bücher mit Freude und großem Engagement. Daher freuen wir uns immer über Anregungen zum Programm und schätzen Hinweise auf Fehler im Buch, sollten uns welche unterlaufen sein. Falls Sie regelmäßig Informationen über die aktuellen Titel im Bereich Gestalten erhalten möchten, folgen Sie uns über Social Media oder bleiben Sie via Newsletter auf dem neuesten Stand.

www.haupt.ch